21世纪高职高专规划教材
物流管理系列

U0853531

物流客户服务

（第2版）

Logistics Customer Service

主编◎庞德义

中国人民大学出版社
·北京·

前　言

2014 年 9 月 12 日，国务院以国发〔2014〕42 号文发布了《物流业发展中长期规划（2014—2020 年）》，提出：到 2020 年，要基本建立布局合理、技术先进、便捷高效、绿色环保、安全有序的现代物流服务体系。现代物流业的竞争包括两个方面：一是硬件的竞争，包括物流设备、仓库、运输工具、物流系统；二是软件的竞争，即物流服务水平的比拼，如服务人员的素质、服务网络的建设、服务的标准化、服务的履行等。我国物流业目前处于快速成长阶段，现代物流业的竞争已从低端的价格竞争转向高端的物流服务品牌和信息流的能力竞争。企业对物流客户服务的重要性认识越来越深刻，物流企业的竞争越来越表现为品牌的竞争，物流服务水平已成为物流企业获得竞争优势的重要标志。物流客户服务是指物流企业为促进其产品或服务的销售，发生在客户和物流企业之间的相互活动。对物流企业来说，要想在激烈的市场竞争中获得竞争优势，建立自己的服务品牌显得尤其重要。谁先认识到物流服务水平的重要性，谁先提升自己的服务水平，谁就等于抢占了先机，突破了发展瓶颈。

“物流客户服务”是针对物流职业领域物流客户服务工作岗位而设置的课程，基于工作过程导向和以教学项目设计为创新点的“物流客户服务”课程是物流管理专业的核心课程之一。项目化教学是近几年在职业院校讨论较多的一种教学活动，它是将传统学科体系课程中的知识、内容蕴含于工程实践中，学生通过完成项目任务而掌握理论知识与实践技能。项目化教学有助于改变偏重理论教学的现状，有助于学生在学习过程中充分发挥主观能动性。显然，项目化教学模式既考虑了高职高专院校学生的素养层次，又满足了高职高专院校培养应用型人才的要求。

本书再版编写过程中遵循“以培养职业能力为核心，以工作实践为主线，以项目为导向，以任务进行驱动”的原则，根据物流企业客户服务的实际需求，结合客户服务的实际案例，依据物流企业的实际工作岗位需求，在分析物流企业客户服务的主要工作任务及任职要求的基础上，设置了“物流客户服务认知”“物流客户开发与拜访”“物流客户接待”“物流客户投诉管理”“物流客户关系维护”“物流客户服务绩效评估”和“物流客户关系管理软件应用”七个项目。每个项目设置若干个基于工作过程的任务，通过对相关任务的描述，引入项目的工作任务；为了更好地完成具体的工作任务，学生需要储备相应的专业知识，为此，本书安排了“知识准备”，除了讲清主要知识点外，还穿插了一些案例、实例和“动脑筋”活动，这些主要是为了拓展学生的专业视野；每个项目之后，学生还需要通过完成相应的“思考练习”来检验学习的成效，这一过程采用学生自主学习、同学之间相互讨论、教师给予指导并协助学生解决问题等方式，最终达到培养学生自主解决问题能力的目的。

此外，本书还融入了“客户服务管理师”国家职业标准的有关内容，以充分体现国家职业标准的技能要求，从而将课程与职业技能考级、考证紧密结合，不但有利于培养学生的职业能力，而且有利于贯彻执行“双证融通”制度。本书在重点培养学生职业化的工作技能的基础上，通过物流客户体验、角色扮演、素质拓展、培训游戏及物流企业工作体验等方式，使学生掌握物流客户的开拓、接近、洽谈、成交、投诉处理及满意度测评、提高等一系列的措施和方法，并能够胜任物流客户服务部门的日常管理与维护等工作，成为具有职业化的工作技能、职业化的工作态度、职业化的工作道德及职业化的工作形象的能立足岗位、服务客户的专业客服人才。

本书第 2 版由湖州职业技术学院庞德义老师担任主编，曾益坤教授参与编写。其中，庞德义老师负责项目四、项目五、项目六、项目七及各项目“思考练习”的设计，并总纂全书，曾益坤教授负责项目一、项目二、项目三。在编写过程中，我们得到了主编所在单位及湖州物流与供应链协会的大力支持，并参考了国内外许多专业书籍和同类教材，不论是否列出，在此一并致谢。本书既可以作为高职高专院校物流管理、工商企业管理、市场营销等专业的教材，也可以作为采购从业人员和与物流产业相关人员的学习、培训参考用书。

本书以习近平新时代中国特色社会主义思想为指导，结合近几年物流客户服务的真实体验，全面贯彻落实党的二十大精神，引导学生弘扬社会主义核心价值观，传承中华优秀传统文化，增强法治观念，做社会主义法治的忠实崇尚者、自觉遵守者、坚定捍卫者。同时，本书参考德国双元制职业教育理论及澳大利亚职业教育理念，以系统思维统领全书，从方便教师教学和学生自学的角度做出修订。在具体编写过程中，我们采用了物流客户服务的最新理念，更换了最新案例。

鉴于物流客户服务的理论、方式和实践还在不断地发展，当前进行物流客户服务理论和实践研究的团体及个人也日益增多，本书的两位编者希望借本书出版的机会，进一步推动全社会对物流客户服务的研究，尤其是对高职高专院校物流管理专业职业技能训练的探索。

高职项目化教材的编写模式还不成熟，且客户服务理论日新月异，各种心得、理论和见解多之又多，加之作者水平有限，书中难免有不妥之处，真诚地希望得到广大读者的批评、指正。

编　者

目　录

项目一
物流客户服务认知

【学习目标】

知识目标：

1. 了解客户服务的概念及主要内容；
2. 理解客服工作在企业运营中的重要性；
3. 熟悉物流客户服务流程和规范。

能力目标：

1. 掌握客户服务的基本要求；
2. 能根据需要设立客户服务部门；
3. 能根据客户服务职责制定工作标准。

【重点难点】

本项目的重点是客户服务和物流客户服务的认知、物流客户服务部门和客服人员职责的认知，难点是物流客户服务流程和规范的认知。

任务一 认知客户服务和物流客户服务

任务描述

曾华是某职业技术学院物流工程分院物流管理专业的大三学生，通过学校老师的推荐，他与其他五位同学到深圳某物流公司客户服务岗位进行为期三个月的毕业实习。曾华在实习期要进行与岗位相关的培训和学习，如果实习期表现良好，则被聘为正式员工。

曾华与其他五位同学在实习期的第一天到客服部报到。指导老师介绍了公司的概况，并带着他们参观了公司各个部门，然后对他们进行了上岗前的培训。第一次培训结束后，指导老师要求曾华等人完成以下任务：

（1）认知客户服务的内涵；

（2）了解物流客户服务的内容。

知识准备

一、客户服务相关概念

（一）客户

在客户关系管理中，客户是指对企业产品和服务有特定需求的群体，是企业经营活动得以维持的根本保证。要正确地理解客户的内涵，需要掌握以下三点：

（1）客户不一定是用户。处于供应链下游的批发商、零售商是生产商的客户，但他们一般不直接消费这些产品或服务，因而他们不一定是生产商的用户。

（2）客户不一定是产品或服务的最终接受者。对处于供应链下游的企业来说，如批发商、零售商或物流商，他们并不是产品或服务的最终接受者，很多都是作为中转站，但是对于上游企业来说，他们却是非常重要的客户。

（3）客户不一定只在企业外部，企业内部的客户也日益为企业所重视。因为人们习惯于为企业外部的客户服务，所以把企业内部的工作人员和供应链中的上下游企业看作同事或合作伙伴，从而淡化了服务意识，造成服务的内外脱节和落实困难。在现代客户管理营销理念中，内部客户和外部客户、个体客户和组织客户都统称为客户。

所以客户是相对于产品或服务提供者而言的，是所有接受产品或服务的组织或个人的统称。

动脑筋 1-1

如何区别客户与用户？

我的客户是谁？每个提供服务的人说起客户来，都有很多经验跟大家分享，其实有的时候反而容易把自己带入误区，把客户与用户弄混淆。如某人购买了一件礼品，这个人并不一定是这件礼品的使用者，但他支付了这件礼品的费用。因此，客户是服务的请求方和支付者，而用户是产品和服务的使用者。服务或营销能否成功，首先得有人掏腰包购买服务或营销的产品。谁愿意掏腰包呢？那一定是你的客户，但不一定是你的用户。

客户是企业的生存之本，物流企业可以管理其客户，而且必须对其客户进行有效的管理。物流企业对其客户进行管理时需遵循以下原则：一是维持客户的稳定性，因为客户的稳定性决定了企业的盈利能力；二是客户的行为是可以改变的，但要改变客户的行为，必须以充分的量化统计数据或者具体事例的记录为基础，而不能依靠笼统的评价；三是只有符合企业标准的客户才是好客户；四是客户的层级和其享受的服务内容需要具备对应关系。

（二）服务

服务与商品并不总是泾渭分明的，二者是不可分割的统一体。对企业来说，服务是突出重围的重要途径；对客户来说，服务则是衡量一个企业是否值得追随的重要标准。服务是提供时间、空间、方式或心理效用的经济活动，具有无形性、不可分割性、不可保存性和多变性。

（三）客户服务

不同的群体对客户服务这一概念往往有不同的理解。管理学专家认为，客户服务是一种活动、绩效水平和管理理念。把客户服务看作一种活动，意味着客户服务是企业与客户之间的一种互动，企业要有管理控制能力；把客户服务看作绩效水平，意味着客户服务可以被精确衡量并作为评价企业的一个标准；把客户服务看作管理理念，则是强调营销以客户为核心的重要性和客户服务的战略性，其运行的基础是供应链一体化。因此，可将客户服务定义为：客户服务是一个过程，是企业以提高客户忠诚度为目标，围绕客户所采取的各种活动的总称。通俗地讲，客户服务就是所有与客户接触或相互作用的活动，其接触方式可能是面对面，也可能是电话、传真或微信等方式，而其活动包括对客户介绍及说明产品或服务、提供相关的信息、接受客户的询问、接受订单或预订、运送商品给客户、商品的安装及使用说明、接受并处理客户投诉及改进意见、商品的退货或修理、服务的补偿、客户资料的建档及追踪服务、客户的满意度调查及分析等。

二、客户服务的分类及主要内容

（一）客户服务的分类

1. 按服务的时序分类

（1）售前服务。售前服务是指企业销售产品之前所开展的一系列刺激客户购买欲望的服务工作，如市场调查、产品设计、提供使用说明书、提供咨询服务等。

（2）售中服务。售中服务是指在销售过程中所提供的服务，如热情地为客户介绍、展示产品，详细地说明产品的使用方法，耐心地帮助客户挑选商品，妥当地解答客户提出的问题等。

（3）售后服务。售后服务是指生产企业、经销商把产品（或服务）销售给客户之后，为客户提供的一系列服务，包括产品介绍、送货、安装、调试、维修、技术培训、上门服务等。

2. 按服务的性质分类

（1）技术性服务。技术性服务是指提供与产品的技术和效用有关的服务，如企业提供的安装、维修、调试、技术咨询、技术培训、技术指导等服务。

（2）非技术性服务。非技术性服务是指提供与产品的技术和效用无关的服务，如广告宣传、送货上门、分期付款等服务。

3. 按服务的地点分类

（1）定点服务。定点服务是指通过在固定地点建立或委托其他部门设立服务点进行销售服务。定点既包括生产企业遍布全国的维修服务网点，也包括商业部门成千上万的零售商店。零售企业的门市售货方式是零售企业销售商品的最基本形式。

（2）巡回服务。巡回服务是指没有固定的地点，只是不定期地向客户提供推销服务，如流动货车、手提肩挑、走街串巷推销，上门访问维修、巡回检修等。这种服务方式的特点是深入居民区，能直接为客户排忧解难，因而深受客户欢迎。

4. 按服务的费用分类

（1）免费服务。免费服务是指在为客户提供服务的过程中不收取任何费用。

（2）收费服务。收费服务是指在为客户提供服务的过程中收取部分费用或全部费用。

5. 按服务的次数分类

（1）一次性服务。一次性服务是指一次提供完毕的服务，如送货上门、产品安装等。

（2）经常性服务。经常性服务是指需要多次提供的服务，如产品检修等。

（二）客户服务的主要内容

客户服务的内容多种多样，企业不同、产品不同，为客户提供服务的方式和具体内容也会存在很大的差别，这里主要从售前服务、售中服务和售后服务三个方面来分析。

1. 售前服务的主要内容

售前服务主要包括提供信息、市场调查预测、产品定制、加工整理、提供咨询、接受电话订货和邮购、提供财务服务等。售前服务的主要目的是协助客户做好工程规划和系统需求分析，使得企业的产品能够最大限度地满足客户需要，同时使客户的投资发挥出最大的综合经济效益。

2. 售中服务的主要内容

售中服务与客户的实际购买行为相伴相随，是促进商品成交的核心环节。售中服务的目标是为客户提供性价比最优的解决方案。针对客户的售中服务主要体现为销售过程管理和销售管理。销售过程是以销售机会为主线，围绕着销售机会的产生、销售机会的控制和跟踪、合同签订、价值交付等一个完整销售周期而展开的，是既满足客户购买商品欲望，又不断满足客户心理需要的服务行为。接待服务是售中服务的中心内容。营业人员在接待客户时，通过主动、热情、耐心、周到的服务，把客户的潜在需求变为现实需求，达到销售商品的目的。可以说，在商品销售过程中，接待服务对销售成败具有决定性的作用。营业人员服务质量的高低，直接关系到企业声誉的好坏，因此，企业应实行接待服务规范化，规定具体的内容和要求。

3. 售后服务的主要内容

售后服务是企业对客户在购买产品后提供多种形式的服务的总称，其目的在于提高客户满意度，巩固客户忠诚度。售后服务是产品生产企业对客户负责的一项重要措施，也是增强产品竞争力的一种办法。售后服务的内容包括：一是代为安装、调试产品；二是根据客户要求，进行使用等方面的技术指导；三是保证维修零配件的供应；四是负责维修服务；五是对产品实行“三包”，即包修、包换、包退，现在许多人认为产品售后服务就是“三包”，这是一种狭义的理解；六是处理客户来信来访，解答客户的咨询，同时用各种方式征集客户对产品质量的意见，并根据情况及时改进。

三、物流客户服务

（一）物流客户服务的定义

物流客户服务是指物流企业为促进其产品或服务的销售，发生在客户与物流企业之间的相互活动。研究表明，现代物流管理的实质就是在客户满意的基础上，向物流需求方高效、迅速地提供产品。也就是说，现代物流管理是以客户满意为第一目标，在企业经营战略中首先应确立为客户服务的目标，然后通过客户服务来实现差别化战略。从广义上来说，物流客户服务可以解释为衡量物流系统为某种商品或服务创造时间和空间效用的表现。它包括一系列具体的活动，如存货检查、订货处理、售后服务等，即从接收客户订单开始到商品送到客户手中为止，为满足客户需求而发生的所有服务活动。需要引起注意的是，如果企业把物流客户服务作为一种经营理念和哲学，那么它必将具备一个正式的客户服务职能部门和完善的业绩评价体系。为此，只有从以下三个方面理解物流客户服务，方可抓住物流客户服务的要旨。

1. 物流客户服务是一项工作

物流客户服务是为了满足客户需求而进行的一项特殊工作，包括订单处理、技术培训、零配件供应、处理退货及投诉、产品咨询等具体活动。

2. 物流客户服务是一整套业绩评价体系

物流客户服务是一整套业绩评价体系，通常包括产品可得性评价、订货周期和可靠性评价、服务系统的灵活性评价等。

(1) 产品可得性评价。包括存货的百分比、准确满足订货的百分比、送达产品达到销售状态（无货损）的百分比等。

(2) 订货周期和可靠性评价。包括从客户订货到送货的时间、转运时间（从仓库到客户的时间）、订货准备时间（仓库收到订单到发货的时间）、在规定时间内发货的百分比、仓库在规定时间内将订货送达客户的百分比等。

(3) 服务系统的灵活性评价。包括最低订货数量、特快发货或延迟发货的可能性、订货的方便和灵活性等。

3. 物流客户服务是一种观念

物流客户服务是物流企业对客户的一种承诺，是物流企业战略的一个主要组成部分，它与当今物流企业高度重视的质量管理是完全一致的，需要引起高层管理人员的重视。物流企业不能将客户服务狭义地理解为只是一项工作或一套业绩评价体系，而应将客户服务思想渗透整个企业，使它的各项活动制度化。

（二）物流客户服务的相关概念

1. 基本服务

基本服务是社会化物流企业能够向客户提供的最低限度和通常的服务。基本服务可以满足客户对物流的一般需求。例如，客户的长距离运输需求通过物流企业的公路和铁路服务可以得到满足，存货的需求通过恰当的仓储服务可以得到满足。也就是说，物流企业的基本服务只具有“可得性”，物流企业对客户的服务方式、服务水准也应该得到客户的认同。例如，双方在合同中明确差错率或故障率。因而，基本服务对于客户而言还要有“可接受性”。整个服务业绩的判断不是一个高标准的判断，不能依靠这种基本服务来取得超出其范围的成绩，因此，基本服务不是以“可得性”，而是以“可靠性”为服务业绩的认定标准。为此，提供基本服务应遵循以下原则：

(1) 满足客户的基本需求，奉行“客户就是上帝”宗旨，服务带有被动性；

(2) 以服务的买方为交换对象，双方是一种合同关系，不是伙伴关系；

(3) 以无故障或低故障服务为服务水平的目标，这个目标带有保守性；

(4) 服务面向大众，每个客户享受同等待遇，即实行完全同等的服务方式和达到同等的服务水平。

2. 精细服务

精细服务是建立在基本服务基础上的高水平服务。这种服务面向所有客户，不带歧视性，不带特惠性。高水平服务的标准，可以规定为“零缺陷服务”，也可以规定为“精细服务”，具体的服务水平要根据物流企业的服务能力来确定。

3. 增值服务

增值服务是通过物流企业对客户的服务，提高客户物流活动的效率和效益，使物流成为客户的“第三个利润源泉”。一般来讲，增值服务是针对特定客户的特定需求实行的服务。当然，如果物流企业出于战略需要，并且有能力、有实力，那么也可以采用增值服务的方式为所有的客户提供服务。

（三）物流客户服务的特点

1. 无形性

物流客户服务在很大程度上是抽象的和无形的。服务不是物质的东西，而是一种精力的支出。虽然有些服务项目包括一些物质产品（如汽车修理服务的收入中包括汽车零配件的价值），但服务的中心内容是向客户提供有价值的活动，并非转移某种产品的所有权。

2. 不确定性

物流客户服务的标准不确定。由于服务是无形的，因此既不能实现大批量生产，其内容也不像有形产品那样标准化。对服务的评价也是因人而异，如对某些人来说是满意的服务，而对另一些人来说可能并不满意。服务的质量往往比物质产品变化更大，客户不满意的情况也会增多。

3. 不可分割性

典型服务的生产和消费是同时完成的，客户参与其中。而物流客户服务不能存储，提供服务的过程往往也是消费的过程，并且在很大程度上有临时性质。因此，服务在可以利用的时候如果不被购买和利用，它就会消失。

4. 个性化

越来越多的客户要求提供更多的个别服务。物流企业的服务声誉与服务人员的素质有关，如服务人员的个人技能、技巧和态度等。

（四）物流客户服务内容的设计

无论物流服务的对象多么千差万别，物流系统提供的物流客户服务的内容多么复杂，我们都可以简要地将物流客户服务归结为传统物流客户服务和增值性物流服务两大类。物流系统应该考虑从这两个方面进行物流客户服务内容的设计。

1. 传统物流客户服务的内容

传统物流客户服务包括运输、储存、配送、包装、装卸搬运、流通加工和信息处理等基本的物流活动，属于基本的、功能性的物流服务。

（1）运输服务。将客户的订货送到客户指定地点离不开运输，运输服务是最基本和最重要的物流服务。传统运输服务执行产品转移功能，单一的承运人仅采用单一的运输方式，如铁路货运仅承担铁路沿线货运站间的运输服务，不涉及货运站到达收货人的公路运输服务。类似情形在航空货运中也存在。承运人仅能够收取货物转移的基本服务费。运输服务提供商一般自己拥有或掌握一定规模的运输工具，但其竞争优势并不仅仅体现在物流设施上，还体现在具有一个覆盖全国或一个大区域的网络的能力上。运输服务提供商组织网络内部的运输作业，在规定的时间内将客户需要的商品运抵目的地。

（2）储存服务。储存为企业的生产和经营做必要的物质准备，是经济活动中必不可少的环节。但是，传统的仓库作为一种储存设施，仅起着货物储存的作用，是一个静态的场所，完全没有发挥应有的潜力。作为仓库的提供方，也仅能收取低廉的货物储存费。

（3）配送服务。配送是物流服务的第三大职能。配送是将货物送交收货人的一种活动，目的是按客户订货要求，在配送中心或其他物流节点进行物品配备，并以最合理的方式送交客户。

（4）包装服务。物流包装作业的目的不是要改变商品的销售包装，而是通过对销售包装进行组合、拼配、加固，形成适合于物流和配送的组合包装单元。

（5）装卸搬运服务。装卸搬运是物流中最频繁的活动，也是整个物流作业的关键，它的效率决定了整个物流的效率。物流中心（如车站、码头、港口、机场、货场等）以及大型的冶金和制造企业，都必须具备一定的装卸搬运能力。物流服务供应商应该提供专业化的装载、卸载、提升、运送、码垛等装卸搬运机械，以提高装卸搬运作业效率，缩短作业时间，减少商品在作业过程中的损坏。

（6）流通加工服务。流通加工服务的主要目的是方便生产和销售。专业化的物流中心常常与固定的制造商或分销商进行长期合作，为制造商或分销商完成一定的加工作业，如贴标签，制作并粘贴条形码。还有一些专门的流通加工工厂进行着卷板开平、木材下料、玻璃裁剪、配料加工、组装加工、混凝土搅拌乃至农副产品分选等流通加工活动。

（7）信息处理服务。现代物流系统的运作已经离不开计算机，对各个环节中各种物流作业的信息进行适时采集、分析、传递，并向货主提供各种作业明细信息及咨询信息，都离不开物流信息处理服务。

2. 增值性物流服务的内容

一般认为，增值性物流服务是指根据客户需求，为客户提供的超出常规服务范围的服务，或者采用超出常规的服务方式提供的服务。创新、超出常规和满足客户潜在需求是增值性物流服务的本质特征。

从起源来看，增值性物流服务一般是指在常规物流服务的基础上延伸出来的相关服务。有人将我国现有的增值性物流服务归为五大类：承运人型、仓储型、货运代理型、信息型和第四方物流增值服务型。例如，从仓储、运输、配送等常规服务的基础上延伸出来的增值服务：仓储的延伸服务包括原料质检、库存查询、库存补充及各种形式的流通加工服务等；运输的延伸服务包括选择国际、国内运输方式、运输路线，安排货运计划，为客户选择承运人，确定配载方法，货物运输过程中的监控、跟踪，门到门综合运输，报关，代垫运费，运费谈判，货款回收与结算等；配送的延伸服务包括集货、分拣包装、配套装配、条形码生成、贴标签、自动补货等。从国外来看，增值性物流服务起源于竞争激烈的信件和包裹快递业务，现在则在整个物流行业全面展开。事实上，无论是海运、空运还是陆运，几乎所有和物流运输业相关的公司都在想方设法提供增值性物流服务。中外运敦豪（DHL）、联邦快递（FedEx）和联合包裹（UPS）等跨国快递公司都已经开始选择为客户提供一站式服务，其服务涵盖一件产品从采购到制造、仓储入库、外包装、配送、回返及再循环的全过程。而由这些巨头领跑的速递业已不再是简单的门到门、户到户的货件运送，而是集电子商务、物流、金融、保险、代理等于一身的综合性行业。

此外，增值性物流服务还可进一步深化：向上可以延伸到市场调查与预测、采购及订单处理等；向下可以延伸到配送、物流咨询、物流方案选择与规划、库存控制决策建议、货款回收与结算、教育与培训、物流系统设计与规划方案的制作等。在不同的产业之间可以大力开展增值性物流服务。比如，农产品的增值性物流服务主要体现在以下几个方面：第一，农产品分类与分类包装增值服务；第二，农产品适度加工后小包装增值服务；第三，农产品配送增值服务；第四，特种农产品运输增值服务；第五，特种农产品仓储与管理增值服务。

为了适应电子商务新的交易模式，需要发展增值性物流服务。一是增加便利性的服务。一切能够简化手续、简化操作的服务都是增值服务。在提供电子商务的物流服务时，推行“一条龙”的门到门服务、提供完备的操作或作业提示、免培训、免维护、省力化设计或安装、代办业务、一张面孔接待客户、24 小时营业、自动订货、传递信息和转账（利用 EOS、EDI、EFT）、物流全过程追踪等都是对电子商务有用的增值服务。二是加快反应速度的服务。快速反应已经成为物流发展的动力之一。通过优化电子商务系统的配送中心、物流中心网络，重新设计适合电子商务的流通渠道，以此来减少物流环节，简化物流过程，提高物流系统的快速反应性能。三是降低成本的服务。发展电子商务物流，企业可以考虑采取“物流共同化”计划。同时，如果具有一定的商务规模，电子商务企业可以通过采用比较适用但投资较少的物流技术和设施设备，或推行物流管理技术，如运筹学中的管理技术、单品管理技术、条形码技术和信息技术等，提高物流的效率和效益，降低物流成本。

物流企业还可以和金融企业合作，将增值性物流服务延伸到金融领域，为中小企业提供金融担保服务。货物抵押融资在欧洲的工业企业、贸易公司和银行界已有 200 多年的历史，这种增值服务模式目前已受到我国金融界和物流界的广泛关注。其具体做法是：在货物运输或仓储过程中，将货权转移给银行，银行根据市场情况按一定比例提供融资。当生产商、贸易商或运输商向银行偿还融资金额后，银行向负责运输或仓储的机构发出放货指示，将货权还给原货主。如果贷款人不能在规定的融资期内向银行偿还融资金额，银行就会将手中持有的货物在市场上拍卖变现。货物抵押融资可以增加企业的流动资金，为客户提供超出常规的服务。除了货物抵押融资外，保兑仓和融通仓等较为复杂的物流金融模式也越来越受到物流企业、银行等的青睐。

随着现代生产和经营方式的不断发展，现代增值性物流服务需要根据客户的需求不断地创新、深化和丰富。

任务实施

曾华实习的深圳某物流公司是一家专业从事国内公路运输、城际快运和空运代理的现代化综合服务型物流企业。公司运营总部设在东莞虎门，依托广州、东莞、深圳的区域发展优势，在珠三角、泛珠三角、长三角各大城市下设营业网点 100 多家，国内自营和合作网点达 600 多个，服务网络遍及国内 300 多个城市和地区；拥有自主专线配送运输车辆 200 多台，整合车辆 1 000 余台，现有服务团队员工 1 000 余人；产品包括提供城际快运、国内零担整车运输、空运、仓储、包装、代收货款等服务。

该公司具有一流的服务团队，以保障客户服务满意度；专业 IT 系统支持团队，拥有第三代自主研发、行业领先的 JBOS 物流管理系统；优美的办公环境，采用无纸化办公系统；完善的培训体系、内部晋升机制和绩效评价体系，在公司快速成长的过程中，给员工提供了巨大的发展空间。在当前物流业蓬勃发展的背景下，该公司发挥自身优势，充分整合资源，拓宽产品线，注重客户开发的维护，在提升客户满意度的同时，市场地位和行业占有率稳步提升。该公司信守“员工、追求、利益、文化”的核心价值观，认为具有良好素质、认真负责和紧跟公司发展步伐的员工是企业最大的财富，营造了“尊重知识、尊重个性、集体奋斗”的氛围。公司重视员工培训工作，设有培训部，运用“企业学习地图”和“行动学习”等现代企业培训理念，逐步建立和完善了培训讲师库、教材库、课件库、试题库、远程培训和学分管理系统，为员工自学进修和在职训练提供资源和服务。

曾华等实习生首先应参加公司组织的入职培训和跟班学习，在实践中逐步认知客户服务的内涵及物流客户服务的内容，从而为下一步独立承担客户服务工作打下良好的基础。

任务二
认知物流客户服务流程和规范

任务描述

曾华在客服部经过一周的实习及培训后，对物流客户服务有了一个基本的认识，被分配到客服部的前台接待岗位，开始了具体的客户服务工作。指导老师要求曾华等实习生完成以下任务：

（1）熟悉物流客户服务流程；

（2）把握物流客户服务规范。

知识准备

一、一般客户服务流程

客户服务在商业实践中一般分为三类，即售前服务、售中服务和售后服务。现以某汽车维修企业的售后服务为例，说明汽车售后服务的流程，其售后服务工作由公司业务部负责完成。

（一）售后服务工作内容

1. 整理客户资料，建立客户档案

客户送车进厂维修养护或来公司咨询、商洽有关汽车技术服务，在办完有关手续或商谈完毕后，业务部应于两日内将客户有关情况整理制表并建立档案，装入档案袋。客户有关情况包括：客户名称、地址、电话，送修或来访日期，送修车辆的车型、车号、车种，维修养护项目、保养周期、下一次保养期，客户希望得到的服务，在本公司的维修、保养记录等。

2. 根据客户档案资料，研究客户需求

业务人员要根据客户档案资料，研究客户对汽车维修保养及相关方面的服务的需求，找出“下一次”服务的内容，如通知客户按期保养、通知客户参与本公司的联谊活动、告知客户本公司的优惠活动、通知客户按时进厂维修或免费检测等。

3. 与客户联系，开展跟踪服务

业务人员可通过电话等与客户联系，让客户得到以下服务：

（1）询问客户用车情况和对本公司服务有何意见；

（2）询问客户近期有无新的服务需求需要本公司效劳；

（3）告知相关的汽车使用知识和注意事项；

（4）介绍本公司近期为客户提供的各种服务，特别是新的服务内容；

（5）介绍本公司近期为客户安排的各类优惠联谊活动，如免费检测周、优惠服务月、汽车使用新知识晚会等，内容、日期、地址要告知清楚；

（6）提供咨询服务；

（7）走访客户。

（二）售后服务工作规定

（1）售后服务工作由业务部主管指定专门业务人员——跟踪业务员负责完成。

（2）跟踪业务员在客户车辆送修进场手续办完后，或客户到公司访谈、咨询业务完毕后，两日内建立相应的客户档案。

（3）跟踪业务员在建立客户档案的同时，研究客户的潜在需求，设计、拟定“下一次”服务的针对性通话内容、通话时间。

（4）跟踪业务员在客户接车出厂或业务访谈、咨询后三天至一周内，应主动打电话联系客户，进行售后第一次跟踪服务，并就客户感兴趣的话题与之交流。电话交谈时，跟踪业务员要主动询问客户曾到本公司保养维修的车辆运用情况，并征求客户对本公司服务的意见，以示本公司对客户的真诚关心及在服务上追求尽善尽美的态度。对客户谈话要点要做记录，特别是对客户的要求、希望或投诉，一定要记录清楚，并及时予以处理。能当面或当时答复的应尽量答复；不能当面或当时答复的，通话后要尽快加以研究，找出办法；仍不能解决的，要在两日内报告业务主管，请示解决办法，并在得到解决办法的当日告知客户，一定要给客户一个满意的答复。

（5）在售后第一次跟踪服务的一周后的七日内，跟踪业务员应对客户进行第二次跟踪服务的电话联系。电话内容仍要以客户感兴趣的话题为主，避免重复，要有针对性，仍要体现本公司对客户的真诚关心。

（6）在公司决定开展客户联谊活动、优惠服务活动、免费服务活动后，跟踪业务员应提前两周把通知先以电话方式告知客户，然后于两日内视情况需要将通知信函寄给客户。

（7）对于每一次跟踪服务电话，包括客户打给本公司的咨询电话或投诉电话，跟踪业务员都要做好电话记录，登记入表，并将电话记录存档，将电话登记表归档保存。

（8）每次发出的跟踪服务信函，包括通知、邀请函、答复函都要登记入表，并归档保存。

（三）售后服务工作程序

售后服务工作从内容上分为两个部分：迎接客户送修程序与恭送客户离厂程序。工作程序具体内容如下：

（1）业务厅工作人员接待前来公司送修的客户。

（2）受理业务。

（3）将接修车辆清洗送入车间，办理交车手续。

（4）维修期间，维修增项意见征询与处理：征询客户意见，与车间交换工作意见。

（5）将竣工车从车间接出：检查车辆外观技术状况及有关随车物品。

（6）通知客户接车，准备客户接车资料。

（7）业务厅工作人员接待前来公司取车的客户，引导客户检视竣工车，汇报情况，办理结算手续，恭送客户离厂。

（8）为客户提供跟踪服务。

二、物流客户服务流程

（一）物流客户服务实施要求

物流客户服务的实施，主要应从以下几方面进行：

1. 明确服务对象

物流企业应该在SWOT（优势、劣势、机会、威胁）分析的基础上，根据市场细分的原则，明确服务的对象。

2. 确定服务内容

根据服务对象物流需求的特点，确定物流服务的内容。物流服务主要包括单一的运输、仓储、配送服务以及一体化的物流服务等。

3. 确定服务流程及运作模式

在明确服务对象和确定服务内容之后，企业应针对不同客户确定物流服务的作业流程。所谓流程，是指为客户创造价值的一系列相互关联的活动。一个清晰、优化的作业流程既可以帮助企业提高物流服务的效率，又可以帮助企业节省运作的成本。在确定服务流程之后，企业就应当设计具体的运作模式来完成相应的物流服务。

4. 设计组织结构

组织结构是指组织内部各级、各类职务职位的权责范围和分工协作关系的整体框架，是组织得以持续运转、完成经营管理任务的体制基础。合理的组织结构有助于推动物流一体化的运作，是实现物流服务目标的基础。过去很长一段时间，物流部门在企业内部仅仅是一个职能或成本中心，各个部门之间的物流活动缺乏有效的衔接，导致了较大的浪费，物流的战略作用也未能得到充分的体现。因此，企业需要转变观念，将物流部门作为“利润中心”来经营管理，这样既能充分降低物流成本，又能提高物流服务水平。

动脑筋 1－2

海尔的物流组织给了我们什么启示？

海尔在其物流变革的过程中建立了物流推进本部。物流推进本部是从原来十几个产品事业部职能部门剥离出来的，由集团统一运作管理。本部下设采购、配送、储运三个事业部，使得采购、生产支持、物资配送从战略上实现了一体化；完成了“一流三网”的建设，即订单信息流、全球供应资源网络、全球用户资源网络、计算机信息网络的建设，建立了与供应商之间基于Internet的业务和信息协同平台；达到了“三个零”，即零库存、零距离、零营运资本。

5. 制定服务制度

（1）制定服务人员管理制度。人力资源是企业运营和发展的宝贵财富。科学合理的管理制度可以提高员工的满意度，从而促使员工更有激情地投入到为客户服务的工作中。服务人员管理制度主要包括服务人员的选拔、培训、奖励、晋升方面的制度。

（2）规范服务内容，建立物流作业标准，指导员工具体工作等。

动脑筋 1－3

从UPS对卡车司机的服务要求中我们可以想到什么？

联合包裹（UPS）公司的卡车司机（兼送货人）不能留长发、蓄胡须，外套只能打开最上方的一个纽扣。在客户面前不能抽烟。送件时只能疾行，不许跑步。皮鞋只能是棕色或黑色，而且必须始终光可鉴人。必须始终用右手小指勾住钥匙串，以免满口袋找钥匙耽误时间。登车后，必须用左手系安全带，同时马上用右手将钥匙插入油门发动引擎。司机每天工作前必须经过几分钟的体能测试，这一传统从公司创始保留至今。所有这一切细节要求，都保证了公司的高运营效率，在客户面前树立了值得依赖的良好形象。

6. 评价物流客户服务

高质量的物流客户服务可以有效地提升客户价值，增加客户的满意度，是巩固原有客户和开发新客户的基础。客户服务活动本身所固有的特性，决定了作为服务对象的客户总会或多或少地参与到服务过程当中，这就增大了客户服务评价的难度。

客户满意度是指客户对其要求已被满足程度的感受。客户满意度这个评价指标得到了大多数企业的重视，许多企业通过客户满意度来对所提供的产品或服务进行评价。目前世界上比较流行的有美国用户满意指数（ACSI）等。客户满意度是一个概括的指标，虽然采用问卷调查、回访、座谈等方法可以获得客户满意与否的相关信息，但是它在绩效评价当中的可操作性较差，不容易把握。在物流客户服务评价的过程中，应当尽量将这一指标分解为众多的分指标，同时结合企业的市场份额、企业的形象、声誉、客户忠诚度等指标，力争从不同侧面，全面、真实地反映客户的满意度。

（二）物流客户服务工作程序

1. 了解客户

（1）了解客户所发货物的性质（包括货物品名、数量、重量、体积、是否危险品、目的地等）；

（2）了解客户所发货物的要求（包括货物是否不能倒放、是否怕受潮、是否易碎品、外观是否有其他要求等）；

（3）了解货物到达时间（即客户所发货物必须在什么时间到达收货人处）。

2. 跟踪货物在途情况

（1）每天早上 8 点钟跟踪车辆在途定位，并且告知司机所配载货物的要求，让司机了解特殊货物的特殊要求；

（2）将跟踪货物在途情况如实地反映给客户，并且告知货物到达时间。

3. 货物途中处理

如果车辆在途中遇见堵车、车坏等情况，不能在客户规定时间内到达，应第一时间了解车辆的真实情况，并将推迟到货的大致时间告知客户。此后要定时跟踪该车辆在途情况，然后告知客户最终到达时间。

4. 货物签收完毕

（1）货物在目的地卸货完毕后，应第一时间了解货物的签收人情况，并且告知客户货物的签收情况；

（2）货物签收后，应及时催促驾驶员或者分公司管理人员将回单在规定时间内提交物流公司进行回单管理。

三、物流客户服务规范

（一）电话呼入基本服务规范

现以深圳某物流公司的客服（呼叫）中心《物流客服专业服务用语》为例，说明物流客户服务规范。

1. 服务用语基本词汇

服务用语基本词汇主要包括：您好、请问、请讲、请稍等、很抱歉、对不起、麻烦您、不用谢、不用客气、请您再说一遍、感谢您的耐心等待、谢谢、再见。

2. 接听电话规范

电话铃响三声内应拿起电话，接通电话时应先说问候语；客服代表应重复一次客户的账号，避免出现查询错误的情况；当客户提出自己不能准确回答的问题，或暂时无相关资料，或不熟悉公司的某些信息时，可以说："很抱歉，请您稍等一下，我帮您核实。"禁止根据自己的猜测回答客户的问题，以免引起客户反感，更不能对客户说不知道或不清楚。要及时询问主管，知道正确答案后及时告诉客户。客户等待期间要按等待键，之后可以说："感谢您的耐心等待。您咨询的问题是……"（先重复一下客户所提问题，然后作出回答）不能正确领会客户的意图，或暂时无此方面资料，或估计需要让客户等待时间较长时，可以这样回复："我需要进一步核实，请您留下联系电话，我们会将结果及时回复给您。"

3. 具体操作演示

（1）您好！××物流公司，有什么可以帮到您？

（2）我的货和货款到了没有？

分析问题：问清客户什么时候发的，从哪里发的，什么货，多少货款，收货人姓名，并仔细查询订单，然后答复。

解决问题："您好，老板！请问收货人是谁？从哪里发的货？什么时候发的？运输编号是多少？货款多少？我们帮您查一下。请您留下您的联系方式，以便我们及时通知您。""您好，老板！我们帮您查了下，确定您的货已经到了，如果您要我们送货，我们公司会尽快安排好，好吗？请准备好货款××元。"（货已到）"您好，老板！我帮您查了一下，您的货暂时没到。不过，我们会帮您留意的，货一到第一时间通知您，好吗？"（货未到）

（3）我的货托运了几天还没到，怎么回事？

分析问题：查实该货什么时候发的，发往哪里，确定有没有到货，并解释原因。

解决问题："您好，老板！请问您的货什么时候发的？目的地是哪里？……按照正常情况，我们公司是今天托运明天到。如果您的货发了，麻烦您把收货人的姓名、发货方及运输单号告诉我，我帮您查一下，并尽快给您答复，好吗？"

（4）我的货到了几天还没送，是什么原因？

分析问题：如果因疏忽而没有安排送货，则马上向对方道歉并立即安排；如果是其他客观原因导致货到没送，就解释原因。

解决问题："您好，老板！您的货到了，但是您的电话不详，所以无法和您联系，请原谅！有劳告知您的联系方式，我们现在就安排给您送货，请再耐心等等，好吗？"（运单中电话不详的情况）"您好，老板！对不起，是我们工作的失误，我们现在就安排给您送货，给您带来的不便之处敬请原谅，我们保证今后不会出现类似的情况，好吗？"（因工作失误）

（5）我上午已告诉你们，中午 12 点过来提货，拖到下午 2 点还没人来，你们怎么办事情的？

分析问题：除了解释，还要落实是否调度车辆去提货，大概什么时候能到达。

解决问题："您好，老板！一般情况下我们的车子是送完货后才到您那里提货，可能是在送货过程中耽误了时间，造成了时间拖延，我们尽快好吗？这次的失误我们向您道歉，并保证以后不会出现此类情况了。"

（6）你们是否上门提货？

分析问题：说明公司提供上门提货服务，什么情况下可以上门提货，询问什么货、多大、多重，提货地址……

解决问题："您好，老板！请问您托运的是什么货物？发往哪里？有多少……（一般都是10件以上上门提货，具体问题具体分析）好的，我们会按时派车去的，到时候再和您联系，好吗？""实在不好意思，我们规定的是10件以上才可以上门提货，只能麻烦您亲自送来了，好吗？"

（7）你们是怎么收费的？

分析问题：问清楚是什么货，发哪条线路，然后告知对方。

解决问题："您好，老板！请问您贵姓？发什么货？发往哪里？多少件……（做好记录）是这样的，我们收费标准有三种：一是按体积算，二是按重量算，三是按特殊货物（贵重，100千克以上，超宽超长货物）计，您的货物属于……所以我们按……收费。"

（8）你们收费怎么那么贵？

分析问题：问清楚什么货，多少件，发往哪里，根据数量和目的地来确定运费，解释清楚价格标准。

解决问题："您好，老板！我们收费都是按照价格标准来执行的，您发的货是……所以是按照……收费的，一共是××元。我们公司的服务宗旨是为客户提供最大限度的个性化服务，所以您可以放心，货物保证安全准时送到。如果您还有什么疑问可以向我咨询，我很乐意为您服务。"

（9）货都到了几天了，为什么现在才通知我？

分析问题：询问具体情况，若是公司疏忽，给予道歉，解释原因。

解决问题："您好，老板！我们一般都是货到就及时通知的。可能是之前您的电话接不通，联系不上您，不好意思，这是我们的疏忽，我们尽快安排，好吗？"

（10）我在郊区，你们可以过来提货吗？

分析问题：一般郊区不在服务范围，也要根据货量来定，决定不了就报告经理处理。

解决问题："您好，老板！我们公司是市内送货、提货的，郊区已经超出我们的服务范围了。你的货量有多少，货量比较少的话，我们上门提货运费比较高，要不您看您找辆车送过来，好吗？""对不起，老板，因为现在货量比较大，车子比较紧张，这次可能不能帮您提货了，方便的话您可以自己拉过来吗？如果您没空，我们派辆车，运费您来付，您看行吗？"

（11）你们的司机服务太差了！

分析问题：先道歉，再问清楚事情经过，了解什么情况被客户投诉。

解决问题："老板，对于司机服务态度不好给您带来的不便，请您原谅。请问该车车牌是多少？是怎么回事……以后，我们会加强司机的服务道德，完善公司服务宗旨。我向您保证，以后不会出现此类情况了。我会把今天的事情向经理汇报，请老板监督。

谢谢您的投诉，我们会做得更好!"

（12）你们的收费比其他物流公司贵。

分析问题：问清楚客户指的哪个物流公司，解释原因。

解决问题："您好，老板！在目前物流行业中，有很多小的物流公司为了争取客户而压低运费，但是服务不到位，很多客户都会投诉。而且，每个物流公司都有自己的收费标准，我们公司是统一收费，服务宗旨是为客户提供最大限度的个性化服务。您选择我们，就等于肯定您自己。"

（13）你们的仓库是怎么收费的?

分析问题：询问什么货，货量多少，想租一楼还是二楼，报价格，继续跟踪。

解决问题："您好，老板！我们公司的仓库在××市××路 21 号。您发的是什么货？货量多少呢？打算租多大的仓库……嗯，好的，我们仓库的价格是这样的，二楼 10 元/m^3，一楼 13 元/m^3，合适的话我们可以带您参观下仓库，好吗？要是有什么疑问，欢迎再次来电，真诚希望和您合作，谢谢!"

（二）快递（速递）公司客户服务规范

1. 服务语言规范

（1）宜使用普通话提供服务；应适当掌握英语、手语，为不同需求的客户提供无障碍语言服务。

（2）推广使用文明服务用语，杜绝使用服务禁语。

（3）初见客户时，做到称谓得体、问候得当。

（4）回答咨询时，做到认真解答、精准翔实、有问必答、百问不厌。

（5）在解答客户问题时，应尽量避免使用快递专业术语，便于客户理解。

（6）办理业务时，做到语气谦和、语音清晰、语速适中、音量适度（以客户能够清晰听见、不影响第三人为准）、语调平和、语意明确、言简意赅。

2. 行为举止规范

（1）尊重客户的宗教信仰、民族习惯、生活习惯。

（2）遵守客户单位的规章制度，妥善停放车辆，不与对方工作人员发生冲突。

（3）坐、立、行应做到：①坐姿稳重：正坐在椅子上，上身保持端正挺直，不允许仰靠椅背、伸腿、跷腿、颤腿、乱晃；②站姿端正：挺胸收腹，两眼正视前方，头正肩平，下颌微收，不叉腰、不盘臂、不倚靠、不趴伏、不把扶；③行姿稳健：脚步轻快、步幅适度、速度均匀、礼貌避让、右侧通行，行走时，眼睛自然地向前看，不可左顾右盼、摇晃肩膀或低头看地。

（4）面见客户时，在通道、走廊上应放轻脚步，主动靠右侧行走，不得大声喧哗。遇到客户应礼让，不得抢行。如需经过拐角或楼梯、障碍物，应及时提醒客户，不应将客户置于身后不顾。

（5）上门时，轻按门铃或适度叩敲（不多于 3 次），要主动自我介绍，展示工号牌（卡），未经允许不得进入。

（6）与客户接触时，不介入客户之间的谈话，不与客户开玩笑，不评论、模仿、嘲笑、歧视客户的言谈举止。

（7）不得在客户处有吸烟、随地吐痰、拍掸衣服等不文明的举止。

（8）交接钱物时，做到唱收唱付、轻拿轻放、不抛不扔。在给客户找钱时，应尽量付整钱，便于客户清点，没有整钱而须付零钱时，应表示歉意。

（9）爱护客户的快件（邮件）、证件、图章，做到轻拿轻放。

（10）提供服务时，做到不喝客户水，不吸客户烟，不吃客户饭，不收客户礼，不使用客户电话，不擅自触摸、使用客户的物品。

（11）未经同意不得随意翻看客户的私人物品，借用客户物品须征得客户同意，使用后应及时归还。

（12）在服务过程中，保持工作现场整洁。

3. 服务礼仪规范

（1）表情状态：当客户走入视线 2 米范围内，用目光迎接客户，当与客户视线接触时，微笑并点头示意。与客户面对面时，相距以 60～100cm 为宜，目光应停留在客户鼻眼三角区，视线应保持平稳，变化时注意过渡自然。接待客户时，打招呼应真诚、友善、面带微笑，给对方表里如一的感觉。

（2）手势形态：①引导手势：五指并拢，手掌自然伸直，手心向上，指尖朝所指方向，目视客户，面带微笑，表示出对客户的尊重和欢迎。②握手手势：与客户握手时，等客户先伸手，再迎合客户握手，目视对方，表情友好，适当用力。与女士握手只需轻轻一握即可。如果手不干净或潮湿，要礼貌地拒绝握手，并讲明理由，不得戴手套握手。

（3）在与客户接触时，如需要递送名片，应将名片正面朝向客户，双手递送，并道出自己的姓名。

（4）在接收客户名片时，应双手接过，不得漫不经心、随意放置或忘记带走。

（5）遇雨雪天气时，进入客户居室前，宜穿着自备的清洁鞋套。

（6）等候客户时，宜站立等待；不得大声催叫，禁止鸣笛催促。

（7）在与客户谈话时，应保持适当的身体距离，要以谦虚的态度倾听，做到不插话、不打断，以免客户重复。边听客户谈话，边点头或应答，以示在认真倾听。如有急事确需打断谈话，要等待机会，并要说“对不起”以示歉意。

（8）适时地搭话，确认领会对方谈话的内容、目的。

（9）不得面对客户咳嗽、打喷嚏，咳嗽、打喷嚏时要转身，并用纸巾掩住嘴、鼻，事后表示歉意。

（10）如服务出现差错或客户有意见，要耐心解释，当面向客户道歉，不得与客户发生争执。

（11）业务办理完毕后，应主动致谢，礼貌告别客户并轻轻关闭客户的房门。

（三）客户参观接待方案

某物流公司的客户参观接待方案见表 1－1。

表1-1　客户参观接待方案

<table>
<tr><td rowspan="2">文案名称</td><td rowspan="2" colspan="3">客户参观接待方案</td><td>受控状态</td><td></td></tr>
<tr><td>编　　号</td><td></td></tr>
<tr><td>执行部门</td><td></td><td>监督部门</td><td></td><td>考证部门</td><td></td></tr>
</table>

一、目的

为促进本公司公共关系，扩大宣传效果，本公司特设接待部，接待全国各地来公司参观的客户。

二、客户参观分类

来本公司参观的客户，大体可以分为3类，具体内容如下表所示。

客户分类	客户描述
一般客户	因业务需要临时决定来公司参观
重要客户	和公司已经有非常频繁的业务往来，参观目的在于了解公司的新产品、生产基地，或到本公司学习管理经验并进行交流，以便进一步扩大合作
大客户	是公司重要的合作伙伴，为了进行战略联盟或者考察公司的生产经营情况，特来公司参观、调研

三、接待方式

1. 一般客户

5人以下的客户团体，原则上公司不予接待，也不派专门的人员跟随讲解，公司重要的生产厂区也不能参观。

2. 重要客户

(1) 需要客户提前5天进行预约申请，并填写预约访问申请表（如下表），然后由接待部负责安排专门的人员陪同并讲解。

预约访问申请表

<table>
<tr><td>来访客户名称</td><td colspan="2"></td><td>来访时间</td><td></td></tr>
<tr><td>来访人数</td><td colspan="2"></td><td>联 系 人</td><td></td></tr>
<tr><td rowspan="9">需要参观的内容</td><td colspan="4">□厂区</td></tr>
<tr><td colspan="4">□生产车间</td></tr>
<tr><td colspan="4">□物流中心</td></tr>
<tr><td colspan="4">□技术中心</td></tr>
<tr><td colspan="4">□研发中心</td></tr>
<tr><td colspan="4">□成品中心</td></tr>
<tr><td colspan="4">□营销中心</td></tr>
<tr><td colspan="4">□实验中心</td></tr>
<tr><td colspan="4">□其他</td></tr>
<tr><td rowspan="11">公司批示</td><td>负责人</td><td colspan="3"></td></tr>
<tr><td rowspan="10">参观证</td><td>□厂区</td><td>个</td><td></td></tr>
<tr><td>□生产车间</td><td>个</td><td></td></tr>
<tr><td>□物流中心</td><td>个</td><td></td></tr>
<tr><td>□技术中心</td><td>个</td><td></td></tr>
<tr><td>□研发中心</td><td>个</td><td></td></tr>
<tr><td>□成品中心</td><td>个</td><td></td></tr>
<tr><td>□营销中心</td><td>个</td><td></td></tr>
<tr><td>□实验中心</td><td>个</td><td></td></tr>
<tr><td>□其他</td><td>个</td><td></td></tr>
<tr><td colspan="3">说明：对于公司不允许参观的地方，请予以说明，不发放参观证。</td></tr>
</table>

(2) 招待：凡会客室能容纳下的参观团体，均以茶点招待，发放公司纪念品一份。
3. 大客户
(1) 接待部在接到公司相关部门的信息后，需要预先进行接待准备。
(2) 接待部对来访的客户的目的和需求进行仔细分析，并预先进行讲解演练。
(3) 来访时，按公司通知以糕点、咖啡、冷饮或其他方式招待，并由公司高级人员陪同。
(4) 接待部要同时准备公司重要领导和大客户的午餐或晚餐。
四、参观要求
(1) 接待人员首先要将参观计划报相关部门办理参观凭证，没有凭证，任何人不得参观。
(2) 未经核准的参观人员，一律拒绝参观，擅自率领参观人员参观者，按泄露商业机密论处。
(3) 参观人员除特准者外，一律谢绝拍照，并由陪同参观的人员委婉说明原因。

编制日期		审核日期		批准日期	
修改标记		修改处数		修改日期	

任务实施

公司的物流客户服务流程、规范应“上墙”。物流公司员工在经过一段时间的培训后，应尽快熟悉物流客户服务流程，并正确把握物流客户服务规范。曾华等实习生在指导老师的带领下，较快地熟悉了公司物流客户服务流程及规范要求，不久就能独立接待客户了。

任务三 认知物流客户服务部门和客服人员职责

任务描述

在经过一段时间的实习后，指导老师告诉曾华等实习生，物流客户服务活动渗透到企业的各个部门和各个运营环节中，要提高物流企业服务的绩效水平，就必须把物流客户服务活动的任务、责任、权力在企业内部进行有效的组合和协调。因此，接下来的任务是了解公司的组织结构框架，特别是熟悉公司客户服务岗位的职责及地位。工作任务如下：

（1）了解公司的组织结构和物流客户服务岗位设置及岗位职责；

（2）熟悉物流客服人员的工作标准及职业要求。

知识准备

一、物流企业的组织结构及主要职能

（一）物流企业的组织结构

物流企业的组织结构一般因企业规模不同而有所区别，即根据企业现在的情况和未来发展规划，划分部门、岗位并制定职责；从横向看，又划分为若干层次，即管理层次。所谓管理层次，是指从企业经理到基层工作人员之间体现领导隶属关系的管理环节，即经营管理工作分为几级管理。组织结构的管理层次受到管理幅度的制约。管理幅度是指一个领导者或管理者能够有效地管理下属人员的可能数量。管理幅度同管理层次成反比，即：管理幅度增大，意味着领导或管理者的下属人员增加，管理层次就减少；反之，管理幅度减少，管理层次就增多。一名领导者或管理者，因受其精力、经验、学识、能力等条件的限制，能够有效领导的下属人数是有限的，超过一定的限度就不可能实现有效的领导。一般来说，企业总是尽可能在扩大有效管理幅度的基础上，减少管理层次，降低管理费用，加快管理指令的传递速度，以提高管理工作的效率。

德邦物流的组织结构如图1-1所示。

一般来说，大中型物流企业的组织结构分为三个管理层次，即最高管理层、中间管理层、基层管理层；小型物流企业适宜两级管理，即设两个管理层次。

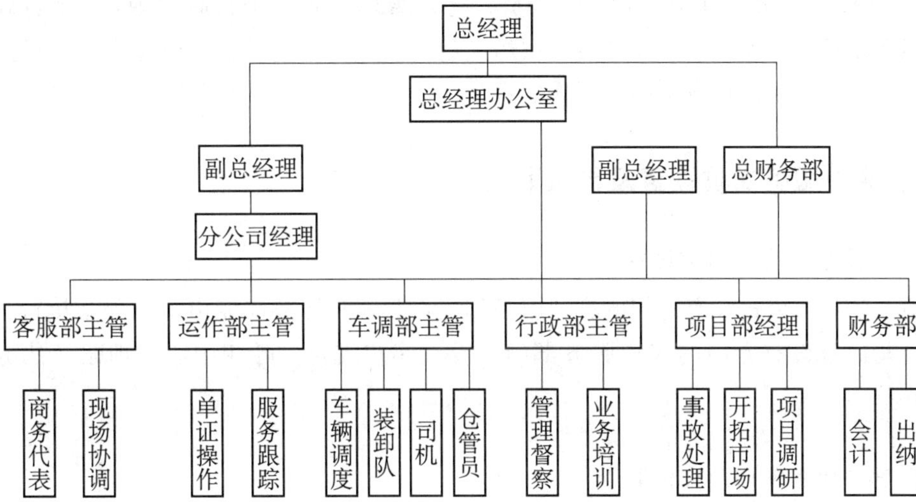

图 1-1　德邦物流的组织结构图

（二）物流企业各管理层的主要职能

1. 最高管理层

最高管理层即以经理为首的领导班子，统一领导各个层次的经营管理等活动。其主要职能是制定经营目标、方针、战略，利润的使用、分配方案，重大规章制度的修改和废止，指挥和协调各组织机构的工作和相互关系，确定它们的职责和权限等。

2. 中间管理层

中间管理层是指根据经营管理工作的需要设置的承上启下的中间层次的机构，主要是经营业务、职能管理和行政办事机构。它们的主要任务和职责权限是依据最高管理层下达的指令和任务制定本部门的执行目标，直接从事企业的经营活动或管理活动，保证实现企业的经营和管理目标，以及向决策层提出建议和直接领导最基层机构的各项具体的经营管理工作。

3. 基层管理层

基层管理层是指经营管理工作的执行操作机构，是直接领导基层工作人员的管理层次，是企业中的最低管理层。它们的主要任务和职责权限是依据上一层机构下达的任务优化组织实施的具体方案，采取多种经营方式，实施优质服务，保证完成各自的经营目标，以及向上层的领导机构报告工作或提出建议。

物流企业不论是三级管理还是两级管理，只要是设两个以上的管理层次，就涉及授权问题。只有根据集权和分权、统一领导和分级管理相结合的组织原则，方能保证统一指挥以及充分调动和发挥中间层和基层的主动性和积极性，增强物流企业经营管理中的向心力和创造力，达到既有经营的高效益，又有管理的高效率。如某物流公司分为财务部、运输部、仓储部、行政管理部等。财务部有 1 个财务经理，1 个会计，1 个出纳；运输部有 1 个运输经理，1 个运输主管，1 个调度员，1 个文员，1 个统计员；仓储部有

1 个仓储经理，1 个仓储主管，2 个仓管员；行政管理部有 1 个行政经理，1 个行政助理；当然还要把货车司机、叉车司机、搬运工放进去。在此基础上，给每个部门设定部门工作职责，给每个岗位设定岗位工作职责。

二、物流客户服务岗位设置及岗位职责

(一) 物流客户服务岗位设置

一般小的物流公司没有专门的客户服务部门，其客户服务职能由市场部来执行。大的物流公司通常设有专门的客户服务部门，设置客户支持、呼叫中心、理赔及法务等岗位。

(二) 客户服务部门及岗位职责

1. 客户服务部门职责

某物流公司客户服务部门职责如下：

(1) 在公司总部的领导下，负责公司全国所有代理商、加盟店的服务工作；
(2) 负责全国代理商、加盟店的配货服务工作；
(3) 负责全国代理商、加盟店的退、换货工作与跟踪服务；
(4) 建立客户档案，根据客户的情况制定适合客户的各种解决方案；
(5) 负责货品物流的跟进工作；
(6) 负责定期和不定期地跟踪客户，接待客户的各种投诉；
(7) 记录客户咨询和投诉并有技巧地解答，重大问题及时汇报上级；
(8) 有目的和主动地跟进客户，并做动态记录，完善客户档案；
(9) 传达公司总部的命令和信息至全国代理商、加盟店；
(10) 衔接物流部（如确认订单等）；
(11) 完成公司总部下达交办的其他工作任务。

2. 客户服务岗位职责

某物流公司客户服务岗位职责如下：

(1) 负责管理订单中心接收、审核、打印、分发和处理订单的整个流程；
(2) 负责各地分公司客户问题和投诉的处理和跟进；
(3) 负责管理各类相关报表的制作；
(4) 执行上级关于客户的服务与运作指令；
(5) 全程跟踪订单执行过程，督促和协调公司内部作业，及时反馈存在的问题；
(6) 收集与反馈客户的意见；
(7) 负责统计客户事故，反馈给相关部门，并跟进处理进程；
(8) 负责订单中心的团队建设及分公司客服部的培训和业务指导；
(9) 完成上级交办的其他事务。

三、物流客服人员的工作规范和标准

（一）物流客服人员日常管理规范

以某物流公司为例，说明客服人员的日常管理规范。

1. 日常考勤管理规范

（1）员工上下班均应打卡，未打卡且事后未提交书面说明的按旷工处理。

（2）上班忘记打卡（并未迟到）人员，需书面说明情况，由部门经理签字确认；当月忘记打卡次数超过两次者，从第三次起，每忘记一次按迟到 30 分钟计。

（3）因公外出（非出差）无法打卡者，需提前或在返回后提交书面说明（需直接主管签字）；出差需提前通报并备案。

（4）普通员工请假需至少提前一天并填写请假条，如遇特殊原因可电话向主管经理请假，并在回公司上班当日补交请假条；请假两日（含）以内由主管经理审批签字，两日以上由总经理审批签字，未按时补交的以旷工处理。

（5）部门经理请假需提交请假条和工作衔接计划安排，直接由总经理审批签字，无特殊原因不允许在休假期间电话续假。如在休假期间电话续假，按相应级别岗位请假应扣发工资标准的 200%扣发。

（6）各部门经理负责督促下属人员及时交纳请假条，如发生下属人员未及时递交请假条的情况，扣罚直接主管与员工相同额度的工资。

（7）员工依法享受的婚假、产假、丧假等，基本按国家具体规定执行，特殊情况可以人性化调整休假时间。

2. 仪容仪表要求

（1）着装规范。①上班着工装，按规定佩戴工号牌，保持整洁；②工装纽扣扣齐，无褶皱；③工装无脏迹、无开线、无破绽、无掉扣。

（2）形象规范。①发型美观、大方、庄重，不得留蓄怪异发型；②女员工化淡妆，不使用有异味的化妆品；③个人卫生做到“四勤”：勤理发、勤洗澡、勤剪指甲、勤换衣服；④言谈举止大方得体。

3. 态度要求

（1）态度诚恳、热情周到，有问必答，耐心、谦和有礼。

（2）严禁出现拖腔、态度生硬、不耐烦、使用方言和网络用语等不礼貌的行为。

（3）客户问到自己不懂或不熟悉的业务时不得不懂装懂，不得推诿、搪塞客户，应婉言向客户解释并询问相关人员后再作解答，必要时可请相关人员代答。客户需要帮助时，在不违反相关规定的前提下，应热情相助。

（4）工作中出现差错时不得强词夺理，应诚恳接受客户批评，主动致歉并立即纠正错误。

（5）尊重客户，不得与客户闲聊。遇到个别客户的失礼行为，要克制忍耐，不与客户争辩顶撞，用自己的良好言行与涵养感化客户。

（6）客户道谢或提出表扬时，应谦虚致谢。

（二）物流客服主要岗位的工作标准

1. 客户支持（客户专员）工作标准

（1）负责所属大客户的日常维护及管理，积极协助客户处理各种重大投诉；

（2）负责客户档案的建立；

（3）负责配合营销部项目经理做好新大客户的支持、维护工作；

（4）负责大客户发货量分析及意见反馈，对客户的需求及同行业竞争保持高度的敏感；

（5）负责大客户的深层次开发；

（6）负责对所辖客户维护组人员的协调管理，制定客户维护方案并组织实施；

（7）负责完成上级交办的其他工作。

2. 法务工作标准

（1）监督实施公司各项合同制度，如合同管理制度、合同管理考核办法、合同纠纷解决办法、合同审查办法、合同洽谈人员守则等；

（2）监督检查合同的签订、履行情况；

（3）对公司人员进行相关法律培训；

（4）参与重大合同的谈判，维护公司合法权益；

（5）协助有关部门催讨账款；

（6）处理全责纠纷，参与诉讼；

（7）提供法律咨询，处理其他法律事务；

（8）负责起草、修订公司各类合同、律师函，协助其他部门处理法律事务。

3. 投诉（分公司投诉专员）工作标准

（1）执行总公司制定的各项投诉管理规定及管理措施；

（2）处理投诉案件，配合总公司投诉工作的进行；

（3）针对投诉案件中体现的业务操作问题，及时向相关部门提出整改意见，同时将相关问题上报总公司；

（4）每月向总公司上报分公司投诉档案及当月投诉工作分析；

（5）对分公司投诉处理工作进行总结分析；

（6）建立分公司客户投诉档案，存有电子版，向总公司上报电子档案。

4. 保险理赔（分公司保险理赔专员）工作标准

（1）对分公司各项保险及理赔工作进行全面的监控和管理；

（2）执行总公司的各项保险理赔工作的管理规定及管理措施；

（3）协助总公司处理保险索赔工作，并负责收集相关保险索赔资料；

（4）针对理赔案件中暴露出的业务操作问题，及时向有关部门提出，敦促整改，同时将有关信息反馈给总公司保险理赔处；

（5）协助保险公司界定客户的损失，并确定赔偿金额；

（6）收集分公司有关保险需求，并及时上报总公司保险理赔处；

（7）审核、修订销售合同中有关保险索赔条款；

（8）协助对第三方的追索工作；

（9）建立保险理赔档案；

（10）负责分公司的保险理赔情况分析，并于每月规定日期前上报总公司保险理赔处。

5. 呼叫中心（坐席人员）工作标准

（1）接到咨询电话时，应了解客户的意图，积极地向客户介绍公司业务并利用电脑做好记录；

（2）接到客户委托时，要了解客户之所需，积极为客户当好参谋，并尽量将公司的优势介绍给客户；

（3）根据客户业务情况报价，开具业务通知单或在系统中录入基本信息，并核对工作单内容，确认客户委托；

（4）提醒和督促及时安排运输，并跟踪确认办理结果；

（5）各部门在业务操作中出现问题时，与客户沟通，提出解决办法；

（6）客户投诉时，做好前期的投诉处理并有责任为投诉人员提供必要的协助，并直接录入系统中；

（7）客户查询货物的运输情况时，若系统中显示明确的结果则可直接答复客户，其他情况可由查询人员查询，在规定时间内将结果通知客户，并录入系统中；

（8）当客户需要与公司长期合作或扩大合作时，受理员有责任将客户需求反馈给营业部或公司领导，并及时录入系统中；

（9）对于长期合作的客户，如发现有不合理的报价或服务程序不妥，有责任提出改进建议；

（10）积极向客户推出保险业务，每日做好保险记录，并及时传达到保险理赔处；

（11）当客户有转接电话需求时，应积极、热情地为其转接；

（12）服从公司安排，按公司规定值班、加班；

（13）遵守交接班制度，认真填写业务交接单；

（14）正确使用呼叫系统模块，按正常操作程序使用；

（15）规范用语，遵守电话服务制度，对接听电话实行“首问责任制”。

四、物流客服人员的职业要求

（一）物流客户服务岗位需要具备的职业能力和素质

物流企业是以服务客户为导向的企业，在为客户服务的过程中，物流客服人员的职业能力和素质至关重要。要做好物流客服工作，物流客服人员要具备以下能力和素质：

1. 基本职业技能

具备完成订单咨询、订单下单、客户回访、营销、客户投诉受理及处理、大客户管理等业务的能力。

2. 基本职业礼仪

仪容仪表符合职业要求，接待客户、接听客户的电话符合职业要求。

3. 基本职业通用能力

具备良好的口头表达能力、准确处理业务的能力、基本英语能力、沟通能力、团队合作能力等。

4. 职业素质

具备良好的责任心、积极的工作态度、爱岗敬业的精神等。

（二）物流客户服务岗位的职业发展

物流客服人员在整个物流业务操作流程中扮演着重要的角色。因为客服对外要与客户、承运人、海关、商检等部门保持良好的沟通，对内要同销售人员、操作人员及现场人员等保持良好的团队合作，所以优质的客户服务不仅是销售工作的延伸，在很多时候也延伸到售前环节。

物流客服人员的职业发展也是多元的，不仅可以在客服领域晋升，而且可以发展为销售人员。通常来说，客服人员的晋升通道为客服代表、客服主管、客服经理、区域客服经理、客服总监等。

任务实施

曾华等实习生通过一段时间的跟班实习及轮岗，很快熟悉了该物流公司的组织结构和物流客服岗位设置，明确了各岗位的职责。在此基础上，他们基本掌握了客服岗位的工作标准及职业要求。在实习的后半阶段，他们就能独立开展客服工作了。

思考练习

一、不定项选择题

1. 影响客户服务水平的四个传统要素分别是（　　）。

A. 时间　　B. 可靠性　　C. 沟通　　D. 方便

2. 物流配送业务中的客户服务主要集中在（　　）、配送运输、配送加工、送达服务七个方面。

A. 集货　　B. 分拣　　C. 配货　　D. 配装

3. 客户为企业带来的总利润由（　　）构成。

A. 基本利润　　B. 推荐成本　　C. 推荐价值　　D. 成本节约

4. 一般情况下，物流客户的生命周期可分为（　　）和客户终止期五个阶段。

A. 潜在客户期　　B. 客户成长期　　C. 客户成熟期　　D. 客户衰退期

5. 大型物流企业的管理层级一般分为（　　）。

A. 最高管理层　　B. 中间管理层　　C. 基层管理层　　D. 参谋层

二、判断题

1. 物流企业为物流客户投入的成本包含物流客户获取成本、价格优惠、推荐破坏成本及运输成本。（　　）

2. 我国物流企业可分为运输型物流企业、仓储型物流企业、综合服务型物流企业。（　　）

3. 不像有形产品那样可以长期储存，服务是无法储存的，因此当出现物流客户服务需求的高峰或低谷时，容易出现供求矛盾，从而影响服务水平和顾客满意度。（　　）

4. 流通加工是物品从生产地到使用地的过程中，根据物流客户的需要进行包装、分割、计量、分拣、刷标志、贴标签、组装等简单作业的总称。（　　）

5. 在物流客户生命周期的客户成熟期，物流企业应采取特别对待计划。（　　）

三、思考题

1. 物流客户的内涵是什么？

2. 物流客户服务具有哪些主要特点？

3. 作为物流客服人员，如何把握物流客户的需求？

4. 怎样才能做到客服工作的人岗匹配?

5. 物流客户服务的不同阶段应采取怎样的管理措施?

四、案例分析题

案例一　美的集团物流配送案例解析

一、明确客户需求

美的集团自1968年成立以来一直是国内外家电领导品牌之一。随着互联网、大数据以及物流行业的不断发展，美的集团也面临着物流运作无法实时满足实际应用的需求，出现信息量巨大、数据共享低、安全保障少以及高耗时高成本等问题。面对物流需求的迅速升级，美的集团需要具体问题具体分析，针对主观与客观的实际问题进行剖析，以提出最合适的解决方案。

（一）物流管理现状

目前美的的物流业务正在迅速发展，传统的物流管理已无法满足巨幅增加的用户量和快速配送的需求，具体表现在：

（1）集团内部无统一的地图平台，无法统一展示业务空间和属性信息；

（2）物流系统与GIS（Geographic Information System，地理信息系统）脱节，欠缺GIS基础平台，与同行存在一定差距；

（3）物流网点服务范围模糊、边界不明确，导致分工不明确，效率降低；

（4）缺乏智能化的物流分单系统，自动化能力差，导致分单效率、准确性偏低。

（二）需要解决的主要问题

上述都是美的集团物流管理出现的不足之处，这些不足如不及时修正与完善，势必会影响美的集团的品牌度及客户满意度。地图慧根据美的的这些现状提供了有针对性的解决方案：

（1）建立一套物流自动分单系统，能完成物流自动分单，且系统具备持续改进能力，如地址纠错等功能。

（2）建立一套统一的地理信息平台，为美的集团各部门提供统一的地图和地理信息服务。平台包含API（Application Programming Interface，应用程序接口）供美的实现业务定制开发，同时平台应具备分布式服务能力，以满足业务量快速增长的需要。

（3）建立一套区划管理平台，方便业务人员绘制/管理网点、自定义绘制/管理配送业务区域。

二、解决方案配置

根据对需求的全面阐释，对于美的集团的问题提出相应的解决方案。

（一）“一张图”管理思路

将美的LMS（Learning Management System，学习管理系统）大物流相关的业务数据包括网点信息、业务区域、车辆信息、配送路线信息等与电子地图进行无缝整合，结合地理展现和分析技术手段，从地理空间的角度实现业务的一体化管理。建设地图慧GIS物流服务平台，以“一张图”的思路管理物流业务，并为网点管理、区划管理、分单配送、车辆管理等提供基础。

（二）方案五大内容解析

地图慧GIS物流服务平台为美的集团提供五大功能模块，用以管理物流相关业务及数据。

1. 网点管理——大量数据的自动化解析

将美的自建仓库、网点、第三方中转网点等位置及相关业务信息（仓库面积、使用率、空仓情况、网点订单量等）快速标注在地图上。支持将已有的网点地址表批量转换为地图上的点，除此之外，对所有使用的POI（Point of Information，信息点）进行维护，包含超图POI、道路中心点数据、超图道路中心点数据。POI维护的主要内容包含已有POI数据错误的修正和新增POI的添加及POI的删除。

2. 区划管理——快速进行人员匹配，节省时间

帮助企业将服务对象按地域或业务需求划分成无缝拼接的区域块，让网点、服务用户等信息归纳到网格进行精细化管理。

除基本功能外，还支持道路辅助构建区划面（简化画面操作）、无缝裁切（新画区块与已有区块自动无缝处理）等。

3. 分单管理——智能化分单，提高准确性与工作效率

根据网点和区域块信息，将海量订单（销售、售后、电话中心等）自动匹配到所属的网点或区域块上，实现快速分单。

配送区域除了可以达到省/市/区县级别，还能细化到乡镇/网点区划/标建（POI）等。分单以http服务的形式，供用户ERP（Enterprise Resource Planning，企业资源计划）系统自动调用；同时提供分单验证页面，可以查看分单效果。

支持纠错，支持将纠错的地址存在纠错地址库里，在以后的分单中如遇到相同的地址，则直接调用纠错结果，返回正确结果。

4. 行业地图——避免信息干扰

使用地图慧专为物流行业定制的物流地图，在地图中突出显示美的集团物流配送中关注或者需要用到的要素。

5. 用户管理——系统的人员管理，提高工作效率

对使用系统的用户进行信息和权限管理的功能，包括权限管理、角色管理、账号管理等。

三、应用效果展现

2016年，美的集团启用地图慧企业服务的物流管理平台产品，并迅速以其高效便捷的运作让美的集团物流工作如虎添翼，成本支出也明显减少，物流管理更加规范便捷，在节省成本的同时，又提升了客户信赖度和忠诚度。

（一）网点、区域管理更加高效规范

通过将美的仓库、网点的地图可视化处理，同时结合实际经营与地理位置相关的数

据，通过各种地图形式进行展示，包括分段设色、等级符号、热度图等，同时实现与柱状图、饼图等仪表盘的互动，为监控、管理及决策者提供全局情况的直观展示。

（二）数据可视化及时更新，工作效率显著提高

能快速对海量数据进行实时更新，保证了信息的时效性，提高了工作效率。

（三）高效率使服务水平更上一层楼

除了技术服务人员应具备优良的服务态度和专业的服务技术之外，服务的响应速度也是令其客户满意的一点。

GIS 的空间分析、查询、定位等技术可以极大地缩短人工处理的时间，实现智能化的空间信息处理，方便了服务中心的工作，提高了服务的整体效率和服务水平。

（四）实现物流分单自动化，企业运营成本降低

美的订单通过解析落入相应区域网格并可自动关联网点，从而实现订单的自动派工，同时结合订单数量、产品属性、配送区域、仓储数据、车辆实时信息等数据，可实现订单与配送车辆的快速匹配定位。另外，通过对地图慧 GIS 物流服务平台的使用，美的管理者能够更灵活地访问和管理业务数据，大大降低了企业运营成本。

四、用户满意度评价

2013 年“中国最有价值品牌”评价中，美的品牌价值达到 653.36 亿元，名列全国最有价值品牌第 5 位。未来三年美的将以“成为中国家电行业领导者、世界白电行业前三强”为战略愿景，进一步深化转型，推动经营质量持续提升，以消费者为中心，通过技术创新、品质提升与精品工程，实现产品领先、战略领先，获得公司的重新增长。

“在使用地图慧 GIS 物流服务平台后，客户需求得到了快速响应，服务质量也逐步提升，减少了不合理消耗，提高了提送货效率，降低了运营成本，提高了客户对美的集团的满意度，给集团带来的不仅仅是经济上的效益，更是品牌的影响力。”美的集团对地图慧的充分肯定，更是对地图慧产品的肯定与支持。物流是国民经济的重要产业之一，一个高效的物流服务平台带来的是低成本、高效率的物流时代。

思考：

（1）美的物流配送面临什么样的问题？又是如何挖掘客户需求的？

（2）美的物流的解决方案给你什么启示？

案例二　顺丰速运针对物流客户不同生命周期服务策略分析

由于宅急送、大田、中国邮政 EMS 的快速发展以及国外快递公司大力开拓中国市场，顺丰速运面临着前所未有的市场竞争。公司为应对竞争采取了如下策略：

（1）根据物流客户所处生命周期的不同阶段确定不同的战略目标。处于生命周期不同阶段的客户，其运营成本是不一样的。处于考察期和衰退期的客户，其运营成本一般都比较高，往往要利用较多的运作资源，而得到的净利润却很少。在技术、经济可行的情况下，对此类客户加以整合，利用其独有的特性减少和降低运作资源的消耗和成本支出，可以有效支撑快递企业利润的产生，而且这类客户开发得好将为企业带来充足客源

和利润源。处于成长期和成熟期的客户会给企业带来现实的巨大利润。在“大客户＋小客户”的整合中，大客户一般是企业利润主要来源的客户，即成长期和成熟期的客户，是企业的关键客户之一，小客户则主要是占用了企业较多的运作资源却为企业贡献较小利润的客户。大客户的快递作业由于操作的时间、区域和作业方式不同，运作资源富余（如车辆装载空余）的现象经常出现，如果加以小客户协同运作，实际即是以大客户的运作支出支撑完成了大、小两个客户的运作。快递企业制定其运作计划时，采取此种方式可以在合理分配大客户作业量的同时兼顾小客户的业务，使运作效率指标更高。

基于核心竞争力的快递企业客户资源整合是现代竞争持续发展的过程，需要进行不懈的努力。现代快递的根本含义是物流客户服务，而对客户资源进行整合恰恰是促进企业服务质量提升的重要手段。持续地进行客户资源整合必将有力地促进企业核心竞争力的发展，不断提升企业的能力，而企业核心竞争力的发展也进一步促进了客户资源的整合。

（2）根据利润来源细分快递市场，选定目标客户。公司应认真分析快递的利润来自什么类型的客户是最合理的，是大的项目客户还是标准的中小客户。根据统计，顺丰速运文件与包裹的比例为 6∶4（内地件占 50%，香港件占 50%）。相比于宅急送、大通、大田等国内快递公司，顺丰速运的文件占比最大，这符合顺丰速运的客户定位。顺丰速运认为，文件市场的风险最小而利润最大，国内机场等运输渠道的野蛮操作容易造成货物损坏，从而引起客户的索赔，因此应以小客户市场为主，努力实现客户价值最大化，为客户提供最大、最多、最好的价值。

（3）扩大快递网络。顺丰速运的一个战略指导思想是由区域性快递公司发展成全国性快递公司。顺丰速运从广东起家，在夯实了珠三角地区密集的快递网络之后，向长三角地区复制了其业务模式，进而向华北、华中和西南地区不断扩张。顺丰速运在全国网络覆盖多个省、直辖市及香港特别行政区，网点完全自营，没有建设代理网点或采取加盟连锁的方式，其网络策略是“自然延伸”，即根据自身实力和发展程度，哪里有市场就将网络铺设到哪里。在经济发达地区建设密集网点，放弃经济不发达地区。

（4）改变营销理念，客户关系成为营销重点。中国的快递营销力量非常薄弱，很多快递公司没有专职的销售人员。在产品和价格不占优势的情况下，顺丰速运一直保持在相当程度上布局大量的销售人员，进行专门的培训。快递销售必然是顾问式销售，对一家企业的快递方案的解决是快递销售的重心。服务业必须高度重视客户关系的维护。

（5）采用 4C 物流营销组合。这里的“4C”分别指代 Customer（顾客）、Cost（成本）、Convenience（便利）和 Communication（沟通）。4C 物流营销组合首先以客户对物流的需求为导向，与目前我国的物流供求现状相适应，提出了物流市场不断发展的特点，着眼于企业与客户间的互动，达到物流企业、客户以及最终消费者都能获利的三赢局面。首先，4C 可引导物流企业关心客户的需求，关心客户关系的维护，并根据客户的行为预测客户的物流需求，为其设计物流服务，这样就可以使这些企业有可能获得长期、稳定的物流客户。其次，4C 营销告诉物流企业，物流业所产生的效益具有共享性，这种共享是在物流企业和客户之间实现的。在企业的物流营销过程中，必须时刻注意到如果客户不能从外包的物流业中获取效益，那么物流企业的所有努力都将是徒劳的。最后，结合上文提出的物流营销原则，物流企业在从事物流活动时，应该把本企业最擅长的一面（核心竞争力）充分展示给客户，让他们充分相信物流企业能为其带来满意的效益，最终将物流业务交付给专业物流企业完成。

（6）根据物流客户需要增加服务特色。顺丰速运目前提供的服务有：①门到门寄付或到付快递服务；②门到门快件限时派送服务；③门到门寄付或到付普货服务；④代签回单业务。该公司最大的服务特色是“五不”：一是该公司不设800免费电话服务（他们认为，真正讲求时限的客户不在乎一点电话费）；二是不收同行代理的快件，未开通城市不设代理；三是其公布的快件价格不打折、不优惠；四是递送员培训考核不合格不能上岗；五是不做广告（递送员取件快是最好的广告）。这几个特点是有别于其他快递公司的，也是市场上不全部被客户和竞争对手所知的部分。

（7）树立速度第一的客户服务理念。速度是快递之魂。全国两万多家快递企业都将速度作为自己的生命线，一些企业在注重速度的同时忽视了一个重要的因素，那就是低成本下的速度才是真正的速度。为了确保递送时限、提高速度，顺丰速运经常让自己的员工带着客户的物品乘坐火车、飞机去送货，这样做就保证了准点率，满足了客户的需求。速度是顺丰速运争夺市场的利器，快递行业的人都清楚，顺丰速运自公司建立之初就把“速度第一”贯穿于其营销理念之中。

思考：

（1）你认为顺丰速运针对物流客户所处生命周期不同阶段的服务策略有哪些值得学习的地方？

（2）如果你是公司客服部经理，你觉得物流客户服务策略存在哪些不足？

（3）与同学讨论顺丰速运“速度第一”的理念是否可行。

项目二
物流客户开发与拜访

【学习目标】

知识目标：

1. 了解客户需求的概况；
2. 知道客户需求的类型；
3. 熟悉物流客户需求的管理。

能力目标：

1. 掌握物流客户的基本需求；
2. 能对物流客户需求进行分类；
3. 能根据物流客户需求进行分类管理。

【重点难点】

本项目的重点是物流客户的寻找与识别、物流客户档案的建立，难点是物流客户需求的分析与拜访、沟通技巧的掌握。

任务一
物流客户寻找与识别

任务描述

曾华通过一段时间的努力，一方面和公司的有关人员进行了很好的沟通，另一方面也能够很好地完成客户服务的相关工作。公司经理决定将其调到业务部门。在业务部门，他是一个新手，没有现成的客户。为此，他需要通过学习和训练，了解寻找潜在物流客户的方法和途径，并能识别、分析客户，利用相关软件建立客户档案，对不同类型的物流客户进行有效的管理。工作任务如下：

（1）弄清物流客户的寻找途径；

（2）根据物流客户的类型采取不同的管理方法。

知识准备

一、物流客户寻找途径

（一）潜在的物流客户在哪里

客户是物流服务的对象，是物流企业利润实现的源泉，建立相对稳定的客户群是物流营销实现的基础。需求是社会发展的前提，也是物流企业发展的前提。潜在需求是指人们模糊、朦胧的需求欲望和意识，它是产品或服务诞生的土壤，是物流企业创造市场的源泉。有潜在需求，必然存在潜在客户。潜在客户是现代物流企业发展的重要动力，是在激烈的市场竞争中寻求发展的主要目标。企业面对优胜劣汰的市场竞争，要想长期扎根市场，除了稳固实际客户之外，还要在潜在客户上寻求突破，以求发展。物流企业要挖掘潜在客户，就要善于发现物流购买者的潜在需求，全方位地满足他们的需求，引导和创造物流服务的新需求，把潜在需求转化为市场的实际需求。

那么，潜在的物流客户到底在哪里？

1. 你的朋友和曾经的同事

记得在你到物流公司上班的第一天，给你的朋友和曾经的同事打电话，揣着自己的名片和公司的手册一个个去拜访他们，向他们介绍你的公司和你的业务。他们可能是你的

动脑筋 2－1

你看到了什么?

有一个物流客服新手工作一段时间后，因为找不到客户，自认为干不下去了，所以向物流公司总经理提出辞职。总经理问他：“你为什么要辞职呢?”他坦率地答道：“我找不到客户，业绩很差，只好辞职。”总经理拉他到面对大街的窗口，指着大街问他：“你看到了什么呢?”这位客服新手答道：“人啊!”“除此之外呢，你还看到了什么?”“除了一堆人，就只有路了!”总经理又问：“在人群中，你难道没看出许多准客户吗?”这位客服新手恍然大悟，马上收回辞呈。

客户来自准客户。准客户即可能购买公司产品或服务的客户，又称潜在客户。准客户到处都是，问题是如何找出来。有人手中永远有访问不完的准客户，有人则老是找不到准客户。

第一批客户或潜在客户，他们也许只会向你咨询一些小小的物流问题，但请记住：有付出才有回报。

2. 同事客户名单中的客户

一个创办 3 年以上的公司应该有完备的客户名单，作为客服人员，你可以向公司所有者或经理提出问题：这段时间有多少人进入和离开客服队伍？即使有些客服人员并没有离开，但是现在已经在公司的其他岗位任职。如果有这样的人，他们的客户是怎样处理的？如果他们的客户还没有让别的客服人员来负责，可以要求授权你与他们联系。物流公司不能因为人员变动或公司增长迅速而忽略了这些客户。如果公司切实履行了自己的承诺，客户一般是愿意继续与公司打交道的。如果他们最近没有购买物流服务，只是因为没有人向他们提出请求，那么不要为竞争者敞开大门让他们抢走有价值的客户。为此，你需要检查一下过去的客户名单，这样不但能争取将来的生意，而且能争取他们推荐的生意。

3. 网络上找来的客户

网络的信息量实在是太大了，很多人感到不知如何着手来查找客户，或者只是通过几个有名的网站来查找客户。实际上，一些中小 B2B 贸易网站信息量也不小，也有它们的信息渠道，但是由于名气不大，为了聚拢人气，通过它们往往可以免费查到采购商的联系方式。需要注意的是：提供物流客户服务的公司要把公司网站的流量刷上去，公司网站上的信息每天都得修改，以便让潜在客户找上门。

4. 阅读报纸（或其他媒体）发现的客户

寻找潜在客户最有效的工具可能是每天你收到的报纸。学会阅读报纸只需练习几天，一旦开始了，你将惊讶地发现许多有价值的信息。应注意随手勾画并作记录，具体做法如下：拿来每天的报纸，阅读每条头版新闻，勾选对你有一定商业价值的叙述。就如一名优秀的销售人员努力与潜在客户联系，为自己留一份相应的复印件，接着寄出简要的短函“我在新闻中看到您，我在本地做生意，希望与您见面。我认为您可能需要有一份新闻的复印件与朋友和家人共享”并附上名片。人们喜欢自己出现在新闻中，而且喜欢把文章的复印件邮给不在本地的亲戚朋友。通过提供这项小小的服务，你也许能够争取到许多大生意。

（二）寻找物流客户的方法

寻找客户是物流客户拓展的重点，只有找到了恰当的物流客户，明晰了他们的需求，才能顺利地进行物流客户拓展的过程。在寻找物流客户时，不能盲目地大海捞针，必须先掌握寻找物流客户的方法和渠道。按是否采用现代化手段，寻找物流客户的渠道可分为传统渠道和现代渠道。

1. 传统渠道

寻找物流客户的传统渠道有逐户拜访、客户介绍、人际关系开拓、名人介绍、市场咨询、资料查询、产品展示、个人观察、委托助手、直接邮寄等多种。

（1）逐户拜访。逐户拜访是指物流客服人员在特定的区域内，挨家挨户地进行访问，以挖掘潜在客户，寻找客户线索的方法。逐户拜访法又称地毯式访问法。优点是范围广、涉及的客户多，可借机会进行市场调查，了解客户需求倾向，并挖掘潜在客户；可与各种类型的客户打交道，积累经验。缺点是盲目性强，易遭到客户拒绝；耗费大量的人力和时间，成本高。

逐户拜访寻找物流客户的要点：

首先，要整理客户的信息。作为物流第一线的客服人员，对客户的了解是不容忽视的。在拜访之前，一定要把握准客户的信息，做到有的放矢、投其所好，更好地吸引他们。把客户的信息以表格形式打印出来，以备需要时使用，客户的信息要尽量详细，有准确的联系方式。制定拜访计划，可用表格划分出一个星期各个时间段需要拜访的客户，从而做好统筹安排和整体规划。

其次，要充分认识自己。了解对方的同时也要对自己有很深入的了解，熟知公司及相关产品。因为在大多数客户的眼中，一个对自己公司及相关产品缺乏深刻认识的物流客服人员是根本不值得信任的，这样的公司也是极其不负责任的。

最后，要有失败的心理准备。逐户拜访不是都会成功的，有的人会热情地接待你，有的人则一开始就会给你吃“闭门羹”，作为物流客服人员必须做好心理准备。当然，对于这种情况不能束手无策，在遭遇“闭门羹”的时候要找出具体原因，进行冷静、耐心的分析，根据具体原因采取相应的措施加以应对，以便积累更多的实践经验，以免以后遇到这种情况时出现应对不力的情形。

（2）客户介绍。客户介绍就是通过老客户的介绍来寻找新客户的一种方法。这是物流客服人员通常使用的行之有效的方法。这种方法还被称为黄金客户开发法，在西方广为推崇。优点是信息较准确、可靠，可减少客户开发过程中的盲目性，较易获得客户的信任，成功率也较高。缺点是事先难以制定完整的客户开发计划，客服人员一般处于较被动的地位。

运用客户介绍法寻找物流客户时要运用名片，不管业务达成与否都拿出名片，让其介绍两名朋友。许多人没有做成生意就离开了客户，然而日本人奉行的是即使摔倒了也要抓把沙的原则，即使这次业务不成功也要客户再介绍一名客户。只有客户相信了你的产品或你的为人，才有可能为你介绍更多的客户，所以一定要博得客户的信任。

（3）人际关系开拓。人际关系开拓就是客服人员利用一切可能的人际关系寻找客户线索的方法。这是所有的客服人员都可以运用的一种方法。因为在客服人员的生活、工作中有各种各样的人际关系，包括家人、亲戚、朋友、邻居、同事等，这些客服人员所认识的任何一个人都可能是客户线索，或可能向客服人员介绍客户线索。这种方法的优点是寻找客户资源比较可靠，拜访的成功率较高。

在寻找物流客户的实践中，人际关系开拓的运用要点主要是：注意建立个人人际关系网，学会做人，赢得别人的信任，不要被动等待，要主动请求推荐人的帮助，注意人际关系中的重要人物或线索。

（4）名人介绍。名人介绍是指物流客服人员在一定范围内发展一些具有较大影响力的中心人物，并利用其影响协助把该范围内的个人和组织发展为客户的方法。寻找名人作为自己的客户，发挥其对广大消费者的示范效应，这种方法也称中心开花法。优点是可避免资源浪费，通过集中精力向少数中心人物做细致的说服工作，从而避免了一个个做工作；名人具有相当的说服力，具有示范效应，较易取得广大客户的信任。缺点是完全将希望寄托在某一人身上，风险较大，因此选择恰当的中心人物非常重要。

在寻找物流客户的实践中，名人介绍的运用要点主要是：准确地进行市场分析和定位，从而选择物流目标市场，在目标市场中寻找有影响力的中心人物，取得中心人物的信任和合作。这些中心人物熟悉周围的客户，客服人员良好的产品和服务质量满足了其需求，取得了其信任，便可与其建立良好的关系，从而利用这种关系进一步寻求更多的目标客户。此外，运用名人介绍还要注意：寻找中心人物是关键，只要确定了中心人物，使之成为现实客户，就很有可能引出一批潜在客户；中心人物愿意合作是前提，物流客服人员应该想办法反复给中心人物做工作。若物流客服人员选错了中心人物，就有可能弄巧成拙，既浪费时间又耗费精力，最后往往贻误商机。

（5）市场咨询。市场咨询是指利用市场信息服务机构所提供的有偿咨询服务来寻找客户的方法。信息时代出现了诸多信息服务机构，通过这些机构往往能获得许多有价值的客户信息。这种方法的优点是方便，针对性强；缺点是成本较高，因为信息服务机构提供的服务是有偿的。

在寻找物流客户的实践中，市场咨询的运用要点主要是：积极主动，谨慎选择信息服务机构，与其密切配合、相互合作。

（6）资料查询。资料查询是指通过查阅各种有关的情报资料来寻找潜在客户的方法。目标客户的信息可能来源于某些公共情报，如客户名录、企业年鉴、协会会员名录、人名地址簿、专业名册以及报刊上登载的信息等。这种方法的优点是能较快地了解市场容量和准客户的情况，且成本较低；缺点是很多情报的时效性较差。

在寻找物流客户的实践中，资料查询的运用要点主要是：要懂得收集各种资料，有些实用的资料不易得到，需要客服人员通过各种关系取得。

（7）产品展示。产品展示是指客服人员利用产品或服务的各种展示活动来获取需求信息和寻找客户的方法。展示活动主要包括新产品洽谈订货会、产品展销会、贸易洽谈会、广交会、中小企业博览会以及其他类型的展览会等，物流客服人员可以从中获得有关目标客户的信息。通过参加会议和展览寻找目标客户，能帮助企业迅速打开市场，了解行业市场动态，使企业在较短时间内树立在行业内的影响力；能收集大量的潜在客户名片，并与客户做有效交流，培养潜在客户。

在寻找物流客户的实践中，产品展示的运用要点主要有：①确定展示目标。主要有两个基本目标：一是加强物流产品或服务的推广，二是获取潜在客户的信息。②精心策划设计。主要包括确定参展展台的位置、展台的设计、印刷品的制作和数量的确定、参展费用预算、宣传的主题或诉求点等。③做好展示推广。要通过有效的接待和介绍吸引潜在客户，力争获取较高的接触率。④细心观察，认真记录，从中捕捉有用的客户线索和信息。⑤及时将资料进行归类整理。有针对性地选择潜在客户进行交往、跟进和拜访，培养自己的客户。

（8）个人观察。个人观察是指客服人员通过对周围环境的分析和判断来寻找客户的方法。这是一种较传统的方法，也是一种最基本的方法。运用这种方法寻找目标客户，客服人员的职业素质和观察能力就显得十分重要。个人观察快捷灵活、成本低廉，但对客服人员的观察能力和判断能力要求较高。

在寻找物流客户的实践中，个人观察的运用要点主要是：培养客服人员的职业素质和职业敏感。潜在客户无处不在，无论在什么地方、做什么事，或与什么人谈话，客服人员都要随时随地地细心观察准客户。学会眼、耳、心并用，做到“三到”：眼到是指物流客服人员要善于用眼睛看，用眼睛去观察一切可能捕捉到的信息；耳到是指从电视、广播、与别人的谈话中获取有价值的信息；心到是指用心观察客户有没有购买欲望，物流客户在接受推销过程中不提任何反对意见就立即购买的情况是不多见的。正如一句经商格言：“褒贬是买主，喝彩是闲人。”所以，物流客服人员要学会思考，运用好逻辑思维能力，将直觉、视觉、逻辑思维相结合，避免凭直觉所带来的武断和失误。个人观察不仅需要物流客服人员有良好的个人素质和洞察力，而且需要有长期的经验积累和体验。

（9）委托助手。委托助手是指物流客服人员在自己的业务所在区域或客户群中，通过有偿方式聘用有关人员寻找准客户，自己则集中精力从事具体的营销活动的方法。聘用的助手一旦发现潜在客户，立即通知物流客服人员安排营销访问。优点是：①能有效地寻觅新客户。由于聘用的助手分布广泛，他们对本地区、本行业的情况及当地客户的需求和市场行情十分了解和熟悉，因此往往能找到大批的新客户，提供很多有价值的信息，甚至开辟一个新市场。②能节省大量的时间和费用。在一些区域与行业内寻找客户及收集情况比物流客服人员亲自外出要节省时间和费用。缺点是助手的人选不易确定。由于聘用的助手大多是短期的，因此不便于客户的长期拓展。

寻找物流客户的实践中，委托助手的运用要点主要有：①要科学聘用和培训助手，如招聘业余推销信息员、兼职信息员等；②聘用的助手必须喜欢推销工作，有责任心，善于交际，消息灵通；③聘用的助手必须有合作精神；④要给聘用的助手必备的推销工具和进行必要的推销训练；⑤最好不要频繁更换助手；⑥要及时给聘用的助手支付酬金，若助手帮助客服人员做成了一单生意，客服人员要激励并向助手支付酬金，并感谢助手的友好合作。

（10）直接邮寄。直接邮寄是以邮寄的方式来寻找目标客户的方法。对物流客服人员来说，直接邮寄是一种行之有效的方法。邮寄名单可以从多种渠道获得，物流客服人员既可以自己收集，也可以从别人手中购买。直接邮寄覆盖范围往往较广，涉及的客户数量也较多，但邮寄费用较高，时间周期较长，一般回复率也不高。

在寻找物流客户的实践中，直接邮寄的运用要点主要有：①公司借助报刊等进行广告宣传，介绍公司的产品或服务，感兴趣的客户可写信或打电话进行订购。这种方式目前运用较普遍，但广告费用相对较高。②公司定期向客户寄送商品或服务目录，一般实行会员制，只要一次购买或接受达到一定金额的产品或服务，就成为公司的会员。在不同的季节，公司给会员提供不同的产品或服务目录，有时还会送上一声温馨的祝福和一份意外的惊喜。③公司将信函、广告宣传单等直接寄给潜在客户，向他们详细介绍公司的产品或服务、订购及联系方式等。

2. 现代渠道

寻找物流客户的现代渠道有电话访问、网上寻找、广告搜寻、俱乐部寻找等。

（1）电话访问。电话访问是指利用电话进行地毯式访问以寻找客户的方法。电话访问与逐户拜访相比，具有时间省、效率高，避免遭拒绝的尴尬以及覆盖面广的优势，但对物流客服人员的素质要求很高。

在寻找物流客户的实践中，电话访问的运用要点主要有：①做好打电话前的准备工作，必须掌握物流产品或服务知识。作为物流客服人员，应当了解物流产品或服务的功能和用途。②广泛收集潜在客户的基本信息，如姓名、电话号码、邮箱地址等资料。③掌握打电话的技巧，主动报出公司名称，准备好要说的内容。④电话谈话不宜详细介绍产品，最好能用简短的话语吸引对方的注意力，引发其进一步了解产品或服务的欲望，否则极易遭到拒绝。⑤调整心态，不要太紧张，语调要平稳，口齿要清晰，用字要贴切，理由要充分，控制通话时间，达到良好效果即可。

（2）网上寻找。网上寻找是通过运用网络工具来寻找客户的方法。与传统的寻找客户渠道相比，网上寻找特点突出，优势明显。网上寻找客户不受时间限制，具有全天候、覆盖范围广、双方互动即时和成本低廉等优点，但同时要求客服人员熟练掌握网络技术。

在寻找物流客户的实践中，网上寻找的运用要点主要有：①使用网络搜索时，应该选择合适的搜索关键词。一是从竞争对手的网站上搜索。很多公司的网站往往会把他们做过的业务显示出来，这给物流客服人员提供了第一手资料。二是用行业名称进行搜索，可以得到大量的信息。三是通过客户的名称进行搜索，但前提是物流客服人员要知道客户的名称。②通过网络获得客户的基本联系方式，然后与电话访问配合。③公司的网站也可以与互联网搜索引擎服务商合作，这样可以使客户较容易地找上门。

（3）广告搜寻。广告搜寻是指客服人员利用各种广告媒体的宣传推广来寻找客户的方法。广告搜寻客户往往立竿见影，反馈速度快，覆盖面广，但费用昂贵。

在寻找物流客户的实践中，广告搜寻的运用要点主要有：①大型门户网站推广，如搜狐、新浪、百度等。②在大型商业类网站建立产品信息库或招商信息。③平面媒体推广，如行业杂志的彩页、经济类报刊专版及内页、大众读物中的商业平面广告。④电视媒体推广，如接受电视台采访、与电视台合作拍摄招商专题片。广告的目标是让看到广告的人成为客户，品质差的广告不但不能吸引客户，反而使客户心中产生对产品的怀疑，这样就得不偿失了。

（4）俱乐部寻找。俱乐部寻找是指客服人员通过参与一些由公司牵头发起的行业组织，并充分利用这个庞大的客户资源，从而寻找客户的方法。物流企业在条件允许的情况下，可组织自己的俱乐部，进行交流、切磋、娱乐等活动，联络感情，构建自己的客户网络。运用俱乐部寻找客户，不仅能获得客户的第一手资料，使物流产品或服务更贴近市场需求，而且能团结更多的客户，甚至获得大客户资源，但时间周期一般较长。

在寻找物流客户的实践中，俱乐部寻找的运用要点主要有：①成为俱乐部会员。无论何种俱乐部都是联谊性质的，这是物流客服人员大显身手的好时机。②与行业特征相适应，如物流产品或服务具有社会性或重复消费的可能，则目标群体容易锁定。③通过俱乐部建立客户网，俱乐部要具备社交功能，有利于企业与会员、会员与会员之间的沟通与交流。④提供必要的沟通工具和舒适的沟通场所，满足会员自尊、安全等心理需求。⑤促销功能，应具有区别于非会员的消费和其他超值享受，具有吸引力，能够吸引并留住会员。

二、物流客户类型

（一）按照服务对象的性质分类

按照服务对象的性质，可将物流客户分为个体型客户和组织型客户。

1. 个体型客户

个体型客户是指由于个人或家庭的需要而购买物流产品或服务的最终消费者，主要由个人或家庭购买者组成。

2. 组织型客户

组织型客户是指一定的正式组织机构，以组织的名义，因组织的运作需要而购买某种物流产品或服务，一般由一系列组织单位或团体机构等构成。

（二）按照业务关系分类

按照业务关系，可将物流客户分为交易型客户、合同型客户和联盟型客户。不同类型的客户对物流服务有不同的需求，因此，对他们的管理方式也应有所区别。

1. 交易型客户

对于交易型客户而言，物流企业与客户的关系建立在一次交易或一系列独立交易的基础上。这种客户数量较多，且需求具有随机性，需求的数量和水平难以准确预测。在管理这类客户时，物流企业应强调客户服务能力的柔性化，在客户满意和物流成本之间寻找良好的平衡。

2. 合同型客户

对于合同型客户而言，物流企业与客户的关系是根据一种具体的情况确立的合同关系，并在合同的指导下满足客户的要求。由于这种关系是在合同的具体指导下建立的，因此客户需要的服务水平和数量可以比较准确地预测。为这类客户服务时，物流企业只要确保服务过程的稳定性和可靠性，就可以使客户满意。

3. 联盟型客户

对于联盟型客户而言，物流企业与客户的关系是一种为实现共同的利益、目标和战略的计划性、持久性合作关系。在管理这类客户时，物流企业应该加强与客户的互动、沟通，充分认识和发掘客户深层次的需求，为客户提供个性化的服务，帮助客户达到预定的目标。

（三）按照客户的性格类型分类

按照客户的性格类型，可将物流客户分为理智型客户、任务型客户、贪婪型客户、主人翁型客户、抢功型客户、吝啬型客户、刁蛮型客户、关系型客户和综合型客户。

1. 理智型客户

这类客户办事情比较理智，有原则，有规律，不会因为关系的好坏而选择供应商，更不会因为私人感情选择供应商。这类客户大部分工作比较细心，也比较负责任，他们在选择供应商之前都会进行适当的考核和比较，从而作出理智的选择。对于这类客户不适用强行公关、送礼等方式，最好也最有效的方式是坦诚、直率地交流，不可以夸大其词，该怎么样就怎么样，把自己的能力、特长、产品的优劣势等直观地展现给对方。向这类客户承诺的一定要做到，能做到的一定要承诺到，这就是最好的公关方式。

2. 任务型客户

这类客户一般在公司的职位不会很高，他们只是接受上级分配的任务，而且这个任务也不是自己的工作职责范围之内的，所以其一般对任务抱有完成得比上不足、比下有余即可，不会有太多的要求，也不会有太多的奢望。对于这类客户，要提供周到的服务，主动地为客户分析，一定要承诺得斩钉截铁，给对方吃个定心丸。这类客户不是完全的重点公关对象，因为他们往往是公司的即时性客户，完成一笔业务可能以后就没有机会和他们打交道了，所以在费用上不能太优惠。拜访这类客户时，第一印象特别重要，有了好的第一印象一定要及时跟进、说服，给予一定的质量、服务、时间上的承诺。

3. 贪婪型客户

这类客户一般在自身公司的关系比较复杂，做事目的性比较强，对价格压得比较厉害，对质量和服务也要求得比较高。但这类客户很容易稳定，只要和对方的关系发展到一定程度就很容易把握住对方需求。这类客户时常会主动要求和接受回扣。对于这类客户，在关系上要保持沟通，不可大造声势，要给对方安全感、保密感；另外，在质量、价格、服务上都要有一定的保障，可主动给回扣。但是也不可以完全满足对方，该给多少回扣就给多少，该加收的税就一定要加收。一味地满足对方会导致自己很被动，因为贪婪是没有止境的。

4. 主人翁型客户

这类客户大部分是企业的老板，或者是非常正直的员工，他们追求价格、质量、服务的最佳结合体，尤其对价格最为关注。服务这类客户时，要以价格为突破口，在价格上给客户一个好的印象，在质量上可以根据客户的认知度定位，前期道路铺好之后要经常回访和交流。只要在价格上能适当满足对方，在关系上能保持良好的沟通，就能长期服务下去。

5. 抢功型客户

这类客户一般不会是公司的大领导，也不会有很大的权力，但是这类客户有潜力，地位一般是处于上升趋势。这类客户的眼光重点定位在质量上，价格只要适当就可以了，有时候会出现自己掏钱为公司办事的情况。对于这类客户，一定要站在对方的角度着想，千万不可以伤害其自尊心，在质量上一定要把管好；平时不需要保持太紧密的联系，只要在日常的工作中给予适当的力所能及的帮助，为客户在自身公司的发展做点力所能及的事情就可以了。在节假日给予适当的问候，保持一般的联系，因为这类客户很有可能发展成为未来的潜在客户。

6. 吝啬型客户

这类客户一般比较小气，不会因为稳定、信任和关系而选择一个固定的供应商。他们会首先比较价格，然后再要求质量。这类客户经常会隐瞒事实，夸大自己，很多时候还会搞一些根本就不需要招投标的招投标形式，以此来压价。对于这类客户，不应在其身上花费太多的时间，根据自己的产品特点及企业优势能成交一次就成交一次，不要指望下次会有赚钱的业务；一开始就不能一味地满足其需求，因为他们不会因为你的良好表现就容忍你的一些小错误。这类客户不是企业发展的重点客户。

7. 刁蛮型客户

这类客户在第一次交往中会表现得很好，显示自己是很有信誉、很有实力的公司，有时甚至会出现你开 800 元他给 1 000 元的情况。这类客户在交谈过程中基本上是不会准备资料的，希望所有的资料都由你来准备，不会在价格上斤斤计较，也不会在质量上提出苛刻要求。他们会想方设法设置陷阱，找借口说时间非常紧急，但是等你真正做完了，他们却一点儿也不着急要货，往往是想通过一些莫须有的问题干扰你的视线，尽量使你的制造操作出现问题，到时候好抓把柄找麻烦。对于这类客户，千万不可以马虎，更不可以为客户的表现所心动，在所有的操作上一定要积极客观，不能被动，制作之前一定要由客户亲自签字确认，否则绝对不可以开工。对客户要求的时间也不可以随便承诺，预付款一定要收，合同一定要签，绝对不可以先做事再谈价格。总之，对于这类客户，一定要先小人后君子，不可麻痹大意。

8. 关系型客户

对于这类客户，如果不把握好一个介于朋友和客户之间的尺度，就很容易导致业务没有做好，朋友关系反而搞砸了。尤其在服务行业，朋友介绍朋友、朋友需要帮忙等的业务时常会出现。所以，一定要坚持原则，不该收钱的千万不能收钱，该收钱的一定要把钱谈好。帮忙和赚钱一定要分开，如果遇到总是喜欢占便宜的朋友客户，就一定要注意小单子可以帮忙做，需要花费一定成本费用的大单子要么就一切谈好后按正规方式操作，要么就委婉推掉。

9. 综合型客户

这类客户在交往中没有一定的性格模式，特定的环境下会演变成某种特定类型的客户。他们一般非常老到，社会经验非常丰富，关系网也比较复杂，生活轨迹不容易把握，思想活动很难认清。对于这类客户，处理问题一定要小心，不可以作为任何一种专业类型的客户来对待，因为这类客户可变性很强。在与其交往过程中采用以静制动的战略攻势比较好，静观其变，等把握了客户的心态之后再对症下药。

（四）按照客户成熟度分类

按照客户成熟度，可将物流客户分为现实客户和潜在客户。

1. 现实客户

现实客户又称显性客户，是指有购买能力和购买动机的客户，是能为企业创造现实利益的个人或群体。这类客户一般具备四个条件：有购买动机或需求，有足够的消费能力，了解物流产品或服务的购买途径，能为物流企业带来即时收入。

2. 潜在客户

潜在客户又称准客户或隐性客户，是指由于各种原因暂时不能接受物流产品或服务，但是能为物流企业创造潜在收益的个人或群体。这类客户一般具有以下三个特征：目前预算不足，暂时不具备消费能力；可能具有消费能力，但暂时还没有购买某种物流产品或服务的需求或动机；可能具有消费能力，也可能具有消费需求，但缺乏产品信息或购买渠道。此类客户会随着环境或需求的变化，成为个体型客户或组织型客户。

（五）按照客户重要程度分类

按照重要程度，可将物流客户分为A类客户（重点客户）、B类客户（合适客户）和C类客户（一般客户）。A类客户占5%左右，但为物流企业带来的业绩占80%左右；B类客户占15%左右，可为物流企业带来15%左右的业绩；C类客户占80%左右，只能为物流企业带来5%左右的业绩。

三、物流客户分类管理

（一）物流客户分类管理的意义

任何一个企业的资源都是有限的，不可能为所有客户提供同等满意的产品和服务。为了让企业的有限资源为客户提供满意的产品或服务，物流企业要有针对性地选择目标客户，并尽可能地满足这部分客户的服务要求，从而扩大客户的范围。另外，通过分类管理也有利于企业根据客户的需要，进行客户化设计、制造和服务，使客户的个性化需求得到满足，使客户价值最大化，这不仅是客户的需要，也是营销管理的动力之源。

（二）物流客户分类管理的方法

客户是企业生存和发展的动力和源泉，是企业的重要资源，应对客户进行科学有效的管理，以追求收益的最大化。对物流企业来说，每一位客户为其提供的价值是不同的，从各个角度来看，物流企业不可能将其资源平均分配在每一个客户或客户群体上，而应该通过对客户价值的量化评估，找到价值客户，利用有限资源，实施客户的分类管理，通过满足客户的个性化需求，提高客户忠诚度和满意度，实现收入的增加、成本的降低、市场的扩张，从而全面提升企业的盈利能力和竞争力。

1. ABC 分类法

物流企业的客户很多，通常可按照客户价值进行分类，把客户群分为重点（或关键）客户（A 类客户）、合适（或主要）客户（B 类客户）、一般（或普通）客户（C 类客户）三个类别，此即 ABC 分类法。对不同类别的客户，应采取不同的管理方法，并建立科学动态的分类管理机制。ABC 分类法的步骤如下：

（1）确定客户的衡量指标（可以是销售额、利润等）。

（2）确定指标的统计时长（一般至少为一年）。

（3）统计处理每个客户的指标量。

（4）按指标量对客户进行排序（一般从高到低排）。

（5）总计公司的销售额（全部相加）。

（6）确定分类标准。例如：A 类客户销售额（或价值）占 75%左右（而数量仅为客户数的 5%左右）、B 类客户销售额占 20%左右（数量占 15%左右）、C 类客户销售额占 5%左右（数量占 80%左右），或者 A 类占 70%、B 类占 20%、C 类占 10%。

（7）计算各类客户的销售额。

（8）分出 A、B、C 三类客户。

当然，在实际操作中，也有一些企业在 ABC 分类法的基础上，再进行细化分类。如 DHL 公司台州分公司以每月快件收入作为客户分类的基本标准，把 37 家客户分为四类：A 类客户占 16.22%、B 类客户占 21.62%、C 类客户占 48.65%、D 类客户占 13.51%。后来，DHL 公司结合客户满意度调查，将 37 家客户细分为八类，其中 A 类客户（高信用等级、大规模、高稳定性）4 家，B 类客户（高信用等级、大规模、低稳定性）6 家，C 类客户（高信用等级、小规模、高稳定性）5 家，D 类客户（高信用等级、小规模、低稳定性）10 家，E 类客户（低信用等级、大规模、高稳定性）3 家，F 类客户（低信用等级、大规模、低稳定性）4 家，G 类客户（低信用等级、小规模、高稳定性）4 家，H 类客户（低信用等级、小规模、低稳定性）1 家。再对这八类客户采用不同的营销策略对客户关系进行维护，通过新的定量分析模型的建立，可以较好地弥补 ABC 分类法的不足。需要特别注意的是，客户分类是一个动态的过程，公司需要按照相关指标定期对客户重新分类，并对客户分类进行动态管理。

2. 客户关系分类法

这里以海运物流为例进行说明。海运物流是一种集装箱化的物流，具有集装箱化、标准化、全球一体化运输模式等特点。订舱中心是海运物流的核心，订舱中心成功获取客户的关键是确定订舱中心的客户。订舱中心的客户管理是如何获取客户、如何留住客户和如何最大化客户价值的过程。在订舱中心的客户管理中，并不是对所有客户都需要花费同样的时间和精力来服务，为了提高效率，同时让客户满意，在进行客户服务时需要先将客户分类，为不同的客户群提供不同的服务。一般订舱中心根据与客户的关系，将客户分为四类：

（1）开发阶段客户。客户已开始经常访问订舱中心的网站或询价，可以猜想这类客户有订舱的意向，定义为“猜想客户”。

（2）初期合作阶段客户。客户首次订舱后可定义为“新客户”。

（3）稳定合作阶段客户。客户与订舱中心签订定期的合同，如一年或几个月的，这类客户可定义为“客户”。

（4）战略合作阶段客户。客户长时间多次重复订舱，这类客户可定义为“老客户”。

通过开发新客户、巩固老客户，订舱中心不仅可以在短期增加订舱量，而且可以长期留住客户，提高客户对订舱中心的忠诚度，并可根据订舱中心客户所处生命周期的阶段管理客户，为客户创造最大价值，并使订舱中心得到最大回报。

任务实施

每个新开发的物流客户尤其是项目客户，从试运作、签订合同到成熟需要一个过程，一般需要 3 个月以上。为此，物流公司的业务人员首先要弄清常用的物流客户的寻找途径，学会具体的寻找方法，在此基础上对物流客户进行分类，并采取不同的管理方法。曾华等实习生根据上述方法，很快掌握了物流客户寻找的途径并能根据物流客户的类型采取不同的管理方法。

任务二
物流客户档案建立

任务描述

曾华实习的公司近期进行了新的组织机构调整，在这次调整中的资源管理职能和项目部职能大部分被客服部吸收了，新的客服部面临一系列的工作强化和调整。某美资公司为世界500强之一，其进出口量为每月100个货柜，每年的物流费用大约为2 800万元。为了争取到该客户并为其提供更好的服务，该物流公司将任务交给公司客服部。客服部一班人马对该美资公司的需求进行全方位调查，经过努力，促使该美资公司成为本公司的长期客户。怎样在新部门职能的要求下建立起符合要求的档案体系呢？为此，曾华需要完成下列工作任务：

（1）了解客户档案的重要性及主要内容；

（2）学会建立客户的完整档案。

知识准备

客户档案是企业在与客户交往过程中所形成的客户资料，是企业自行制作的客户信用分析报告，是全面反映企业客户资信状况的综合性档案材料。建立合格的客户档案是企业信用管理的起点，属于企业信用管理的基础性工作。

一、客户档案的重要性

在现代企业中，最重要的档案内容已经不是反映企业自身经营情况的财务档案，也不是单纯的客户资料档案，而是日益完善的客户服务档案。客户档案管理在客户服务中举足轻重，同时，客户档案管理又是企业按照国际质量管理体系（ISO9001:2000）进行质量体系管理的重要组成部分。建立客户档案，很多人可能认为是一件很普通的事，不过就是记录一下客户的联系方式、联系人、地址等。其实不是这样，客户档案管理也需要数据化、系统化，只有这样的档案才能在客户服务中起到重要的作用。

客户是企业利润的源泉，物流企业只有树立"以客户为导向"的经营理念，以"满足客户需求"为前提来组织企业的物流活动，并借助先进的管理思想和手段，合理利用客户资源，有效地对内部资源和外部资源进行整合，才能在日益严峻的物流市场中生存并发展。一份准确、完备、客观的客户档案对物流公司来说就像一双眼睛，能随时一目了然地了解客户，大大减少公司管理者的盲目性。目前，越来越多的物流企业开始重视客户档案。客户档案的重要性大致体现在以下几个方面：

（1）通过建立客户档案及数据资料库，便于物流企业识别客户，加强与客户之间的沟通，并与客户建立起长期、持续的关系。

（2）客户信息直接来源于客服人员和市场部人员，并服务于公司管理。客户档案通常记录了一些客户的需求和产品偏好，可以给客服人员的分析判断起到很好的参考作用，同时可以供公司管理者做辅助参考决策。

（3）可以有效了解客户的动态，提高办事效率，增强公司的竞争力。公司管理者只要进入公司内部网络系统的客户一栏，就可以找到客户的相关信息，做到心中有数，既省心、又省事。同时，客户档案可使客服人员最大限度地努力工作，通过各种渠道来满足客户的要求。

（4）便于企业了解大客户的情况，如业务信息、市场反馈、行业动态、内部消息，以及竞争对手的情况，让客户知道企业一直在关注自己。

（5）如果客户经营状况恶化、欠账、信誉度下降等，可做好笔记，不定期回访调查，时时提醒业务经理，及时上报情况给上级领导，这有利于物流企业最大限度地控制风险。

二、物流客户档案的内容

客户档案的内容包括客户信息及服务档案、承运商信息及合作档案、统计报表及分析档案、客户资信调查报告等一系列相关资料，应对其进行分析、归类、整理、评价，用计算机进行管理。在对客户档案进行保管、分析的过程中，各类原始资料的保管和整理是最基本的工作。在交易过程中逐渐形成的客户档案原始资料是非常多的，为了避免今后的经济纠纷，这些书面的原始资料应该保存完好，切实防范企业与客户经济往来中发生的合同风险、法律风险和信用风险。

（一）客户信息及服务档案

客户信息及服务档案是客户档案中最关键和最基础的内容，也是基本上所有企业都会涉及和较为通用的部分，主要包括客户的基本信息和企业为其提供服务过程中部分或所有信息的记录。客服部门要负责保持记录的更新、完善和信息的真实。

1. 客户基本信息

（1）客户自身的基本信息。这类信息主要包括客户名称、主营范围、规模、联系人等。需要注意的是，客户的基本信息很多是需要及时更新的，最关键的是联系人的变化。通常对物流企业来说，客服档案中应该记录三个层次联系人，一是客户管理部门主要管理人员，二是客户主管物流业务部门主要管理人员，三是客户物流运营部门主要执行人员。另外需要保持关注和更新的是客户企业的一些基本信息的重大变化，如营业范围、上一年度物流费用等，因为这些信息将很大程度上反映客户下一步与企业合作的变化。这些信息在档案中通常会以资料卡的形式出现。

（2）业务合作基本信息。这类信息主要是客服部门记录的，包括与客户的合作项目、合同基本情况等。通常来说，要把那些具体的项目介绍、合同、报价等整理后，以客户资料管理台账（见表2-1）的形式配合具体的客户资料来进行整体管理。

表2-1 客户资料管理台账

编号	客户名称	合同营业额	合同起止日期	业务范围	归档日期

2. 客户接受企业服务的过程信息

（1）企业为客户提供的每一笔服务记录。包括运单、与客户往来文件和信息管理系统中发货、追踪等全业务数据的记录和统计。这些服务记录在企业中被作为客户的基本数据，运用很广，既可以用作对客户的需求分析或市场分析，也可以用作企业内部对业务运作部门运作效能的评估。不过，由于数据量庞大，在实际使用中，企业需要结合许多统计报表工具。

（2）企业对客户服务中的异常或争议处理信息。其中最多的是客户投诉档案。异常或争议处理信息档案通常会由一张事件调查表或投诉单引领，而后配合一系列的关联或调查文件组成，它的论述结构一般包括事件说明、初步分析、调查过程及佐证材料、调查结论及处理建议、处理结果审批，有时候会加上后续反馈或调查文件。通常来说，企业会对该类信息进行分组管理，如分为一般性投诉和重大投诉，这样便于企业的针对性分析和管理资源的倾斜。

3. 客户的意见和建议等反馈信息

客户的意见和建议等反馈信息主要包括在企业与客户合作过程中，客户对企业服务的主动反馈，或者企业为了更好地把握和引导与客户之间的关系，而主动采取的一些调查或访谈记录，如电话调查记录、拜访记录等。

该类档案信息的建立，通常仍然会以企业或项目为分类主体，以时间序列来组织。在归档的时候，企业通常会设定一些初步的标准对其进行分级管理，并对一些评估为重要的信息进行归档评价，以便突出关键信息。

4. 企业对客户的评价信息

这部分信息主要是企业对客户的相对主观的总结和评价，是根据企业自身评估标准来进行的评价，往往经过企业的内部审核流程确认之后，会作为企业对客户评估的结果来使用。通过客户对企业的评价，企业可以更好地找出更重要的客户，也能更快地知道客户下一步的需求，从而在与客户的合作中更主动、更有效。

企业对客户的评价信息通常会放在客户档案的最前或最后，作为企业对客户进行定性判断的资料，以指导企业对客户服务反馈行为的整体基调。它是需要定期更新的。

（二）承运商信息及合作档案

承运商信息及合作档案过去通常会放在企业的资源采购部门进行管理，随着现代物流企业经营理念和竞争趋势的演变，客服部门实际承担了企业内部业务的调度职能，因而许多企业将资源采购中承运商的准入和监督管理权限转入客服部门的职能中。主要包括以下三个部分：

1. 承运商基本信息

这部分信息包括承运商名称、营业内容、规模等，通常也会有一张承运商基本信息卡。其中最关键的资料是承运商的资质材料和运力资源证明材料，以及双方合作的协议或合同。

承运商的资质材料主要包括承运商的营业执照、税务登记证、资质许可证（如道路运输许可证）等，资质许可证是其中最关键的组件，因为它决定了承运商的从业资质。

承运商的运力资源证明材料主要包括承运商自有资源（如车辆、库房等）的产权文件、从业人员的备案名单、资质文件（如上岗证、驾驶证等）、非自有资源的授权文件等。

这些证明文件通常都是复印件，所以需要由专人检验并签字，而且资质的有效期也应该是关注的要点。

2. 承运商合作信息

承运商合作信息主要包括企业与承运商的合作记录、异常记录。合作记录主要是实际的运单记录和运作的数据统计记录表单，包含运输的单号、票号、合作内容、价格、时间等；异常记录则更多是以纲要和结论的形式存在，而一般不保存具体的佐证和论证、调查信息。

3. 承运商培训及考核信息

承运商的培训信息主要分为两类：一类是进入企业时的培训信息，另一类是进入企业后的培训信息。

承运商的考核资料根据各个企业考核体系的差别，有很大的不同，但通常都会形成定期的考核表单和评估文件。对于考评结果不好的承运商，可能会有附带的后续整改资料。

（三）统计报表及分析档案

该部分档案按其形式不同，一般分为统计数据、报表和分析档案三种。其中，统计数据是对日常经营数据的定向采集和汇总；报表是定期的格式化数据统计分析；分析档案是客服岗位根据一定的标准对所采集数据和统计报表的初步分析，以便提醒企业决策层并进行更进一步的分析。由于这部分档案基本上都是以数据表格和统计表格、报表的形式存在的，因此，该部分档案所反映的经营情况是不完全的，其精确程度是由档案中表格设计的科目的全面性决定的。

（四）客户资信调查报告

客户资信调查报告是客户档案的核心内容，它是在对客户档案原始资料进行整理和分析基础上形成的综合反映客户资信情况的档案材料。从客户资信调查报告的形成过程和主要用途来看，它是由企业资信调查人员撰写的一种反映客户信用动因和信用能力的综合报告，是详细记录客户资信信息的载体。客户资信调查报告的主要内容有：客户公司的概况，股东及管理层情况，财务状况，银行信用，付款记录，经营情况，实地调查结果，关联企业及关联方交易情况，公共记录，媒体披露及评语，对客户公司的总体评价，给予客户公司的建议等。此外，客户资信调查报告还可以包括经过分析得到的分类类别、交易的趋势、客户的购买模式和偏好特征等内容。客户资信调查报告的格式没有严格的规定，在实践中可以根据企业的具体情况选择不同的格式，通常可以参考专业资信调查机构的标准报告来撰写。

动脑筋 2－2

“章”还是“张”？

2019年1月18日，湖州鑫达物流有限公司在上海江浙汇大酒店召开客户答谢会，公司员工小王给经理打电话询问一个重要客户——上海丰华货代有限公司老总的电话和姓名，经理说该老总姓张，于是小王给对方打了电话并且殷勤地写好“丰华张总”的牌子放在酒席的重要位置。结果等宴席开始了，一直没见到张总，电话也打不通。事后经理告诉小王，是“章总”不是“张总”，客户来了找不到自己的位置又回去了。

三、物流客户档案管理原则

实践证明，客户档案应遵循集中、动态和分类管理，专人负责的原则，进行科学管理。长期以来，客户档案在我国企业管理实践中没有得到应有的重视，客户资料分散化，数据信息更新缓慢、滞后，缺乏恰当的客户分类等问题十分突出。这些不利因素限制了客户档案在企业应收账款管理和坏账风险控制方面所应发挥的作用，使企业本可避免的坏账损失成为现实。准确的信息传递是获得成功的关键因素之一，客户档案管理就是对客户信息的收集、整理，并将之准确传递给客户服务人员。

1. 集中管理

企业客户资料分散化通常有两种情况，一是分散在业务人员手中，二是分散在企业各个部门。如果是第一种情况，就可能导致客户是业务人员的客户而不是企业的客户，因为企业的管理层并不熟悉每一个客户，所以当业务人员离开企业后，客户及业务也随之离去，给公司造成重大的经济损失。更严重的还有，如果业务人员带走了销售合同和发货单据，就会使某些客户拖欠的账款变成坏账，无法追回。如果是客户资料分散在各个部门的情况，虽然可以杜绝个人掌握企业客户资源的问题，但会引发部门之间、部门与整个企业之间利益关系平衡的问题。在实践中，具体表现为多个部门与同一客户交易，结果可能是不同部门为了赢得订单而提供一个比一个更优惠的信用条件。部门的利益虽然保住了，但企业的整体利益遭受了损害，同样的情况还可能发生在总公司和分公司之间。因此，针对客户资料分散化的问题，企业唯一的解决办法就是对客户档案进行集中管理。集中管理客户档案后，公司可以进行统一授信，全面跟踪、及时抑制可能出现的问题。在集中管理模式下，企业仍然要注意加强信用管理部门的工作人员的职业道德教育，使其意识到客户档案是企业的特殊资产，也是企业商业秘密的重要内容。

2. 动态管理

所谓动态管理，是指对客户档案信息要不断进行更新。这是因为客户本身的情况是在不断变化的。就客户的资信报告来讲，它是一份即期的客户档案，有效期一般在三个月到一年，超出这个时间，就要对客户进行新的调查。对客户档案实施动态管理的另一个目的是，根据客户的财务状态、经营状态、人事变动情况，定期调整对客户的授信额度。信用管理部门的授信应该按客户协议进行，一般以年度为单位确定本期授信的有效期。当客户的基本情况发生变化时，信用额度也要随之进行调整。长期积累客户信息也非常关键，通过完整的历史记录可以看到客户发展趋势，更好地对客户的发展潜力进行分析。此外，历史数据是进行统计分析的基础，可以帮助挤掉客户财务报表的“水分”，提供相对准确的预测基础。总之，客户档案不是静态的，而是一个动态变化的集成过程。

3. 分类管理

对客户档案进行恰当的分类，主要是基于客户对企业的重要性和客户档案管理费用考虑。一方面，企业客户规模大小不一，对企业销售额的贡献程度也相应不同，理应区别对待；另一方面，进行客户档案管理也要考虑成本效益原则，尽量使有限的资源发挥最大的经济效用。考虑客户对企业的重要性因素，信用管理部门可以将客户分为普通客户和核心客户，划分的标准是企业与客户的年交易额，同时要考虑与客户交往的时间长短。核心客户与企业的交易量大，是利润的主要来源。统计数据显示，国有工业企业80%以上的销售额来自这类客户，如果这类客户流失，对企业所造成的损失将是巨大的，所以对该类客户的管理尤为重要。一旦将某客户划入核心客户范围，对其档案进行管理的复杂程度就会提高，对应的档案管理费用也会有所提高。费用提高的主要原因在于，对核心客户要进行深层次的资信调查，同时要保证信息的及时更新。所以对于经费预算相对较低的企业来说，应该在短期内控制企业核心客户的数量。

对于核心客户的重点管理并不意味着对普通客户的管理可以放松。普通客户数量多、交易额小，应用群体分析和评分控制更为简便、有效。值得注意的是，企业有一些多年保持生意来往的中小客户，尽管企业与他们的年交易额并不高，也要给予必要的关注，不能因其是老客户并且交易额不大，而忽视对他们的风险防范。

4. 专人负责

客户是企业的命脉，如果客户档案泄露，势必对企业产生巨大影响。为此，企业要由专人负责客户档案的管理工作，并且客户档案管理人员的忠诚度要高，在企业工作时间较长，有一定的调查分析能力。

任务实施

大客户的档案尤其重要，要按建档要求将为客户服务的过程等存入档案中。曾华所在的客服部门可运用相关的技术，通过对该美资公司的详细调查，了解公司所需，再经过努力，促使其成功成为本企业的客户，最后根据规则要求为该客户建立完整的档案。

任务三 物流客户需求分析

任务描述

物流需求会因时间和空间的变化而异，且不同行业的物流需求差异较大，作为第三方物流企业，其不可能在企业规模和能力既定的条件下去满足所有物流客户的需求。曾华等在对物流客户有了一个基本认识之后，需要具体分析本企业能为客户提供哪些服务。培训部要求曾华等实习生完成以下任务：

（1）理解和把握客户需求；

（2）对本企业客户需求进行分类。

知识准备

一、物流客户需求概述

（一）物流市场构成情况

物流市场上的需求构成比较复杂，包括各类部门、企事业单位和个人，因此在物流需求的质量、数量等方面存在较大差异，客观上形成了不同层次、不同类型的物流需求。物流需求属个性化服务需求，例如，需要提供水泥产品物流服务的需求与需要提供医药产品物流服务的需求，在仓库、运输设备和管理方面完全不同。由于网络购物的快速发展，社会对快递物流的需求增长很快，主要体现在以下几个方面：一是在收揽环节方面，网民对收送货速度快、业务熟练的快递服务满意度较高，而对上门取件时间拖沓、收送货速度慢、有延误晚点现象的物流公司较为不满；二是在运送范围方面，网民对运送范围广、网点覆盖全面的快递公司较为满意，不少网民在建议留言中提及“希望快递派送范围越来越广”“希望网点能够布及农村，便利网购”等；三是在货物安全方面，网民对快件外包装完好、没有缺损或丢失的快递公司较为满意，对私拆货物、货物破损、丢失的现象极不满意，并提出快递企业需要杜绝野蛮装卸、分拣错误；四是在运送价格方面，网民对快递运费透明并且合理的快递公司满意度较高，希望各快递公司规范价格，不低价恶性竞争，而从服务上跟进；五是在服务态度方面，网民对快递人员着装统一、态度礼貌、允许先验后签较为满意，并且对电话语音服务提出了较高的要求；六是在售后服务方面，网民对快递公司提供网络快件追踪、查询服务表示满意，对快件不履行保险、难以投诉并且不按标准赔偿等方面表示不满意。在使用快递服务中，消费者最关心的因素依次为：收发件速度、货物安全、保险售后、快递价格、个性化增值服务等。此外，消费者对从业人员素质、信息化服务、行业监管机制、快递准入门槛、价格透明度甚至快递人员服务形象等也非常看重。

物流服务提供商是物流市场上的卖方，向市场提供物流产品。目前，物流服务提供商竞争比较激烈，在某些地区有供大于求的现象。但是，由于物流服务提供商所提供的物流工具和物流服务存在许多差异，如有的提供普通货物运输，有的提供货物仓储服务，因此随着市场的不断变化，物流服务提供商也在不断调整、改变自己，以使提供的产品更符合物流市场上的需求，提供更多的有效服务。

（二）客户需求层次分析

日本质量管理专家狩野纪昭（Noriaki Kano）根据客户满意度和需求把质量分为三个类别：理所当然质量、期望质量和魅力质量。

理所当然质量是指在不满足客户需求时，客户相当不满意，满足客户需求时，客户无所谓满意与否，它是最基本的需求满足。期望质量是指在不满足客户需求时，客户不满意，满足客户需求时，客户就满意。魅力质量是指在不满足客户需求时，客户无所谓，在充分满足客户需求时，客户很满意。魅力质量是质量的最高等级，具有竞争性因素。一般来说，客户愿意花钱购买具备魅力质量的产品。

例如，物流公司为客户提供运输月报表的服务是一种理所当然质量。运输月报表是客户认为理所当然应该提供的，如果物流公司不能提供，客户就会认为其不专业、服务差。这种情况下，物流公司必然会失去这个客户。当然，即使按时提供了运输月报表，客户也觉得是应当的，不会给予更多的肯定。物流公司能提供搬运和装卸车服务是客户所期望的，如果没有，客户会很不满；如果能够提供并且做得很好，客户会非常高兴，并愿意为此付出一定的报酬。这种服务质量就是期望质量。另外，如果能做到信息的实时交换，帮助客户减少库存、节约费用，客户一定会非常高兴，并为此买单。物流公司的这种服务质量就是魅力质量。

（三）客户需求因素分析

站在第三方物流的角度，获得客户的青睐仅凭魅力质量是远远不够的，因为客户的需求还有很多。物流解决方案、信息系统和优良的硬件已经成为物流企业赢得客户的必要手段，如果不具备这些，客户是不会有兴趣的。但是，即使具备了这些，最终能否取得成功还要看价格。

总体来说，在选择物流服务提供商时，客户主要考虑以下几个因素：一是企业的经营资质，二是企业的软硬件情况（信息网络、经营网络），三是企业的运输网络情况，四是企业经营管理者的观念和态度，五是企业的历史服务水平，六是企业的员工素质。

二、物流客户需求类型

（一）对客户需求进行分类

如前所述，由于在不同的细分市场中客户对服务的要求也不一样，因此物流服务水平的设定必须从分析市场特性开始。此外，客户思维方式以及行为模式的差异也会使得客户需求呈现出多样化的特征。在这种情况下，以什么样的特征为标准来区分客户群，成为制定物流服务战略、影响核心服务要素的重要问题。另外，在对客户需求进行分类的过程中，应当充分考虑不同客户对企业的贡献以及客户的潜在能力，也就是说，针对本企业重要的客户群体，应在资源配置、服务等方面予以优先考虑。

（二）根据不同的客户群体制定相应的物流服务组合

对客户需求进行分类之后，首先需要做的是针对不同的客户群体制定出相应的物流服务基本方针，从而在政策上明确对重点客户群体实现经营资源的优先配置。此后，进行物流服务水准设定的预算分析，特别是商品单位、进货时间、在库服务率、特别附加服务等重要服务要素的变更会对成本产生什么样或多大的影响，这样既能保证企业实现最高水平的物流服务，又能将费用成本控制在企业所能承受或确保竞争优势的范围之内。在预算分析的基础上，结合对竞争企业服务水平的分析，企业根据不同的客户群体制定相应的物流服务组合。企业应当重视在物流服务水平变更的状况下，事先预测这种变更会对客户带来什么样的影响，从而确保核心服务要素水平至少不低于原来的水平。

（三）物流服务组合的管理与决策流程

物流服务组合的确定不是一个静态行为，而是一种动态过程。也就是说，客户群体物流服务组合确定后并非一成不变，而是要经常定期进行核查、变更，以保证物流服务的效率。从物流服务管理决策的全过程来看，决策流程可以分为五个步骤，即客户服务现状追踪、客户服务评价、服务组合策略、物流系统重建、客户满意度的定期评价。这几个步骤不断循环往复，从而推动物流服务水平不断提高，同时促进企业的整体优化。

三、物流客户需求管理

为了赢得客户，物流企业需要在以下几个方面多做工作：

（一）为客户提供增值服务，赢得客户

作为专业的物流企业，其要分析客户的需求，为客户提供增超值服务、创造更大的价值。对物流公司来讲，这也是在创造需求。

专业物流企业所提供的服务内容范围广泛，可以简单到只是帮助客户安排一批货物的

运输，也可以复杂到设计、实施和运作一个公司的整个分销和物流系统。专业物流企业与传统运输、仓储企业的最大区别就在于传统企业所能提供的只是单一、独立的物流要素，专业物流企业则能够将各个物流要素有机结合起来，提供系统化、系列化的增值服务。

专业物流企业首先应从提供基础物流服务开始，展示自己有能力将这些服务做到最好，随后再开始提供高附加值的服务。虽然基础物流服务的利润比较低，但只有把这些服务做好了，才能说服客户外包更复杂的、整合的供应链管理。在一开始利润较低的时期，专业物流企业应当避免过度投资，但应进行必要的投资，以确保对运营的控制和兑现对客户的承诺。

（二）完善自身软硬件建设，留住客户

1. 满足客户最低要求

客户选择物流企业的条件和标准一般是要求物流企业具备信息网络、经营网络和运输网络。近几年，国内物流企业以每年20%的速度增长，规模和信誉程度相差很大。因此，物流企业需要逐步完善自身的软件和硬件，如网络设施和物流装备等，并不断提高服务质量，从而满足客户的最低要求，留住客户。

物流企业的经营资质合法、财务状况稳健，这些可以让客户不用担心他的货物突然凭空消失，而且也相信物流企业有能力对损失进行赔偿和追加业务投资。

2. 加强物流信息服务

物流企业要根据客户的需求加强信息网络建设，通过对产品运输、仓储和配送信息的及时反馈和研究分析，为客户提供信息服务，提高市场需求的反应速度，降低生产成本，提高市场占有率。

随着世界经济一体化和网络技术的发展，信息资源共享将成为企业发展壮大的必然手段，以网络系统提供服务可以产生特殊的规模经济效应。物流企业的覆盖地域越广，客户越多，就越有利于降低物流成本。

3. 完善物流运输网络

物流运输网络由物流节点、运输路线和运输工具等组成。物流企业要在激烈的市场竞争中立于不败之地，需要不断完善自己的运输网络，与合作的货运企业建立良好的关系，让客户了解企业的运输网络设施现状及管理制度，并使企业的物流运输信息系统与客户的系统兼容，从而方便客户。

4. 提高员工整体素质

员工素质是决定企业发展速度的关键因素，物流企业只有拥有能够为客户提供物流解决方案的物流人才，才能满足日益增长的物流客户需求。目前，物流企业高端的物流人才短缺，一线工作人员的素质也参差不齐，特别是一些一线工作人员缺乏基本的专业素养、服务态度恶劣，成为制约企业发展的瓶颈。

客户是企业生存的基础，客户如果不投诉，管理层不会知道丢失客户的真正原因。每个员工的素质都关系着企业的利益，相对来说，管理层和客户的距离比较远，和客户

发生直接联系的是一线工作人员。一线工作人员的素质不仅反映了企业的服务水平，也反映了管理层的水平。一个缺乏良好的管理制度和完善的员工培训制度的物流企业，其员工的“杂牌军”形象和行为，是不会吸引并赢得客户的。

（三）建立双赢战略，与客户共发展

由于市场竞争激烈，我国的物流行业实际上已经成为微利行业。当进入亏损经营阶段时，物流企业必然会降低服务水平，造成客户的不满和市场占有率的下降。走出恶性循环的办法是：物流企业利用现代物流的服务理念，以满足客户需求为中心，完善物流服务项目和提高服务质量；落实供应链管理思想，围绕提高客户产品市场占有率这一主题，与客户建立战略合作伙伴关系。

例如，国内某发动机生产企业，为保证在激烈竞争中占据一定的市场份额，向社会承诺产品零配件 72 小时内交付客户。为此，该企业在全国建立了 10 个零配件仓储基地，分区域委托不同的运输企业进行配送。由于信息沟通渠道不畅和分散管理，造成库存量和销售成本增加，该企业也曾经委托物流企业提供零配件物流服务，但由于过分强调运输价格问题，忽略了快速运输与普通运输的成本差距，不但未达到目的，反而严重影响了信誉。通过向物流专家咨询，该企业通过招标与某物流企业签订了零配件物流合同。该物流企业通过对一定时期零配件实际需求的分析，利用计算机网络建立了满足客户和生产企业需求的信息网络，提高了零配件订购、仓储、调拨的效率；利用经营网络和运输资源的合理调配，制定了急需零配件从企业生产地急调的方案和零配件库存、配送方案，取消了 10 个零配件仓储基地，减少了库存量。双方通过一段时间的磨合，进一步完善了物流方案，使承诺兑现率由 40%提高到 98%，增加了生产企业的市场份额。通过物流企业对运输和配送的优化，该企业的运输成本得到了控制，节省了 10 个仓储基地人员和部分运输人员成本达几百万元，减少了库存成本，一年合计节省几千万元，并防止了生产企业零配件运输业务中的腐败行为。

任务实施

物流行业是个新兴的行业，物流企业客户的需求是建立在对物流服务的理解和认知的基础之上的。因此，要理解和把握客户的需求，物流企业需要从企业的角度来分析、了解客户，满足客户不同环节的需求；同时，要从根本上认识到客户的需求是企业生存和发展的依托，只有这样，“长久赚钱”的意愿才能实现。

据对物流行业的调研，客户在选择物流企业的时候，第一看重的是质量，第二是价格，第三是可靠性，第四是速度，第五是个性化。通过对客户群体的投诉特点和不满的分析，我们可以将客户需求分为五个层次，从低到高依次是：基本需求、附加服务、体验需求、关系需求、成功需求。了解这些知识后，曾华等实习生很快地理解和把握了客户的需求，并能对本企业客户需求进行分类。

任务四
物流客户拜访与沟通的主要技巧

任务描述

曾华在和客户A公司的合作过程中，运用各种技巧，与其建立了良好的关系，现准备去拜访A公司，以扩大合作项目，进一步增加业务量。为此，曾华需要完成以下任务：

（1）了解物流客户拜访的流程并做相应的准备；

（2）熟悉客户沟通的技巧。

知识准备

客户拜访一般分为两种：一是电话拜访，二是面对面拜访。

一、物流客户拜访前准备

客户拜访是开发大客户或特殊客户的一个行之有效、必不可少的环节。成功的客户拜访不仅可以达到拜访目的，为达成交易奠定坚实的基础，而且可以由交易营销转化为关系营销，从而给企业创造更大的效益。

做好拜访前的准备工作是成功的客户拜访的前提条件。一般来说，拜访前的准备工作主要包括：一是与客户约好拜访的时间和地点，二是确定拜访目的，三是收集客户的信息（包括公司和个人），四是了解客户的需求和问题，五是确定交流的策略，六是准备拜访时所需的资料及工具。

（一）电话拜访前的心理准备

心理状态决定了一个人做事的态度，好的态度可以给对方留下好的印象。那么，怎样做好心理调适呢？

一件事只有将它列为不简单的事情时，你才会在准备工作中“仔细、认真、投入”，同时又本着一种“伸缩”心理（即付出十分努力可能只得到一份掌声），这是保持积极、良好的心理状态所必需的。以这样的心理状态和对方进行电话交流时，会给对方留下一个很好的印象。但这并不是绝对的，因为拜访对象的心理也是复杂的、千变万化的。那么我们应该如何应对呢？在这里先列举以下几种典型情况，供大家参考。一是如果碰到受访者语气不好，更应维持好口气，不要受到这种情绪波动的影响，礼貌性地将电话挂掉，并重新拟定下一次电话拜访日；二是如果遇到滔滔不绝讲个不停的受访者，切记不要与对方闲扯，应尽快切入访谈重点，委婉暗示对方此次电话拜访的目的，并适时将电话结束；三是如果遇到不肯开金口的受访者，就要施展耐力，使对方在不知不觉中说出我们所要获得的信息。

（二）面对面拜访前的准备

机会只留给准备好的人。想别人没有想到的，做别人不愿去做的，这是拜访成功的关键。

1. 设定拜访目标，对客户进行分析

首先，要了解这个客户属于重点客户还是一般客户，从而制定拜访策略；其次，要充分掌握公司的销售政策、价格政策、促销政策，尤其是在公司推出新的销售政策、价格政策、促销政策时，更要了解新政策的详细内容。

2. 掌握社交礼仪常识

社交礼仪主要包括自己的穿着打扮、言行举止是否得体。另外，从微笑、握手到就座，都有许多细节需要注意。

二、物流客户拜访流程

（一）电话拜访流程

电话拜访流程大体分为三步，即拜访前的心理准备、拜访中的言语沟通及拜访后的客户资料总结。具体的流程为：收到电话拜访资料→粗略整理→准备好工具及调适心情→开始电话拜访→每拜访完一个客户即填写一张客户资料卡。

（二）面对面拜访流程

如果说电话交流很难拉近与客户之间的距离，那么面对面交流应该是拉近彼此之间距离的最好纽带。因此，面对面拜访对于从业人员来说既是一个很好的机会，也是一次挑战。面对面拜访的大致流程如下：拜访前的准备→拜访中的谈话技巧→拜访后的工作总结。

三、物流客户沟通技巧

（一）客户沟通基本技巧

1. 知彼知己，百战不殆

不管是发展新客户还是回访老客户，事先要对拜访的对象有一个初步的了解，包括职务、性格、爱好、日程安排等方面，以便正确地安排约见时间和寻找共同话题，使沟通过程更加融洽，同时可以预防一些意外因素。

2. 礼貌先行，坦诚相待

礼貌先行是交朋结友的先锋。要想得到别人的尊敬，首先要尊敬别人。人与人之间是平等的，只有先尊敬别人，才能得到别人的尊敬，才能获得与他人沟通、交流的机会，这也是他人以礼相待的基础。不管是首次拜访还是回访，要多听听别人的意见，要学会多用征求性的话语，如："好吗？""您看行吗？""您觉得呢？"要让客户觉得你是一个非常有礼貌的人，这样他们才愿意与你交往，乐意与你合作。

做任何一笔生意或发展任何一个客户，坦诚相待是关键。客户为什么会与我们合作？为什么要接受我们的产品和服务？其实不外乎两个原因：其一，客户对我们完全信任；其二，客户一定能从合作当中获得利益和好处，这也是相互合作的目的所在。任何一项业务，只要把握好这两个关键，成功的希望就很大。

3. 平时多联络，友谊更长久

每一个客户都是我们的好友知己，应该保持联络、增进沟通，不要业务谈成之后，就把客户忘记了，等到有需要时再去找他们，那样客户肯定不愿意再合作了。我们应该定期或不定期地与客户联络和交流，如电话问候、一起喝喝茶或安排其他活动。这些视平时对客户的了解而定，包括客户的工作安排情况、爱好、兴趣等。

4. 主题突出，目的明确

不管什么样的沟通交流活动，我们都必须事先明确目的，不要等活动结束了，还不知道自己究竟要做什么。在实践中多次发生过这样的事情：有些业务员花费大笔费用请客户吃饭，本来事先准备工作做得好好的，要达成什么目的也预计好了，可是几杯烈酒下肚，什么都忘了，有的高谈阔论，有的与客户称兄道弟，结果饭一吃完，什么都没有办好，还得花一大笔钱，再次宴请别人，还得看别人有没有时间。

（二）电话拜访中的言语沟通技巧

1. 展示亲和力

人们常说："微笑是拉近人与人之间距离的最好桥梁。"那么在电话拜访中，在无法面对面的情况下，该如何向对方展示你的亲和力呢？

（1）切记电话拜访时，对方虽看不见你的表情，但可从声音中作出第一印象的判断。所以，只有保持愉快心情才能有悦耳的音调，使对方降低排斥感，如此便能做到展示亲和力的第一步——将心比心。

（2）适当的问候语能拉近彼此的距离，使对方认为我们是朋友，而非只是电话拜访员。

（3）为了展示亲和力，通常在电话拜访时应注意：一是在一周的开始，通常每一个公司都会很忙，所以周一不要太早做电话拜访，才不至于花了许多时间却达不到理想的效果；二是在电话拜访时应对客户所在行业有初步的认知，依不同行业调整电话拜访时间；三是若已知对方职称，应直接称呼对方职称，这会使对方有被重视感；四是访问结束时，应表达感谢之意，并说声“对不起，耽误您不少时间”。

2. 说好第一句话

电话拜访常会遇到的状况如下：

（1）总机不愿转接。应对措施：说声“谢谢”并挂掉电话，等所有拜访电话打过一次以后再重新打，有可能当时总机正在忙或心情不好。

（2）对方表示已有专人负责，故不愿转接。应对措施：委婉询问对方状况，并判断是否需要另找时间再度电话拜访。

（3）对方表示无专人负责。应对措施：将对方基本资料询问完整，以利于日后再度电话拜访。

（4）负责人不在。应对措施：请对方告知负责人的全名及职称，通常何时会在。

（5）拨不通或无人接听。应对措施：应通过查询台（如 114）查询对方电话是否有误或出现故障。

（6）不愿多谈即将电话挂掉。应对措施：另找时间电话拜访，并检讨是表达方式不对还是时机不对。

动脑筋 2－3

如何准确表达?

学生 5～6 人分为一组，探讨用“我没有偷吃巧克力”这几个词，表达出 20 种不同含义。词语的顺序可变，可用肢体语言、变换语气或设置不同环境等，但不准添加词语。特别要求每个小组至少表达出以下 7 种含义：别人偷吃，自己没有偷吃，表达出委屈和愤怒；自己有巧克力，不屑于偷吃；偷吃了，死不承认，又露出马脚；偷吃了，想认错，又不好意思；偷来了，还没有吃；吃了，没偷；忘了有没有偷吃。

（三）面对面拜访中的谈话技巧

一切准备工作就绪，下面就看客服人员的交流能力了。要想实现顺畅的交流，需要提升自身的谈话技巧，并把握好谈话的方式及特点。

1. 首次见面的谈话技巧

跟沟通对象首次见面时一般说些什么（开场白）？如何设计开场白呢？一是要投其所好，不必一下切入正题，可先与之聊一下他感兴趣的话题（昨天的球赛、股市、新闻等）；二是恭维赞美。

如何切入正题？主要是表明身份，说明来意，察其言观其色，简明扼要地获取基本信息及需求，为第二次拜访制造机会。技巧如下：

（1）首先告知身份，礼貌性寒暄几句，问是否有空，第一次尽量不提产品、价格等相关字眼，基本了解客户是否有需求，留下名片和资料确定下次拜访的时间，给对方留下一个比较好的第一印象，方便日后跟进。

（2）开场白与要拜访的客户的性格相关，要根据不同人的不同性格采取不同的应对方法。

（3）见到客户，可以先观察一下他周围的环境、个人喜好，先寒暄一下，但不要过多，缓和一下刚见面的气氛，使客户的戒备心降到最低，取得一定的信任后再切入正题。

（4）注意创造良好的沟通氛围，聊一些当前的热门话题，视具体情况切入正题。

总之，首次拜访客户时切记不可生搬硬套，应根据情况灵活发挥，缩短与客户的距离感。另外，拜访者一定要对自己充满信心、举止大方，特别是在拜访一些大型企业、政府机关重要领导人物时更要如此，忌自我感觉低人一等、唯唯诺诺、口齿不清，否则会前功尽弃。

2. 其他具体技巧

（1）谈话内容要充实周到。这是谈话的先决条件，如果客户认为你泛泛而谈，没有实质性内容并且考虑问题不周到，那么他们不愿意与你多谈。

（2）谈话内容要真实具体。这是取信于人、树立自身形象的关键。首先，谈话不要吞吞吐吐，说一些似是而非的话，要一是一、二是二，把要表达的意思说清楚，尽量让客户明白你的意图。其次，不能弄虚作假，要讲求真实，无论做人还是做事，付出真诚才能换回真诚。

（3）谈话方式要幽默干脆。幽默干脆的谈话可以吸引客户，引出更多的话题。诙谐幽默的谈话可以使谈话的气氛更加轻松活跃，即使偶有争执，一句幽默的话语也许胜过十句苍白的辩解。

（4）谈话对象要因人而异。对不同身份、不同性格的人采取不同的谈话方式和策略，是实现谈话目的的关键。

（5）谈话结果要言行一致。不要轻易向客户许诺，但许下的诺言必须付诸行动。

总之，高质量的谈话是实现谈话目的的首要条件。掌握并熟练运用谈话技巧，肯定会取得事半功倍的效果。

四、拜访后工作

（一）电话拜访后的客户资料总结

俗话说："不断学习，不断总结。"只有这样我们才能提高工作效率，一步步将复杂的事物简单化。如何使今后的电话拜访更具条理性和目的性呢？在顺利通过第一关后，要做到以下几点：一是应保持客户资料卡书写工整，以免增加无谓的困扰；二是将拜访重点摘录出来；三是填完客户资料卡后应加注电话拜访日期及电话拜访人员姓名；四是了解对方主要销售或制造的产品内容及行业类别；五是若有可能，则进一步了解对方公司状况、产品需求及其对其他配合厂商的印象。

（二）面对面拜访后的总结工作

在面对面拜访客户结束后，我们还要做好以下工作：一是填写销售报告及拜访客户记录卡，二是落实对客户的承诺，三是预估销售业绩。将拜访目标和实际结果进行比较分析，目的是让我们把重点放到销售成果上，同时提醒自己多思考改进的方法，并且在下一次的拜访中落实这些方法。

"拜访"是人与人之间的沟通过程。从心理学的角度看，人的心理是复杂的，我们应如何从这些错综复杂的心理中，发现客户的真实想法，达成我们的目标呢？这就需要我们不断学习、不断总结，相信事在人为。随着时间的推移，解决问题的过程也是我们经验提升、能力提高的过程。因此，"成于态度、源于实践、敏于观察"的理念，是我们在日常工作中所必须具备的。

任务实施

在拜访客户的过程中，要谈论客户感兴趣的话题，来破除双方的不协调；要尽量以客户为中心，摆事实讲道理；要善于不断找到新话题，形成一个完整的拜访过程。曾华等人作为物流公司的客服人员，通过拜访他们的客户，深深体会到：要做好客户拜访工作，需要了解物流客户拜访的流程并做好相应的准备，在此基础上再熟悉客户沟通的技巧。

思考练习

一、不定项选择题

1. 客户的基本信息包括（　　），一要写对，二要读准，三要牢记，以避免出现误会。

A. 年龄　　B. 姓名　　C. 性别　　D. 偏好

2. 寻找物流客户有逐户拜访、（　　）、名人介绍、资料查询、个人观察、委托助手、直接邮寄等多种传统渠道。

A. 客户介绍　　B. 人际关系开拓　　C. 市场咨询　　D. 产品展示

3. 寻找物流客户主要有（　　）等现代渠道。

A. 电话访问　　B. 网上寻找　　C. 广告搜寻　　D. 俱乐部寻找

4. 对A、B、C类客户，要分别拟订重复拜访频率，对A类客户的资料卡应（　　）翻阅。

A. 每天　　B. 每周　　C. 每月　　D. 常常

5. 信用5C分析法就是通过5C系统来分析客户的信用标准，即评估客户信用品质的五个方面，包括（　　）和条件。

A. 品质　　B. 能力　　C. 资本　　D. 抵押

二、判断题

1. 按是否采用现代化手段，寻找物流客户的渠道可分为传统渠道和现代渠道。（　　）

2. 寻找物流客户时有章可依、有法可循，具体要求物流客服人员具备勤奋、善察和越挫越勇的素质。（　　）

3. 物流客户资料表一般包括个体型物流客户资料表和组织型物流客户资料表两类。（　　）

4. 拟订重复拜访频率时，对B类客户的资料卡应每周翻阅。（　　）

5. 信用5C分析法就是通过品质、性格、资本、抵押和条件来分析客户的信用标准。（　　）

三、思考题

1. 结合自己的看法，谈谈为什么要对客户进行分类管理。

2. 企业了解“信用5C”的途径有哪些？

3. 物流客户的基本信息包括哪些内容？
4. 建立物流客户档案的技巧有哪些？
5. 根据本项目所学，试与同学合作，为你们所熟悉的物流企业建立规范的物流客户档案。

四、案例分析题

案例一　某物流公司客户基本信息采集表

一、客户基本情况

1. 客户名称（国别）：

注册地点/执照号：　　　　　　　　　通信地址/邮编：

法人代表：　　　　　　　　　　　　注册资本：

电话：　　　　　　　E-mail：　　　　　　　传真：

2. 客户所有制性质：

（1）中国：国务院主管企业（　　）中外合作企业　（　　）
　　　　　外商合资企业　（　　）外商独资企业　（　　）
　　　　　政府、事业单位（　　）民营、乡镇企业（　　）

（2）国外：国有（　　）　上市公司（　　）　私有（　　）
　　　　　世界五百强企业（　　）　与公司业务密切企业（　　）

3. 是否是政策性业务　是（　　）　否（　　）

4. 已营业年限：　　　　　年

二、客户财务情况

1. 财务报表年份：　　　　　　报表是否审计：是（　　）否（　　）

2. 总资产＝　　　　　所有者权益＝　　　　　销售收入总额＝

3. 流动比率＝流动资产/流动负债＝

4. 资产负债率＝负债总额/资产总额＝

5. 净资产收益率＝净利润/所有者权益＝

6. 经营现金流量＝

部门：　　　　业务员：　　　　部门总经理：

三、客户信用风险客观评估表（见表 2－2）

表 2－2　客户信用风险客观评估表

评价指标	具体指标	分值	权重	分值×权重
财务数据	资产负债率		10%	
	流动比率		10%	
	净资产收益率		10%	
	销售收入总额		10%	
	经营现金流量		5%	
	资产总额		5%	
	合计		50%	

续前表

评价指标	具体指标	分值	权重	分值×权重
非财务数据	国别		5%	
	经营年限		5%	
	所有制		7%	
	公司品牌		4%	
	质量认证		4%	
	政策业务		5%	
	合计		30%	
主观数据	经营稳定性		4%	
	人员总体素质		3%	
	对其他业务依存度		3%	
	合同履约率		4%	
	市场知名度		3%	
	经营发展趋势		3%	
	合计		20%	

业务员：　　　　　　　部门总经理：　　　　　　　风险管理部经理：

注：分值为10分制。

思考：

（1）你觉得该物流公司的客户基本信息采集表有哪些不足？

（2）分小组，结合当地某物流公司客户实际，讨论并编写一份客户基本信息采集表。

案例二　地图慧挖掘韵达物流公司需求的启示

浙江韵达物流公司由于业务发展速度过快，出现了物流网点太多的问题，很难快速了解每个网点的情况，提送货范围没有直观的展示方式，人工分拣订单效率低，且容易出错，业务管理出现较大问题，公司邀请地图慧有限责任公司帮助解决难题。

经过与该物流企业客户进行深入沟通，地图慧整理该客户的需求如下：客户有自己的管理系统；收发货的网点太多，无法快速了解每个网点的情况；配送范围有纸质版地图划分，但区域一旦变更，非常麻烦；人工分拣效率很低，成本高；总公司与子公司的管理权限需要明确划分。基于该客户的需求，地图慧给出了快速的解决方案。

1. 开通账号，即可体验

工作人员登录地图慧的网址 www.dituhui.com，单击注册/登录即可，或者用QQ或微博账号直接登录，登录后就能进入企业服务产品页面。

2. 两套系统对接整合，提高效率

为了避免使用两套系统而增加不必要的工作，地图慧企业服务与用户自己的管理系统的信息进行对接，直接读取用户系统中的网点数据，并在地图上进行展示。同时，若有网点位置及信息进行更改，则该企业工作人员只需要在他们自己的管理系统中进行调整就可以了，地图慧平台会根据用户的修改，自动对网点进行修改和更新。

3. 配送范围自定义划分，避免重复

不同区域的快件都有专人负责，如果配送范围没有划分清楚，或是一个快件有多个人员负责，就会造成混乱。

地图慧企业服务的区域划分是非常智能的，支持自由地划区、沿道路划区；同时，强大的地理信息系统有底层支持，让绘制的配送区域无缝拼接，能够完全满足物流行业的应用场景。

区划管理是物流分单的基础和前提，绘制好业务区划后，让门店与配送区域进行绑定，在批量导入订单地址后，快速将订单分配到对应的区域及门店，保证快速、准确地分单。

4. 单条信息匹配地址，方便快捷

地图慧支持用户输入单条地址，系统自动将该地址定位到地图上，并且显示该点所在区划，同时在地图上和数据列表中都有返回所在区划的名称和区划编号，非常便捷。

5. 批量地址匹配，提高效率

订单地址如果有几百个，则人工处理绝对没有问题，但是如果订单地址数量达到成千上万个就无法运用人工处理。地图慧的企业服务的特点也是它的优势在于，1 分钟解析 8 000 条订单地址，8 万条数据也不过用 10 分钟就能上传解析结果而且能够自动匹配到各自相应的区域，实现自动分拣。

6. 分层管理权限把控，各司其职

根据客户内部组织架构管控的需求，支持该物流企业对分公司与总部设置不同的权限，授以分公司编辑、修改和调整的权限，授以总部最终的审核权限，所有动作以总部审核为最终审核确认标识。总部将建立全国多个子系统账户和密码，每个子账户只能查看和编辑下辖的网点的区划。

7. 智能规划路线，节省配送成本

除了上述功能，地图慧还为物流行业提供多路线规划，满足多车辆多订单的配送方式，最大限度地提高企业的配送效率，减少在途时间，让货物快速到达用户手中。

同时，地图慧还为物流行业提供车辆在途管理，帮助企业实时掌控货物的位置，监控货物的状态，实现货物的透明化管理。

总之，随着物流行业的迅猛发展，物流行业信息化建设显得尤为重要。

思考：

（1）地图慧的客户需求分析有什么值得借鉴的地方？

（2）该案例给了你什么启发？

项目三
物流客户接待

【学习目标】

知识目标：

1. 了解客户接待工作的基本程序和沟通技巧；
2. 熟悉客户接待计划的主要内容；
3. 知道物流客户接待计划制定的注意事项。

能力目标：

1. 能制定物流客户接待计划；
2. 能灵活运用接近客户的各种方法接近物流客户，并完成客户接待工作；
3. 能在物流客户接待过程中灵活对待注意事项。

【重点难点】

本项目的重点是物流客户接待计划的制定和物流客户来访、来电、来函的处理，难点是物流客户服务成交及物流客户承诺跟进。

任务一 物流客户接待计划制定

任务描述

周五临近下班时，曾华接到了公司王经理交代的任务：下周一公司的大客户——某企业的陈经理将来公司洽谈一笔新业务，由曾华等负责前期的接待工作。公司王经理对该笔业务非常重视，要求曾华所在部门成立一个接待小组，制定相应的客户接待计划，以便在和对方洽谈前做好各种准备，顺利完成业务洽谈。为此，王经理交代曾华等完成以下两项任务：

（1）确定接待小组的主要成员，并明确分工和工作要求；

（2）制定客户接待的具体计划。

知识准备

一、客户接待的主要内容

（一）接待工作的基本要求

首先，亲切迎客。以良好的公司形象迎候来访者。见到客户的第一时间，应该马上同时做出如下的动作与表情：stand up（站起来）、see（注视对方）、smile（微笑），简称 3S 服务。最初的迎客语言可以是"您好""您好，欢迎光临!""您好，我能为您做些什么?"等亲切的话语。

其次，热情待客。热情是一种姿态，目的是让客户感到被重视和关注。要是热情不够，没招呼好客户，就会给客户留下不好的印象。但热情不宜太过，否则会让客户感觉很不自在。

最后，礼貌送客。"出迎三步，身送七步"是迎送宾客最基本的礼仪。一般情况下，由客户先伸手，客服人员可边与之握手边说"请走好"或"欢迎下次再来"等。主动为客户取衣帽等物，并扫视一下桌面，看是否有东西遗忘。如果客户有重物，客服人员应主动帮客户提，但客户的公文包和随身的小包不要抢着代拿。如是重要的客户，客服人员应将客户送到大门口或汽车旁，不要急于返回，应挥手致意，等客户移出视线后再返身离开。

（二）接待工作的规格

接待规格一般分为三种。第一种是高规格接待，即主要陪同人员比来宾的职位要高的接待。如上级领导派工作人员来了解情况、传达意见，兄弟企业派人来商量要事等，需要高规格接待。第二种是对等接待，即主要陪同人员与来宾的职位对等的接待。这是最常用的接待规格。第三种是低规格接待，即主要陪同人员比来宾的职位要低的接待。如上级领导或主管部门领导到基层视察，只能低规格接待。

动脑筋 3-1

该怎样准备这次接待?

德邦物流湖州分公司正在召开一个重要的会议，公司的重要合作伙伴——北京双利达物流公司总经理要来公司参观，会议决定由分公司王经理来接待。如果你是王经理，你准备怎样接待？请制定接待流程。

（三）接待工作的基本流程

接待工作的基本流程如图 3-1 所示。

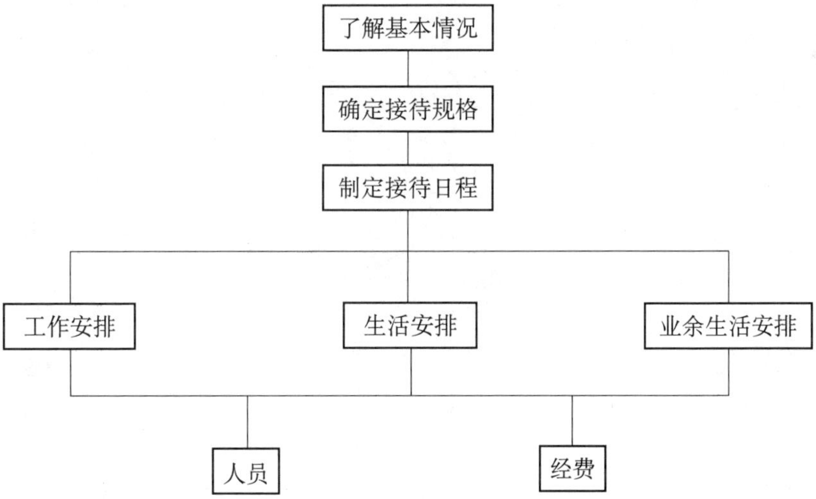

图 3-1　接待工作流程图

（四）接待计划的制定

第一，确定接待方针。即确定接待的指导思想。

第二，确定接待规格。在客户接待的准备工作中，核心环节是确定接待规格。它决定着礼仪活动的多少、规模大小、隆重程度，由哪些人员前往迎接、陪同等。接待规格反映了本公司对来宾的重视程度和欢迎的热烈程度，往往依据主要来宾的身份及实际需要确定。

第三，确定接待形式。即确定具体的接待方式、方法，如迎接、宴请、会谈、参观、游览、送行等事宜进行的形式。例如：前去机场、车站迎接，是否举行一定的仪式，是否准备鲜花；宴请是选择中餐还是西餐等。

第四，安排接待日程。工作安排是指安排来宾的有关工作事宜，如会见、会谈、汇报、交流及参观办公区或车间、产品演示等与工作有关的事宜。生活安排是指安排来宾的日常生活，包括安排饮食、住宿和交通，照顾好来访宾客的生活，代购车、船、机票等。业余生活安排是指安排来宾的文化娱乐活动，根据来宾的意愿，妥善组织好游览、娱乐、体育等活动。

第五，确定接待经费。即做好接待经费的预算。接待工作必须从简务实，一切从实际出发，不摆阔气，不讲排场。接待经费主要包括：工作经费，如租借会议室、打印资料等费用；住宿费；餐饮费；劳务费，如讲课、演讲等费用；交通费；参观、游览、娱乐费用；纪念品费用；宣传、公关费用等。

（五）接待的具体事项

接待的具体事项分为十四步，如图3-2所示。

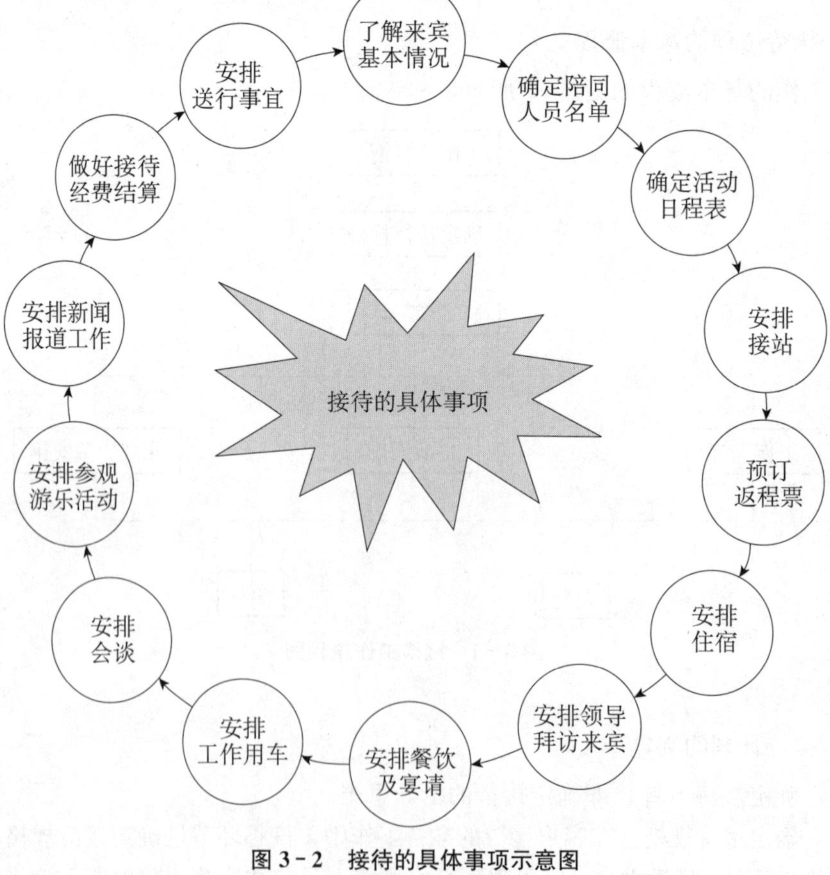

图3-2　接待的具体事项示意图

第一步，了解来宾基本情况。首先要了解来宾的基本情况，包括所在单位、姓名、性别、职务、级别及一行人数，以及到达的日期和地点；同时填报请示报告卡片，将来宾情况和意图向有关领导报告，并根据对方意图和实际情况，拟出接待计划和日程安排的初步意见，一并报请领导批示。

第二步，确定陪同人员名单。根据来宾的工作内容，事先拟订出各个项目陪同人员名单，报请领导批准后，即通知有关人员不要外出，并做好准备。

第三步，确定活动日程表。与来宾商定具体的活动日程，尽快将日程安排印发有关领导和部门按此执行。

第四步，安排接站。根据来宾的身份和抵达的日期、地点，安排有关领导或工作人员到车站、机场、码头迎接。

第五步，预订返程票。事先征询来宾意见，预订、预购返程车船票或飞机票。

第六步，安排住宿。根据来宾的身份和其他实际情况，通知具体接待部门安排好住宿。

第七步，安排领导拜访来宾。在合适的时机，按照大体对等的礼仪原则，安排有关领导拜访来宾，并事先安排好地点及陪同人员。

第八步，安排餐饮及宴请。在国家规定标准的范围内，尽可能周到地安排好来宾的饮食。

第九步，安排工作用车。根据实际工作需要，安排好来宾用车和接待工作用车。

第十步，安排会谈。根据来宾的工作内容，安排好具体的会谈时间和地点，并通知有关人员事先做好准备。如来宾要进行参观学习，应根据对方的要求，事先安排好参观点，并通知有关部门或单位准备汇报材料，组织好有关情况介绍、现场操作和表演、产品或样品陈列等各项准备工作。

第十一步，安排参观游乐活动。根据领导指示或来宾要求，做好游览当地风景区和名胜古迹的安排；在条件许可的情况下，为来宾安排一些必要的文化娱乐活动，如看电影和地方戏剧、参加晚会、书画活动、参观展览等；根据来宾要求，安排好体育活动，通知体育场馆做好场地、器材等准备，并安排陪同人员。

第十二步，安排新闻报道工作。来宾如有重要身份，或活动具有重要意义，则应通知有关新闻单位派人进行采访、报道，负责介绍情况，安排采访对象谈话，并受领导委托对稿件进行把关。

第十三步，做好接待经费结算。活动结束后，应及时结清有关费用，并完成财务报销手续。

第十四步，安排送行事宜。来宾离去时，安排有关领导或工作人员到住处或去车站、码头、机场为来宾送行。

二、客户接待工作技巧

（一）接待工作中的常见技巧

接待工作中的常见技巧有以下四种：

1. 言辞得体

“一句话可令人发笑，一句话也可使人暴跳。”接待工作中，物流客服人员的言辞表达举足轻重。要使言辞得体，除了要讲究语言体式自身的完美与统一外，更要注意与语言表达对象——客户有关的各种客观因素。具体来说就是要做到：一要表意准确，逻辑性强，富有感染力；二要认清对象，见什么人说什么话，腔调不能千篇一律；三要讲究分寸，判断要有根据，定论要下准确，说话要留余地，既不夸大也不缩小，既要合情又要合理，起到疏导、劝解、宣传、教育的作用。

2. 因人制宜

不同的物流客户具有不同的气质。心理学把气质分为胆汁质、多血质、黏液质、抑郁质四种类型。对于不同气质类型的物流客户，首先要察言观色，具体分析，区别归类，然后揣摩其心理，对症下药，采取不同的接待方法。一般来说，胆汁质型物流客户，情绪兴奋度高，行为发生快，一般头脑灵活，情绪易变，物流客服人员的解释不合他们的心情时，就会不高兴，但稍加安慰即可破涕为笑。对于这类物流客户，要坚持循循善诱，耐心劝说，真诚开导，引导他们一分为二地看问题，使他们克服片面性和盲目性，心情舒畅，意念回转。多血质的客户往往有朝气、热情、活泼，爱与人交际，思想也灵活，因此，客服人员在可能的情况下，要主动同这一类型的客户交谈，但不应有过多重复，否则他们会不耐烦。要多向他们提供新的服务信息，并要让他们进行主动选择，遇到他们要求退订的情况，应尽量满足他们的要求。黏液质型物流客户一般就不能求之过急，要留给他们考虑问题和作出反应的充分时间，以热情、诚恳的态度接待他们，以求得好的效果。抑郁质型物流客户一般多愁善感，情绪持久，能注意到别人容易疏忽的细节。对于这类物流客户，要认真听取他们的申诉，对他们提出的问题要心平气和，作出符合情理的解答，使其气消恨平，切忌火上浇油，出现顶撞情绪。

3. 动之以情

情是客户接待工作的桥梁和催化剂。动之以情，即要求物流客服人员对客户有深厚的感情，真正做到急客户之所急、忧客户之所忧、想客户之所想，使客户感到亲切、愉快和温暖，取得客户的好感和信任。

4. 晓之以理

讲理切忌空洞说教、言而无物，不讲套话、大话，更不能动辄训人或以理吓人、乱“扣帽子”、乱“打板子”。讲理要讲实理、讲真理，既要合情又要合原则，还要因人、因地、因时而异，如此方可使客户心悦诚服。

（二）接待工作中的注意事项

迎接客户要有周密的部署，应注意以下事项：

（1）对前来访问、洽谈业务、参加会议的客户，应首先了解对方到达的车次、航班等，安排与客户身份、职务相当的人员前去迎接。若因某种原因，相应身份的主人不能前往，前去迎接的主人应向客户作出礼貌的解释。

（2）主人到车站、机场去迎接客户，应提前到达，恭候客户的到来，绝不能迟到让客户久等。客户看到有人来迎接，内心必定感到非常高兴。若迎接来迟，会给客户心里留下阴影，事后无论怎样解释，都无法消除这种失职和不守信用的印象。

（3）接到客户后，应首先问候，“一路辛苦了”“欢迎您来到我们美丽的城市”“欢迎您来我们公司”等。然后向对方作自我介绍，如果有名片，可递予对方。

（4）迎接客户应提前为客户准备好交通工具，不要等到客户到了才匆匆忙忙准备交通工具，那样会因让客户久等而误事。

（5）应提前为客户准备好住宿，帮客户办理好一切手续并将客户领进房间，同时向客户介绍住处的服务、设施，将活动的计划、日程安排交给客户，并把准备好的地图或旅游图、名胜古迹等介绍材料送给客户。

（6）将客户送到住处后，不要立即离开，应陪客户稍作停留，热情交谈，谈话内容要让客户感到满意，如客户参与活动的背景、当地风土人情、有特点的自然风景、特产、物价等。考虑到客户一路旅途劳累，主人不宜久留，应让客户早些休息。分手时，主人应将下次联系的时间、地点、方式等告诉客户。

三、物流客户接待开场白设计

开场白是物流客服人员与客户见面时前两分钟（电话营销时是前 30 秒）要说的话，这可以说是客户对物流客服人员第一印象的再次定格。与客户见面时，客户对你的第一印象取决于你的衣着和言行举止。虽然经常说不能用第一印象去评判一个人，但客户往往用第一印象来评价物流客服人员，这决定了客户愿不愿意给你机会继续谈下去。

值得一提的是，如果是你主动征得客户同意会面的，你的开场白非常重要；而如果是客户主动约见你，客户的开场白就决定了你的开场白。

一般来讲，开场白包括以下几个部分：感谢客户接见，寒暄，赞美，自我介绍或问候，介绍来访目的（突出客户的价值，吸引对方），转向探测需求（以问题结束，好让客户开口讲话）。

动脑筋 3－2

这个开场白给你什么启发？

某物流业务人员如约来到客户办公室。“陈总，您好！看您这么忙还抽出宝贵的时间来接待我，真是非常感谢啊！（感谢客户）陈总，办公室装修得这么简洁却很有品位，可以想象您应该是一个做事很干练的人！（赞美）这是我的卡片，请多指教！（第一次见面，以交换名片自我介绍）陈总以前接触过我们公司吗？（停顿）我们公司是国内最大的为客户提供全方位服务的物流公司。我们了解到现在的公司不仅关注提升市场占有率、增加利润，也关注如何节省管理成本；考虑到您作为公司的负责人，肯定很关注如何最合理配置您的办公设备、节省成本，所以，今天来与您简单交流一下，看有没有我们公司能协助得上的。（介绍此次来访目的，突出客户的利益）贵公司目前正在使用哪个品牌的办公设备？（问题结束，让客户开口）”你从这个开场白中能得到什么启发？

开场白要达到的目的就是吸引对方的注意力，引起客户的兴趣，使客户乐于与我们继续交谈，所以在开场白中陈述能给客户带来什么价值就非常重要。可陈述价值并不是一件容易的事，这不仅要求物流客服人员对自己销售的产品或服务的价值有研究，而且要求突出客户关心的部分。这是因为每个人对一件物品的价值认知是不同的，同样购买一件衣服，有人考虑的是衣服的款式，有人考虑的是衣服的质量，有人考虑的是衣服的品牌等。因此，如何找出客户最关注的价值并加以陈述，是开场白的关键部分。

吸引客户的注意力有几种常用的方法：

第一，提及客户现在可能最关心的问题。如："听您的朋友提起，您现在最头疼的是产品的废品率很高，调整了生产流水线后，这个问题还没有从根本上改善……"

第二，谈及客户熟悉的第三方。如："您的朋友王××介绍我与您联系的，说您近期想托运一批货物……"

第三，赞美对方。如："他们说您是这方面的专家，所以想和您交流一下……"

第四，提起客户的竞争对手。如："我们刚刚和××公司有过合作，他们认为……"

第五，引起客户对某件事情的共鸣（原则上是客户也认同这一观点）。如："很多人认为面对面拜访客户是一种最有效的销售方式，不知道您怎么看……"

第六，用数据来激发客户的兴趣，吸引客户的注意力。如："通过增加这个设备，可以使贵公司提升50%的生产效率……"

第七，强调时效性。如："我觉得这个活动能给您节省很多运费，活动截至××月××日，所以应该让您知道……"

上面这几种方法，可结合使用，重要的是根据当时的实际情况灵活运用。

动脑筋 3-3

这样的开场白是否合理？

"喂，王小姐/先生吗？我是新邦物流的××，我们公司的专长是提供专业的物流服务。今天我打电话的原因是我们的专业物流方案已经替许多厂家省下了许多物流成本、避免了附加损失，同时我司最近推出发货优惠大行动，有数码相机等精美礼品赠送。为了能进一步了解我们能否替贵公司节省物流成本及避免附加损失，您什么时候有时间让我为您解说一下关于物流方案的问题。您看星期几合适呢？"

四、物流客户接待计划制定的注意事项

迎来送往是社会交往接待活动中最基本的形式和重要环节，是表达主人情谊、体现礼貌素养的重要方面，尤其是迎接，是给客人良好的第一印象的最重要工作。给对方留下好的第一印象，就为下一步深入接触打下了基础。一旦确认客户来访，我们必须认真、细致地做好相关准备工作，针对客户来访目的，根据公司相关流程和制度，做好接待计划。

1. 了解客户

对于老客户来访，我们不需要再进行深入的了解。但对于新客户来访，我们必须慎重，详细了解客户的实际状况和来访的真正用意。如果发现客户公司实体并不存在或者是和自己公司的产品相似的制造型企业，我们必须谨慎对待。

2. 客户的行程安排

在确认客户来访后，应充分了解客户此次来访的行程安排。客户通常情况下不会只拜访一个供应商，多数是同时考察几个供应商，因此，应该事先和客户沟通确认好。如果客户在考察过后还要到其他供应商处考察，应该帮助客户做好相关对接工作。

3. 航班、住宿等信息确认

客户确认来访通常会告诉业务人员准确的航班信息，这时，业务人员应主动联系客户。航班信息确认完毕后，要同时询问客户是否需要代为预订酒店，以便安排住宿。酒店住宿费用通常由客户自行支付，但我们应主动询问并协助客户预订酒店。

4. 参与接待人员对接

根据前期的沟通，应该基本上能够了解客户此次来访需要洽谈的主要内容，为此，应提前一天和相关技术人员及相关领导做好沟通。

5. 资料准备

客户来访前，应事先认真整理好和该客户沟通的相关资料，如洽谈合作的产品情况、价格情况、技术改进情况、产品生产设备、产品生产过程和检验相关资料等。

6. 厂区环境

为了给客户留下良好的印象，厂区应保持清洁、整齐，员工应按生产安全要求着装、佩戴胸卡。

7. 会谈必备用品准备

客户来访的前一天，应做好会议准备工作，包括样本、纸杯、便笺纸、笔，以及国旗、礼品、横幅/欢迎牌及其他物品。大多时候会谈时间较久，以防饥饿还需要准备小瓶矿泉水、无糖咖啡、水果（吃起来方便的）、小袋装饼干、坚果类等食品。如果气温过高或过低，则必须在客户进入会议室前 10 分钟把空调打开。

8. 备用金准备

为保证客户来访期间的资金使用充足，业务人员应根据来访客户数量、到达时间等信息，事先按照相关手续从财务部预借部分备用金，以备招待客户途中简餐或其他特殊用款之需。

任务实施

曾华根据王经理的交代，很快成立了接待小组，运用所学知识制定了详细的接待计划，并与王经理一起商量接待过程中需要注意的细节问题。现在只等公司的大客户陈经理来访。

任务二
物流客户来访、来电、来函处理

任务描述

曾华在经过一段时间的培训后，要在客服的各个岗位上进行实战轮岗。公司的业务主要是通过前台电话及公司的网站来进行的，这些任务主要由受理员完成。曾华要在前台、呼叫中心及公司网站等进行实习，完成前台的来访、来电、来函处理。曾华在前台实习前几天主要是给同事做助理，主要任务是观察和熟悉前台的业务工作。接着，前台负责人让曾华单独处理业务。曾华怀着忐忑的心情上班了，在接待了几个客户咨询后，来了一位重要的物流客户。曾华的工作任务如下：

（1）熟悉客户来访、来电及来函的处理流程；

（2）具体完成客户的来访接待。

知识准备

一、物流客户来访、来电、来函的处理流程

为规范物流客服中心工作人员对客户来电、来访、来函的处理行为，树立良好的客户服务形象，一般物流公司均要求按规定处理物流客户的来访、来电及来函。

（一）物流客户来访处理流程

（1）平时无客户来访时，前台接待人员须端坐于座位上，不得相互嬉戏和打闹。遇有客户前来办事，在进入大厅的时候，前台接待人员需主动迎接客户。

（2）前台上不得放置与工作无关的物品，各种记录本和资料夹均应摆放于相应的位置，不得随意乱放。

（3）前台接待人员要耐心聆听客户反映的情况，并在接待记录本上做好详细记录。

（4）前台接待人员在接待客户来访时，态度必须温和，不得与客户发生任何争执，不得有讥讽、挖苦的言语。

（5）当客户离开大厅时，前台接待人员应礼貌道别。

（二）物流客户来电处理流程

（1）电话铃响三声必须接听，一般在第二声与第三声之间接听。

（2）在电话询问中，接听人员须以温和的语气表示对客户所说事情的关注。在不能明确回答客户问题时，须请客户稍等，然后迅速咨询周围同事，以便能给客户较快的答复。如果不能立即找到答案回答客户，须请客户留下电话号码，以便找到答案后迅速回复客户（挂电话时，待客户先挂后，才可轻轻放下电话）。

（3）工作时间接到找同事的电话时，若要找的同事当时在场，可请客户稍等，然后通知同事。若同事不在办公室，则请来电客户留下电话号码以便转告同事予以回复。

（4）接听电话中，应及时将客户反映的各种问题记录在电话接待记录本上，并作相应的分类处理；注意语音、语调，不要鲁莽。如在接听电话时，现场有客户前来咨询，则应有礼貌地告诉客户，并请他留下姓名、电话，等接待完现场的客户后，再打电话与之联系。

（5）严禁用公司电话处理私人事务。

（6）未独立上岗的新员工不得接听客户的电话。

（三）物流客户来函处理流程

（1）前台人员接到客户来函时，在客户来函目录上做好分类登记。

（2）若是反映投诉事宜，则要将来函及其他资料上报部门经理。

（3）按上级领导批示，将客户来函复印件转相关部门跟进，由责任部门按指示要求落实解决。客服经理有责任对处理事件部门的完成情况进行监督。

（4）若是客户寄来的表扬信，将该信登记后，将原件在办公室张贴，并将其复印件张贴在被表扬的员工所在部门以示鼓励。

（5）若是其他工作联系类信函，则直接交由文员处理。

（6）投诉应在3个工作日内查处完毕，并及时答复客户和回复上级。情况复杂的，时限可以适当延长。举报应在5个工作日内办结。

（7）相关问题解决完毕后，应回复客户，来函原件留存于客户档案内。

动脑筋 3－4

该如何处理？

小陈委托某快递公司从桐乡托运两箱貂皮服装到杭州，等小陈到杭州去提货时，却被告知货物在托运过程中丢失。小陈要求快递公司全额赔偿该批货物共计8万元，但快递公司称小陈在托运时没有办理货物运输保险，而且在运单上没有注明货物的实际价值，快递公司只愿意赔偿部分损失。小陈非常生气，这时作为物流客服人员的你应该怎么来处理呢？

二、物流客户来访、来电、来函的处理技巧

（一）物流客户来访处理技巧

1. 对来访客户做好分级

如果客户来访时间比较集中，对来访客户进行分级，能起到事半功倍的效果。对于高级别客户，公司要拿出积极的态度去争取他们来访问，因为公司的许多竞争对手一样会重视他们，所以一定要尽一切努力让高级别客户先到自己的公司来访问。客户来访后，可以了解公司开发的新的物流服务项目以及来年的计划，提高客户对公司的印象。另外，客户在公司待的时间长，就降低了客户与竞争对手相处的时间。对于低级别客户，没有很多厂家邀请他们，如果对每个来访客户所花的时间与精力一样，而没有好好努力地去争取高级别客户，花的时间就有点浪费，好钢要用在刀刃上。

2. 精心准备

一定要想办法在有限的时间内把公司的优势展示得最好，把目前最畅销的服务产品推荐给客户，把新的业务介绍给客户，也要把未来的服务产品规划与客户分享，还要认真听取客户的意见。也许客户的一个提示就会给新项目带来光明前景，少走许多弯路。在接待重要客户参观公司的时候，搞好现场环境毋庸置疑，最主要的是要努力安排所有部门参与进来，参观的时候顺便介绍公司服务产品的应用情况，加深客户对公司的印象，提高客户对推荐产品的关注度。

3. 合理安排

客户来公司，一般不熟悉路线，应尽量安排公司专车接送。事先必须充分准备好各大重要交通站的行程、方式，还要预留不可预见的堵车时间，这点尤其重要，一定不要耽误客户的下一个行程。对客户随问随答，体现我们的专业。

4. 具体的处理技巧

接待一些特殊来访者时，还要注意以下几点：

（1）要学会察言观色。有些来访者来之前就心存气愤，反映问题时情绪激动。为此，接待人员要掌握一定的心理疏导方法，避免与其发生冲突，防止激化矛盾。

（2）要善于控制局面。对接待过程中发现的无理取闹者或精神障碍者，应由法律援助中心负责人亲自接待，必要时可以引导至私密接待室和心理宣泄室，防止过激行为影响到其他人。

（3）要带着感情接待。要让来访者感受到接待人员是真心帮助，愿意听取或采纳对问题的处理意见。

（4）要直接明了地作答。接待人员作答切忌拖泥带水，避免指导不明和说法不一。这需要接待人员平时注意学习，掌握过硬的业务知识和心理疏导技巧。

（二）物流客户来电处理技巧

作为物流公司的客服人员，当电话铃响起时，你应该尽快集中精力，暂时放下手头

正在做的事情，以便大脑能够清晰地处理电话带来的信息或商机。如果电话铃响的时间过长，对方会挂断电话，你便会失去得到信息或生意的机会。

处理物流客户来电的技巧如下：

1. 随时记录

在手边放有纸和笔，随时记下你所听到的信息。如果你没有做好准备，而不得不请求对方重复，会使对方感到你心不在焉，没有认真听他说话。

2. 自报家门

一拿起电话就应清晰地说出自己的工号（或全名）。同样，一旦对方说出其姓名，你可以在谈话中不时地称呼对方的姓名。

3. 转入正题

当接听电话时，不要拖延时间，而应立即作出反应。一个好的开场白可能是："您需要我做什么？"当觉察出对方有意拖延时间，你应立即说："真不巧，我正要参加一个会议，不得不在5分钟后赶到会场。"这样说会防止你们谈论不必要的琐事，加速商务谈话的进展。

4. 避免将电话转给他人

自己接的电话尽量自己处理，只有在万不得已的情况下才能转给他人。这时，你应该向对方解释一下原因，并请求对方原谅。例如，你可以说："布朗先生会处理好这件事的，请他和您通话好吗？"在你作出这种决定之前，应当确定对方同意你将电话转给他人。例如，你可以说："对于这件事，我们很快会派人跟您联系的。"

5. 避免电话中止时间过长

如果你在接电话时不得不中止电话而查阅一些资料，应当动作迅速。你可以有礼貌地说："您是稍候片刻，还是过一会儿我再给您打过去？"

让对方等候时，你可以按下等候键。如果你的电话没有等候键，就把话筒轻轻地放在桌子上。如果查阅资料的时间超过你所预料的时间，你可以每隔一会儿拿起电话向对方说明你的进展。例如，你可以说："约翰先生，我已经快替您找完了，请您再稍候片刻。"当你查找完毕，重新拿起电话时，你可以说："对不起，让您久等了。"

对于接电话的人来讲，当需要查阅资料而有礼貌地请对方稍等片刻，这是可以令对方接受的。如果有人在你正在通话时打进电话，你可以选择合适的词语让正在与你通话的人稍候，然后拿起另一部电话说："您能否稍等？我正在接听一个电话。"如果打来电话的人只是有一些小事，便可以当即回复，然后迅即转接第一个电话，而这个人也会意识到你很忙而加速你们的商谈。

（三）物流客户来函处理技巧

1. 巧用现代通信工具与客户沟通

接到客户的来函后，要认真处理，及时消除客户疑虑。若对方留有联系方式，则应在第一时间利用现代通信工具与客户沟通。要认真听取客户的反映，并根据有关制度、法规给予解释、答复或处理，对不明确或一时难以答复的事情，应耐心诚恳地做好解释工作，并及时将客户反映的情况向客服经理反映。

2. 设身处地，换位思考

当接到客户来函反映有关问题时，首先要有换位思考的意识。如果是公司的失误，首先要代表公司道歉，并站在客户的立场上为其设计解决方案。问题的解决也许有三四套方案，可将自己认为最佳的一套方案提供给客户，如果客户提出异议，可换另一套，待客户确认后再实施。当问题解决后，至少还要有一两次征求客户对该问题的处理意见，争取下一次的合作机会。

3. 及时查看信箱，帮助客户处理来函反映的问题

设立客户意见箱（包括网络留言、电子邮箱）的物流企业，应明确专人每天及时打开意见箱等联系平台。对来函所反映的内容应认真登记，并及时组织调查、核实，为客户提供优质服务；同时，要做好答复和处理记录，不得推诿扯皮、拖延时间。针对客户反映的情况，要依照相关规定处理，及时派出人员帮助客户解决相关问题，尽力做到让每一位客户都满意。

三、物流客户来访、来电、来函的处理规范

处理好物流客户来访、来电、来函是增加客户信任、促进再次购买和实现良好人际传播效应的有效途径，也是提升企业美誉度的最佳机会。

（一）物流客户来访处理规范

（1）客户来访时，应先暂停手上工作，站立微笑，主动上前与客户问好，招呼客户坐下（倒茶），主动向客户提出有什么可帮忙的，聆听客户讲述，记录重点问题。

（2）交谈中要求使用文明语言，态度要诚恳，耐心倾听客户反映的情况及建议，对客户的意见和建议不要轻率表态，应思考后再作答复。对一时不能作答的，要约定一个时间并留下对方的电话，待咨询之后再联系。对能够马上答复的或立即可办理的事情，应当场答复、迅速办理，不要让客户无谓地等待，或再次来访。

（3）任何情况下不能对客户失敬、失礼。当客户情绪激动，提出无理要求或错误意见时，一方面要有礼貌地拒绝，不要刺激客户，使其尴尬；另一方面，要尽量控制自己的情绪，保持稳定的心态，向客户耐心解释相关规定和制度。

（4）当客户提出投诉时，要认真核对其提供的依据（资料）是否齐全有效，并向客户详细解释工作流程，协助客户解决问题。

（5）正在接待客户时，如有电话打来或有新的客户，应尽量让他人接待，可以说“对不起，请稍等”，以避免中断正在进行的接待。

（6）客户离开时，应主动送至门口，并微笑地说“您慢走”。

（二）物流客户来电处理规范

1. 应答规范（接通电话）

（1）招呼客户："您好，客服中心为您服务。"

（2）对方无应答时："对不起，我听不到您的声音，您还在线吗？"

2. 应答规范（通话过程）

（1）明确客户咨询、投诉的问题时："为了尽快为您解决这个问题，我可以向您提几个小问题吗？"

（2）当某一业务基本受理完毕时，主动提示客户"请问您清楚了吗？"以顺利过渡使通话结束。

（3）客户抱怨时："对不起，给您造成不便，敬请原谅。"

（4）客户破口大骂时："对不起，我非常理解您的心情，但是为了帮您解决问题，请您慢慢说好吗？我会尽全力帮您解决的。"

（5）客户提建议时："您的建议很重要，我们会及时转给相关部门，非常感谢您的支持！"

（6）没听清客户讲话时：①如果只是个别字眼没有听清，你可以与客户进行确认："对不起，请问您的意思是……吗？"或者"您是说……对吗？"②如果完全没有听清，你应用征询的语气向客户询问："对不起，我没听清您的讲话，请您重复一遍好吗？谢谢！"

3. 应答规范（结束通话）

（1）受理完毕，常规应答："谢谢您的来电，再见！"若逢周末或节假日，你可以说："祝您周末愉快/××节快乐，再见！"

（2）遇客户善意约会时："非常感谢，但实在是对不起，我不方便接受。再见！"

（3）当受理完业务被客户纠缠时："对不起，请问您还有其他的业务需要帮助吗？如没有，请您挂机，把线路让给其他客户，好吗？"

（4）接到无聊（粗俗）电话时，礼貌回答："先生/小姐，请您使用文明语言，否则很抱歉，我们将结束这次通话。"

（三）物流客户来函处理规范

1. 来函接收

前台负责全公司各类行政公文、公函和电传的接收工作。其他部门如果接到各级行政来文、来函，需在1个工作日内将来文、来函送至综合办公室。如部门确实需要留存，可自行复印。

2. 处理原则

（1）一文一送。一般情况下，同一文件一次只能报送给一位领导，不可一文"多头"，同时报送给多位领导。对于信封封好的文件，相关人员应在了解文件内容后报送有关领导。

（2）归口报送。有关人员收到文件后，应事先对文件的内容进行了解，并对其重要与紧急程度作出初步判断，按归口原则对文件进行相应处理：重大事宜，须报公司主要领导；影响较大、较重要的事宜，按公司领导分工情况报分管领导；业务部门可直接处理的，转业务部门处理。

3. 处理方法

（1）上级行政来文由综合办公室分管人员根据文件内容进行登记，分类报送至综合办公室主任或分管副总进行传阅；领导审阅并签批后，由综合办公室负责回收，并根据领导签批意见传达至有关业务部门。该类来文由综合办公室负责立卷归档。

（2）公司的上行文、下行文原则上在公司办公自动化系统内以电子文档形式进行办理、流转、发布，由总经理办公室根据有关规定办理。具体流程如下：

部门拟稿——部门领导审稿——有关部门会稿——部门发送——总经理办公室接收来文——总经理办公室主任核稿——公司有关领导会签——总经理签发——登记、编号——文印室制版——拟稿人校对——文印室出文——总经理办公室分发至相关单位——档案室存档。

（3）综合办公室专人负责传真的接收、登记、编号，并根据传真的内容和重要、紧急程度转相关领导，必要时可直接向领导汇报。

4. 来函催办、反馈

（1）催办。相关人员在做好文件登记、编号的基础上，应对文件的流转过程进行跟踪与监督，并根据文件的紧急程度，在必要时提醒领导办理有关文件。

（2）反馈。领导审批后，相关人员须将领导审批意见及时反馈给责任单位，并做好文件的转发或收存、归档工作。

任务实施

曾华接受任务后，根据公司客户来访、来电、来函的处理流程，运用所学知识，事先制定了接待方案，在同事的协助下，顺利完成了接待任务。

任务三
物流客户服务成交及物流客户承诺跟进

任务描述

A 公司最近与曾华实习的物流公司达成合作协议，为了跟进服务，该物流公司指派曾华去寻找 A 公司业务拓展员，跟他一起去拜访物流客户。通过观察分析物流客户表露出的购买信号，曾华学会了如何跟进并获得客户的交易承诺。要做好这项工作，曾华需要完成以下两项任务：

（1）学会如何促进物流客户服务成交；

（2）能够有效跟进物流客户的承诺。

知识准备

一、物流客户服务成交促成

（一）客户选择物流供应商的原因和特点

如何踢好临门一脚，促成与客户的最终合作，是令不少物流企业销售人员困扰的问题。在探讨这个问题之前，有必要先分析客户选择物流供应商的原因和特点，然后对症下药，有针对性地加以解决。

1. 客户选择物流供应商的主要原因

如果不是刚成立的企业，物流客户一般都有相对稳定的物流需求和稳定的合作供应商。在此情况下，选择新的物流供应商，可能存在以下几个方面的原因。一是服务需求升级，现有物流供应商无法满足其升级后的需求。例如，由区域性需求变为全国性需求，由单一需求变为复杂需求，由基础性运输需求变为综合性物流需求等。二是现有物流供应商服务出现问题，给客户造成较大影响；或者连续出现服务问题，短期内无有效改善措施或改善缺乏成效。三是为分散风险，客户需要在原合作供应商基础上增加新的物流供应商。四是由于客户或物流供应商人员更换、管理模式调整等原因，现有物流供应商的服务理念、服务条款等方面与客户无法匹配。

2. 客户选择物流供应商的特点

无论是生产企业还是销售企业，一旦物流出现问题，均需要承受巨大的压力：除了被投诉外，有些还面临生产线停产、客户巨额罚款等问题。因此，客户选择新物流供应商时，无论基于什么原因，其顾虑最多的就是风险问题。很多客户在对物流供应商进行多次沟通、考察，在价格、合同条款等都确认无误的情况下，仍然迟迟不合作，除了负责人的个人因素外，主要就是对风险因素的顾虑。

为了规避风险，客户在物流供应商选择中通常呈现出以下特点。一是时机选择。如果不是现有物流供应商出现了致命性问题，客户大多倾向于在淡季选择物流供应商，力争在旺季来临之前，与新物流供应商进行充分的磨合，而不会在旺季引进新物流供应商，以免造成混乱。二是初始合作方式。客户倾向于先拿少量、分散、影响程度小的业务进行尝试，不会一开始合作就将大量、重要、影响程度大的业务交给新物流供应商。三是选择物流供应商的方式。客户倾向于以招标方式选择多家进行尝试，最终确定一家。一般来说，旺季刚结束的时候是客户选择新物流供应商或更换物流供应商意愿最强烈的时候，因为在旺季，大多数物流供应商会出现这样或那样的问题，客户承受的压力最大，引进新物流供应商的意识自然也就产生了。

（二）促使客户成交的方法

针对客户选择新物流供应商时顾虑最多的是风险因素，以及旺季刚结束的时候需求最强烈这一特点，销售人员应该在充分挖掘客户需求并分别加以解决的前提下，采取适当的方法促使客户成交。

1. 时机的选择

尽可能选择在旺季之前与客户做好各项沟通，建立融洽的关系，完成各项需求的确认。旺季结束后立刻推动合作事宜，争取在两个旺季之间的淡季完成合作事宜并充分磨合与沟通，以确保旺季前确立正式合作关系，保证旺季工作的顺畅运作。

2. 具体方法

在促使客户成交时，应该重点就客户对风险的顾虑，采取以下几种有针对性的方法：

（1）循序渐进法。为了降低客户对风险的顾虑，配合客户先小量尝试的习惯，销售人员应建议客户先拿少量业务进行尝试，一旦客户同意，则与公司后勤部门沟通，对其进行重点保障，确保不出现问题，增强客户信心。同时，在尝试初始阶段，销售人员与后勤部门一起定期上门拜访客户，沟通彼此合作中的特殊要求，及时解决遇到的问题，确保顺利渡过磨合期。只要顺利地完成尝试合作一个月左右，即可建议客户签订合同，进行正式合作；或者在试运作期间与客户确认尝试合作的时间范围，到时间即确认进入合作程序。

（2）榜样示范法。可以邀请潜在客户到目前合作良好的客户处参观，或者邀请现有客户现场说法，增强潜在客户对服务的信心，打消其对风险的顾虑。

（3）雪中送炭法。当客户运作中遇到困难而其现有物流供应商无法解决时，销售人员应立刻介入，调用一切资源帮助其解决。这样既可以感动客户，也可以增强客户对公司提供服务能力的信任，降低其对风险的顾虑。

（4）利益诱导法。可以拿出部分产品或路线给予客户阶段性优惠，促使其进行尝试，最终促成合作。

（5）既成事实法。有时候，也不妨尝试让客户先签协议后进行实质性业务合作，以此进入客户备选供应商范围，随时选择机会介入。这样，可以在人保持一致性的心理规律的影响下，促成与客户的合作。

由于现实中的客户需求复杂多样，选择新物流供应商的原因也千差万别，因此上述方法不一定适合于所有情况。但万变不离其宗，只要分析清楚客户选择物流供应商的具体原因及特点，投其所好，就能够促成最后的合作。无论采取什么方法，一定要保证让客户自己做决定，销售人员只是为客户决策提供支持和引导其决策的方向，而不要给客户以被迫决策的感觉。否则，即使能促成一时的合作，也不可能长久。

（三）客户服务成交促成策略

销售人员应根据客户性格特征，采取不同的客户服务成交促成策略。

（1）友善型客户：这类客户的特质是性格随和，对自己以外的人和事没有过高的要求，具备理解、宽容、真诚、信任等美德，通常是企业的忠诚客户。可采取的策略：提供最好的服务，不因为对方的宽容和理解而放松对自己的要求。

（2）独断型客户：这类客户的特质是异常自信，有很强的决断力，感情强烈，不善于理解别人；对自己的任何付出一定要求回报；不能容忍被欺骗、被怀疑、被怠慢、不被尊重等行为；对自己的想法和要求一定要被认可，不容易接受意见和建议；通常是投诉较多的客户。可采取的策略：小心应对，尽可能满足其要求，让其有被尊重的感觉。

（3）分析型客户：这类客户的特质是情感细腻，容易被伤害，有很强的逻辑思维能力；懂道理，也讲道理；对公正的处理和合理的解释可以接受，但不愿意接受任何不公正的待遇；善于运用法律手段保护自己，但从不轻易威胁对方。可采取的策略：真诚对待，作出合理解释，争取对方的理解。

（4）自我型客户：这类客户的特质是以自我为中心，缺乏同情心，从不习惯站在他人的立场上考虑问题；绝对不能容忍自己的利益受到任何伤害；有较强的报复心理；性格敏感多疑；时常“以小人之心度君子之腹”。可采取的策略：学会控制自己的情绪，以礼相待，对自己的过失真诚道歉。

二、物流客户承诺跟进流程

物流客户承诺是指客户接受销售人员建议或益处陈述表现出的积极合作信号或承诺信号。客户的语言、行为、表情等表明了客户的想法，销售人员可以据此识别客户的购买意向，及时地发现、理解、利用客户所表现出来的成交信号，促成交易。为把握成交时机，销售人员须具备一定的直觉判断与职业敏感。物流客户承诺跟进流程如下：

（一）寻找并发现物流客户承诺信息

物流客户营销是一种以结果论成绩的活动，销售就是要成交。没有成交，再好的销售过程也只是徒劳。在销售人员的心中，除了成交，别无选择。销售人员能够敏锐地发现客户的承诺信息，这是解开客户心结、实现成交的关键点，也是获得物流客户承诺的意义所在。在这个过程中方法很重要，然而总有一些销售人员由于心理或其他因素，失去很多成交机会。总结他们最后未要求客户作出承诺的原因主要是基于以下想法：“前面已经介绍得很好，客户应该明白我的意思”“我们之间有默契，我和客户是朋友了，不想施压而破坏彼此之间的关系”。其实，生意就是影响和争取别人，你不影响他，竞争对手就会影响和争取他。那么，如何去寻找并发现物流客户承诺信息呢？通常，物流客户承诺信息可以从下面三种信号中寻找：

1. 从物流客户语言信号中寻找

物流客户语言信号通常包括询问产品价格、售后服务、性能细节、付款情况、回款情况、下次见面时间等。具体可以从以下几方面来判断：在与客户见面、交谈、报价后，有些销售人员还是有茫茫然的感觉。这时候，应该了解一下客户的意向：“他对成交有意向吗？他在敷衍吗？”那么，怎样才能知道物流客户有了成交的意向呢？为了获得口头性的购买信号，常常需要提出试探性的问题。例如，“下星期我拿三箱货来怎么样？”“您要是觉得价格太贵，给您九五折的优惠如何？”客户如果有以下表现，就应该密切关注客户的成交信息了：客户开始讨价还价，而且很认真地就价格问题反复讨论；了解交货时间、付款方式等问题；非常关心售后服务；反复提一些已答复和已弄清了的问题；要求销售方给出承诺；明确说“试一试”“不错”等肯定用词；抱怨以前用过的产品；告诉销售人员他的朋友曾采购过，感觉良好；把目前的产品与竞争对手产品进行比较。如果销售人员从以上所述现象所列举的客户言谈中获得正面的信息，就意味着客户作出了成交的承诺，此时，销售人员要趁热打铁，尽力促成订单。

2. 从物流客户表情信号中寻找

物流客户表情信号是从客户的面部表情和体态中所表现出来的一种成交信号。如在洽谈中面带微笑、下意识地点头表示同意、对产品不足表现出包容和理解的神情、对推销的商品表示兴趣和关注等。

3. 从物流客户行为信号中寻找

物流客户行为信号是指物流客户由于行为习惯，经常会有意无意地从动作行为上透露一些对成交比较有价值的信息。当有以下信号发生时，销售人员要立即抓住良机，勇敢、果断地去试探、引导客户签单。肢体行为方面主要有身体姿态由后仰变为前倾、用笔作记录、点头微笑等客户承诺信号。另外，如果带着纪念品或样品去见客户，客户把玩样品爱不释手，亦表明对产品很感兴趣。具体可以从以下几点去寻找：客户反复阅读文件和说明书；认真观看有关的视听资料，并点头称是；查看、询问合同条款；要求展示样品，并亲手触摸、试用产品；突然沉默或沉思，眼神和表情变得严肃；或表示好感，或笑容满面；主动请出有决定权的负责人，或主动介绍其他部门的负责人；突然给你倒水，变得热情起来等。

动脑筋 3－5

为什么张某不要求客户签单呢？

某物流公司为了承接某大型连锁超市的物流配送业务，临近春节，让其业务代表张某去拜访客户。前期的探询、寻找客户需求、陈述产品特性和利益等工作都做得很好，但最后在没有获得任何承诺的情况下，张某就离开了客户的办公室。为什么他不要求客户签单呢？你觉得张某的做法有道理吗？为什么？

（二）跟进物流客户承诺完成交易

1. 获得物流客户承诺的策略

获得物流客户承诺的策略主要包括销售人员不断提高自身谈判水平，采取合适的步骤，主动提出要求，善于给客户制造压力，采用适当的方式。

销售人员在获取客户承诺过程中，最能体现自身的素质、知识、能力和工作态度，没有两三年的锻炼和学习是不可能达到较高水平的，这就要求他们不断提高对自身的要求，从能力、技巧、态度和知识等诸多方面提高专业素质。而在获得物流客户承诺过程中，勇于向客户提出要求、充满自信等，都是他们的必修课。

在与物流客户洽谈中，销售人员要善于采取合适的获得承诺的步骤，主动提出要求。例如，在计划要求客户承诺时，简单总结物流服务的特征与利益，特别强调对客户的益处，用证据打消客户疑虑，及时提出行动计划或要求，支持客户决定，并使客户感到决定是正确的，核实认同客户的承诺。

获得物流客户承诺时，销售人员要善于给客户制造适当的压力，压而不迫，掌握好分寸。人与人之间有关系存在，同时有压力存在。当压力慢慢增加时，关系也慢慢增长。当压力达到一定限度时，会产生负面的影响。不给客户一定的压力，他会不会选择你的产品呢？可能会。但是当有其他人给他压力时，他可能会选择其他人的产品而不与你签单。所以，为使客户有所承诺，在适当的时候提出适当的要求是必要的。这时候，不要羞于开口，前期已经做了大量的工作，后面的承诺是水到渠成的。

销售人员在获得物流客户承诺时，有很多方式可以采用，主要有直接式、摘要式、特卖式、初步式、选择式、假设式等。直接式的风险较大，可使用在与客户关系很好、把握很大的洽谈中，要口头和非口头购买信号结合来确定客户回答“是”，否则就没有下次机会了；摘要式是将前面已探讨过的问题再讨论一遍，特别是客户感兴趣的部分，在新产品推荐中使用比较广泛；特卖式是指客户在价格或某些方面很敏感并且不满足，可以以本时期该产品正在做促销、搞特价来说服客户相信购买该产品对其盈利有帮助；

初步式是指在大宗交易之前，以小批量的交易作为开始，一般适合于新客户开发、新产品推广；选择式是指在某些方面给客户以选择，如送货时间和回款方式，这是一种引导式的方法；假设式主要解答客户所想象的一些问题，让客户放心。

动脑筋3－6

当客户提出的价格低于公司的底线价格时如何应对?

针对这个问题，某物流公司业务员小李总结说：“要知道，客户是永远不会对价格满意的。首先在心理上要有所准备，价格不一定贵，客户只是为了获得更低的价格和更多的利润而施加压力。告诉客户，正如每个人都有自己的原则一样，公司也有原则。这是你能控制的最低价格，没有办法再降低，否则将面临公司允不允许的问题。还可以运用一些技巧。全局的考虑很重要，比如：你的产品除了价格之外，难道没有其他东西可以吸引客户了吗？多突出产品的其他特征给客户带来的好处，会令你争取到这个订单。”

2. 达成物流客户交易的方法

达成物流客户交易的方法很多，一般要结合具体环境来考虑综合使用各种方法。常见的达成物流客户交易的方法主要有想象成交法、步步为营成交法、示范成交法、举证成交法、追问成交法、时间分解成交法等。

(1) 想象成交法。想象成交法是指销售人员通过语言上的暗示，引导客户将选购的服务产品在脑中进行想象，设想使用这样的服务产品后能给自己带来怎样的物质和精神上的享受。

(2) 步步为营成交法。这种成交方法需要销售人员牢牢抓住客户所说的话，来促使洽谈成功。这种成交方法对成交有很大的好处，应尽量围绕着客户的问题展开，从而一步步地解决客户提出的问题。

(3) 示范成交法。这种成交方法是将产品的用途、功能、好处进行演示，令客户信服，增强客户对产品的信任感。

(4) 举证成交法。有些客户选购产品的时候小心翼翼，不太轻易相信销售人员的描述，遇到这种情况，可以列举大量的事实依据令客户信服。

(5) 追问成交法。当遇到举棋不定、无法决定是否购买的客户时可以采用这种方法。通过不断的追问，寻找客户犹豫的原因。当然要注意的是，不能立即同意客户的观点，如：“您说得没有错！”这样很容易导致失败。

(6) 时间分解成交法。时间分解成交法是将价格较高的产品的价格按使用时间进行分解，使客户感觉到在单位时间内的花费很少。

当然，经过努力，获得客户承诺并不意味着客户服务结束，因为竞争对手就在附近，跟进工作的紧凑和及时反映了对客户的重视，对成功完成交易至关重要。然而，销售人员往往在完成一项服务后习惯于马上寻找新的客户，似乎忘了在已经建立信任关系的客户身上发掘新的服务机会。

(三) **兑现承诺，并与客户保持联系**

成交之后继续与客户保持密切的联系和沟通，时刻牢记“永远不要忘记客户，也永远不要被客户忘记”这条颠扑不破的客服真理。与客户沟通的方式很多，打电话和写信是两种常用的跟进方式。销售人员在与客户达成交易后，还要用实际行动让客户真正感受到自己的真诚，即必须兑现曾经做出的承诺。古人云：“君子一言，驷马难追。”如果不兑现承诺，就会失信于客户。那么，接下来的客户跟进工作，不管做得多好，都将无济于事。

还有一些销售人员认为没有必要跟进那些没有成交的客户，认为跟进这些客户是一件既浪费时间又浪费感情的事。那么，销售人员是否真的没有必要跟进那些没有成交的客户呢？中国有句古话说得好：“买卖不成情意在!”对于没有成交的客户，也不应老死不相往来。即便这次没有他需要的服务，可能下次他会有需求。因此，要有持之以恒的精神，精诚所至，金石为开。记住，客户跟进工作永远需要比别人“多一点努力”“多一点关怀”“多一点服务”“多一点称赞”“多一些电话”。

忠诚是客户关系建立中的最高级别，达到这一级别有几个标志：第一，客户与销售人员已经超越了纯粹的买卖关系，递进到像密友、兄弟一样的亲密关系；第二，只要客户有合作项目，就会第一时间主动联系销售人员，而不会找其他人；第三，客户会主动介绍其他客户。毫无疑问，培养客户的忠诚是一件非常有挑战性的工作，是在基于客户信赖的基础上的更深、更高层次的关系建立。建立客户忠诚度可以从以下几方面努力：一是每一次合作之后，及时向客户表达感激之情；二是建立忠诚客户的奖励制度；三是与客户建立广泛的联系；四是不断开创新的客户服务方式；五是成交之后继续关注客户。

“你忘记客户，客户也会忘记你”。因此，在成交之后，需要持续不断地关心客户，了解他们对公司产品的满意程度，虚心听取他们的意见，对客服过程中存在的问题要采取积极的弥补措施，防止失去老客户。

三、物流客户承诺跟进方法

(一) 转变性跟进

所谓转变性跟进，是根据客户的态度决定的。具体情况有以下几种：

(1) 客户对产品比较感兴趣，也需要这种产品，只是对价格还有不同意见。针对这种客户的跟进，最好是收集同类产品的价格情况，从产品成本出发，算账给客户听，以取得客户对你产品价格的认可。为了达成协议，可在原报价的基础上有所下调。

(2) 客户对产品很感兴趣，也想购买产品，但由于暂时的资金问题无法购买。针对这种客户的跟进，应和客户协调，共同制定一个时间表，让客户把购买你的产品费用做进预算。当然这类客户不会直接说自己没钱，你要学会自己判断。有许多销售人员不会跟进这类客户，想起跟进时，客户已经购买了别家的产品。建议的做法是：只要客户靠得住，可以先提供产品再约时间收钱。

（3）客户对你的产品还没有很深的了解，态度暧昧，可买可不买。对这类客户，要尽量把自己的产品介绍得浅显易懂，把产品给客户带来的好处数量化，激起客户的购买欲。客户往往最关心产品能给他带来什么实惠。

（二）长远性跟进

对根本不想用你的产品或者已经购买了同类产品的客户，宜采用长远性跟进。这类客户不会由于你积极跟进就购买你的产品或者和你合作。对这类客户是不是就放弃不跟了呢？实践证明，往往这类客户会出现大买家，但跟得太紧反而易引起反感。最好的做法是和他真心实意做朋友，周末一条温情的短信、逢年过节一张祝福的明信片、生日一份小小的生日礼物，都是拉近彼此关系的好办法。只要坚持不懈，这类客户会给你带来惊喜的。

（三）服务性跟进

转变性跟进和长远性跟进是非常重要的，因为要开发客户，争取拿到订单，必须通过跟进使潜在客户转变为现实客户。可当销售人员已经开发了一定数量的客户后，往往会忽略一个问题，就是对已开发客户的跟进。有些销售人员有一个错误的认识，认为已开发的客户已经和自己在做生意了，并不需要跟进，要跟进也是售后部门的事情，和自己的关系不大，或者认为客户订货时再跟进也不迟。事实上，由于销售人员对已开发的客户跟进不及时，大大影响了客户的忠诚度，因此在激烈的竞争中出现了不断开发客户也不断失去客户的危险情况。销售实践证明，稳定一个客户所需的费用只是开发一个新客户费用的十分之一，所要投入的精力也只有开发新客户的十分之一，通过服务性跟进不但能稳定客户，而且能通过客户的口碑宣传和介绍带来更多的新客户。这也就是许多人越做销量越大、客户越多的成功所在。具体可采取以下几种实用的做法：

1. 写好销售日志和建立客户档案

许多销售人员联系客户、拜访客户都非常努力，就是没有把客户的情况了解清楚，也没有搞清楚客户为什么购买自己的产品。许多情况下，销售人员在朦朦胧胧中销出了产品，为跟进留下了疑问。因此，销售人员在写销售日志时，必须写清楚一天所拜访过客户的具体情况和情况分析，并对所有客户进行评定。客户档案必须写清楚客户的公司名称，负责人的名字和职务、固定电话、传真、手机号码、地址、网址、购货日期、购货数量、诚信度、购货的用途（是自己用还是替其他客户代购）。最好还能在客户档案中附上客户的营业执照和法人代码证复印件。总之，对客户了解得越清楚，跟进时就会越到位。

2. 积极回访

在客户购进产品的一周内进行回访，积极帮助客户解决出现的问题，一丝不苟地兑现售后服务承诺。这里要强调的是，即使公司有专门的售后服务部门，销售人员也要进行服务性跟进，为下一单打下感情基础。

3. 定期跟进，联络感情

定期跟进，逢年过节的短信问候，不但能加强与客户的感情联络，而且能让客户知道你是真心实意地关心他，知道你是一个重感情、懂情意的人。

任务实施

曾华接受任务后，运用物流客户服务成交促成策略，较快地熟悉了物流客户承诺跟进的流程，掌握了物流客户承诺跟进的几种方法，通过努力，顺利完成了公司物流客户服务成交及承诺跟进。

思考练习

一、不定项选择题

1. 职业形象是指在职场中在公众面前树立的印象，具体包括（　　）和知识结构四大方面。

A. 专业能力　　B. 外在形象　　C. 品德修养　　D. 心理健康

2. 一般来讲，开场白包括以下几个部分：感谢客户接见、寒暄、（　　）、转向探测需求。

A. 赞美　　B. 介绍来访目的　　C. 自我介绍　　D. 介绍物流商品

3. PDCA 循环是按照（　　）顺序进行质量管理，并且循环不止地进行下去的科学程序。

A. 计划　　B. 执行　　C. 检查　　D. 处理

4. 接待工作中的技巧主要有（　　）。

A. 言辞得体　　B. 动之以情　　C. 因人制宜　　D. 晓之以理

5. 接待规格有（　　）三种。

A. 高规格接待　　B. 低规格接待　　C. 中规格接待　　D. 对等接待

二、判断题

1. 正确的走姿是：轻而稳，胸要挺，头要抬，肩放松，两眼平视，面带微笑，自然摆臂。（　　）

2. 开场白一般来讲要以问题结束，好让客户开口讲话。（　　）

3. “出迎三步，身送七步”是迎送宾客最基本的礼仪。（　　）

4. 与顾客会谈、参加正式会议等，衣着应庄重考究；听音乐会或看芭蕾舞，则应着正装；出席正式宴会时，则应穿中国的传统旗袍或西方的长裙晚礼服。（　　）

5. 胆汁质型的物流客户一般多愁善感，情绪表现持久而深刻，能注意到别人容易疏忽的细节。（　　）

三、思考题

1. 物流客服人员常见的几种不良之举有哪些？

2. 如何制定物流客户接待计划？

3. 吸引物流客户注意力常用的方法有哪些?

4. 物流客户接待工作中常见的技巧有哪些?

5. 根据本章所学，与同学合作，到企业中收集 1～3 个物流客户接待的失败案例，并分析原因。

四、案例分析题

案例一　第一次接待客户的经历和感受

2019 年 9 月 25 日，我在公司第一次接待了我的客户——三位乌克兰人，两男一女。说实话，我很紧张，但是我一直鼓励自己，一定要好好做！这次的接待对我来说是一种考验，因为从接客户、谈生意、请客户吃饭、送客户回酒店，一路只有我和司机（当然，谈生意的时候，司机是不在的）。

接客户到公司的途中，我先问候了客户，之后一直都是客户问我答。当然，因为生活中的词汇很有限，答得都很简单。路途很遥远，客户慢慢进入睡眠状态。到公司之后，我先领客户进样品间，放下行李，接着带客户参观了工厂，介绍了工艺流程，然后又回到样品间，开始正式的生意洽谈。洽谈期间，部长进来和客户握手后就离开了。客户有问到我们老板，我解释，今天我们开年终会议，老板来不了，客户显然很失望。因为他们要和我们签订一个长期合作合同，老板竟然不在，而整个接待过程中，也只有我这个资质才五个月的业务员。好在谈判过程中，我对公司的产品及价格等信息很熟悉，没有让客户感觉到不放心。客户把总合同给我，让我审核后给老板签字盖章后邮寄给他们。我一看合同，上面写的是 120 万美元，甚是激动！好在谈判期间没有出什么岔子。

说实话，如果只是纯粹谈生意的话，我不会特别紧张，因为经过五个月的磨炼，我已经可以独立应付了，但之后要请客户吃饭，我都不知道去哪里吃，幸好司机知道（他有送过老业务员的客户去吃饭）。进了饭店，就是点菜了，有中英文的菜单，我平时生活方面的英语接触得太少了，很多东西都不知道怎么表达，客户估计看出来我有些紧张，就找些话题和我聊天，聊我的工作、待遇、学校、家庭。谈这些的时候，我真的感觉他们好亲切。当我谈到我大学的学费是贷款的、我准备自己还的时候，他们对我的勇气表示赞许。当他们知道我的父母工资很低却供我们三兄妹读大学的时候，他们对我的父母又表示了很高的敬意，说我的父母很了不起，还说如果第一单合作顺利的话，以后会下很多订单给我（我知道这是他们的善意的愿望，并不一定是可以成为现实的），我对他们的友善话语充满感激。

说到这里，我要补充一点：我们公司在余姚，客户当时让我去义乌接他们的。老业务员知道这一消息后，就问我有没有合作过，当我说没有的时候，他们很不屑一顾，意思是说没有必要去这么远接的。或许他们做业务久了，麻木了吧，在我看来，即使不做生意，去接一下又有何妨呢，人家毕竟是从国外过来的，这么远就是来拜访我们公司的，即使只是做朋友也应该去接的。

请他们吃饭是我自己出的钱（公司是不负责这个费用的），当时我的基本工资只有 2 000 元/月，那顿饭花了我 400 多元，但是我一点儿也不心疼，心想即使不做生意，能和这么友好的人做朋友也好啊。吃完饭，我把客户送回酒店，这次接待算是圆满结束了。

这个客户，到现在都在和我合作，下订单时也不和我还价。当然，我报的价格是很合理的，对于好客户，我一向是尽力提供折扣的。

思考：

（1）如果是你，你会如何接待这些客户？

（2）这个案例给你什么启示？

案例二　上海八方物流有限公司为国有企业量身设计物流服务

A 企业为一家大中型国有企业，随着服务竞争时代的到来，A 企业原本适用的经营方式和管理模式正在逐步显现出不足之处。主要表现在：产品经销商对 A 企业的忠诚度不够，产品物流系统较为混乱，采购、生产和销售难以实现一体化运作，无法为客户提供更优越的物流服务，没有充分利用已经建立的物流渠道；销售网络从广度来看较为狭窄，覆盖面不够，从深度来看渗透力不够，到一级代理商即止，对终端客户没有形成控制力；品牌知名度不够，市场影响力不强。A 企业请上海八方物流有限公司（简称八方物流）给予支持辅助。八方物流是上海一家注册的物流公司，永无止境的服务是公司始终追求的目标。

八方物流给 A 企业设计的物流客户服务方案如下：

（1）改造现有的物流系统结构，建立以杭州物流中心为核心、各异地仓库配送中心为骨架的物流网络。

（2）调整仓储，形成以杭州仓库为中心仓库、各异地仓库为配送仓库的总体格局，中心仓库包括原材料仓库、轮胎仓库和车胎仓库。根据 A 企业的销售量，在全国划分六个异地仓库配送中心，整合、收编各大区内一级代理商的仓库或新建仓库，并由八方物流进行库存管理和配送管理。

（3）统一调度运输供应，A 企业将所有干线运输和异地区域配送的业务统一外包给八方物流，由八方物流进行物流资源的整合。

（4）加强物流信息化，建立以条形码为核心的信息系统。八方物流根据 A 企业对条形码的要求，投资开发物流管理系统。该系统包括调度管理系统和仓储管理系统两大部分，适用于总部物流中心和各异地配送中心。

（5）改革现有销售模式，逐步取消一级代理商。八方物流建议 A 企业建立集商流、物流为一体的销售模式，将销售点设在各异地配送仓库内，销售系统和物流系统相互独立，各异地销售处人员接受总部销售处的指令，各异地配送中心接受八方物流总部的指令，八方物流总部接受总部销售处的指令。异地销售人员接到各代理商和终端客户的订单时，由异地配送中心直接交货到代理商的下一级客户或终端客户，在此过程中逐渐打响 A 企业品牌，做好 A 企业服务，最终实现终端客户直接向 A 企业下单，淘汰中间代理商。

（6）解决变革产生的遗留问题。任何变革都会对原体系产生影响，对原体系中的元素（即人和生产资料等）进行重新分配和安排，A 企业的变革当然也不例外。八方物流作为这场变革的参与者，和 A 企业共同解决了这些问题。

经过以上各项改革，A 企业有关部门的功能实现了转变，各地建立了物流、信息流和资金流一体化的异地配送中心，实现了以下效果：

（1）A 企业的服务可以直接影响终端客户，可以使 A 企业摆脱代理商的制约，将生命线牢牢控制在自己手里。

（2）A 企业的物流效率更高，对所有客户基本可以实现自确认客户订单后 2 天内到货的承诺，部分客户甚至可以实现当天到货，这将大大有利于 A 企业的销售，有利于缩短资金周转周期。

（3）有效地提高了对高频率、小批量的零散订单的履行能力，为改革现行的代理制度奠定了基础，使 A 企业向终端客户的配送成为可能。

（4）为解决 A 企业销售渠道浅而狭窄的问题提供了现实条件，有利于 A 企业的销售渠道从广度和深度上进行拓展，从而达到使 A 企业的直销网络覆盖终端客户的目的。

（5）通过稳定部分车源进行异地配送，在车辆上和各异地配送中心打广告等方式，使 A 企业的品牌深入人心，从而在全国范围内打响 A 企业品牌。

（6）将异地配送仓库设在配套工厂周边，大大提高了 A 企业对配套工厂的配套能力，缩短了 A 企业的服务响应时间。

（7）由于建立了高效的、以条形码为核心的物流系统，各异地配送中心和总部物流系统形成了点到点的对接，一方面使 A 企业决策层可以随时了解总部物流中心和异地配送中心的实时库存，从而保证库存的最小化，降低库存资金积压；另一方面最大限度地缩短了信息交流时间，减少了信息交流成本。

（8）由于实现了将销售物流统一外包给八方物流，一方面降低了 A 企业的管理难度，另一方面有利于实现物流的规模效应，为降低物流成本提供了有利条件。

思考：

（1）八方物流是如何给 A 企业量身定制物流客户服务方案的？

（2）八方物流的服务能给你什么启示？

项目四 物流客户投诉管理

【学习目标】

知识目标：

1. 了解物流客户投诉受理流程；
2. 理解物流客户投诉处理内容；
3. 掌握物流客户投诉处理后服务跟进的原则。

能力目标：

1. 掌握物流客户投诉受理技巧；
2. 能把握物流客户投诉处理后服务跟进的要点；
3. 能根据物流客户投诉要求处理好客户投诉。

【重点难点】

本项目的重点是物流客户投诉的受理和处理，难点是物流客户投诉处理后服务的跟进。

任务一
物流客户投诉受理

任务描述

曾华工作一段时间以后，因为子公司业务繁忙，被调到子公司客服总台担任话务员。一天下午5点，曾华接到电话，客户王先生十分愤怒，抱怨说已在上午10点打电话下单，并要求公司在下午2:30之前派人去提货，可已经到下午5点了公司业务员还未去提货。曾华一时被客户的不良情绪吓得不知所措，不知该怎样受理客户的投诉。其实，作为公司的客服人员，他先要稳定客户的情绪，接下来按流程受理即可。为此，曾华需要完成以下两项任务：

（1）依照物流客户投诉受理流程受理投诉；

（2）运用物流客户投诉受理技巧恰当受理。

知识准备

一、物流客户投诉的原因及受理方式

任何一个组织，包括企业、政府机关、非营利机构，只要提供产品或服务，都有可能遇到投诉，物流企业也一样。所谓客户投诉，是指客户对企业服务不满意，从而提出书面或口头上的异议、抗议、索赔和要求解决问题等行为。物流客户投诉则是指在办理物流业务或在接受物流服务的过程中，通过各种途径反映其对产品或服务的不满、抱怨、责备及要求追究责任的行为。客户投诉是每一个企业皆会遇到的问题，它是客户对企业管理和服务不满的表达方式，也是企业有价值的信息来源，为企业创造了许多机会。因此，如何利用处理客户投诉的时机赢得客户的信任，把客户的不满转化为满意，锁定他们对企业的忠诚度，获得竞争优势，已成为企业客服实践的重要内容之一。

（一）物流客户投诉的原因

一般来说，造成物流客户投诉的原因有三种。

第一种是不可控的因素，如因天气、战争、罢工、事故等不可抗力造成延误、损失

等，从而引起客户投诉。

第二种是服务不到位造成的客户投诉，即物流客户常常对服务过程不满或对服务结果不满。初始不满表示没有得到预期效果，客户投诉必然会升级，甚至可能与物流企业对簿公堂。具体原因有以下几种：

(1) 业务人员操作失误。如计费重量确认有误，货物包装破损，单据制作不合格，报关/报检出现失误，运输时间延误，结关单据未及时返回，舱位无法保障，运输过程中货物丢失或损坏等。

(2) 销售人员操作失误。如结算价格与所报价格有差别，与承诺的服务不符，对货物运输过程监控不利，与客户沟通不够，有意欺骗客户等。

(3) 供方操作失误。如送（提）货时不能按客户要求操作，承运工具未按预定时间起飞（航）等。

(4) 货代操作失误。如货代对收货方提供的服务达不到对方要求，使收货方向发货方投诉而影响货代与发货方的合作关系等。

第三种是物流客户自身原因引起的投诉。总体来看，主要包括三个方面：一是客户没有物流商品（服务）方面的需要，二是客户没有足够的支付能力，三是客户没有购买的决策权。以上三种原因在物流客户那里体现为四种理由不购买。一是微不足道的理由，例如，客户说目前没有这个需要或预算已经用完。二是半生不熟的理由，客户接受你的商品（服务）时，为了与你较劲而不愿听取你的意见，这种往往容易达成协议。三是真实的反对，商品（服务）确实不适合客户。这又分两种情况：一是客户有需求但其未发现，你需要举出更多的例证来说服他（她）；二是你没有找对客户，你的商品（服务）确实不适合客户，这种情况下最好维护良好的人际关系，等待下次机会。四是客户不想当机立断作决定。

无论是真实的原因还是表面的理由，客户常常用话语和肢体语言向客服人员表明自己的投诉。究竟怎样获得客户真实的投诉呢？我们可以通过仔细观察客户的身体语言、认真询问客户以确认和澄清问题、用心聆听客户话语等办法，来获得客户真实的投诉特征。

（二）物流公司受理客户投诉的主要方式

1. 公司投诉中心受理客户投诉

客户直接去物流公司客服部设置的投诉中心投诉，工作人员按照程序受理和处理客户的投诉。还有一些物流公司设立流动巡查状态的投诉办公室，当接到客户投诉时，随时出动处理纠纷，这种投诉方式能够有效地处理突发客服投诉问题，体现“特事特办”的原则。

2. 网络受理客户投诉

客户通过物流公司的网站直接向物流公司投诉，这是一种便捷的投诉方式，也是物流公司受理客户投诉的方向和趋势。

3. 电话热线受理客户投诉

客户拨打物流公司呼叫中心的投诉热线投诉，呼叫中心的投诉受理人员进行现场解答或事后处理客户的投诉。这也是一种便捷、高效、经济的投诉受理方式。

4. 专业投诉站受理客户投诉

对一些专业性强、技术含量较高的投诉，现有客服人员可能由于受主客观条件的限制无法现场解答，这时可通过成立专业投诉站的方式来解决专业投诉问题。

二、物流客户投诉受理要点

（一）重视物流客户的投诉

重视物流客户的投诉要做到以下几点：

第一，当物流客户投诉或抱怨时，不要忽视任何一个问题，这里可能有一些深层的原因。对于客户投诉的重视，不仅可以增进企业与客户之间的沟通，而且可以发现企业内部经营与管理存在的问题，可利用客户的投诉和抱怨来发现企业需要改进的地方。

第二，要分析物流客户投诉的原因。客户因为不同的原因而投诉，处理客户投诉时，应仔细分析客户投诉的原因。比如，某客户办理一项快递业务，他对购买的服务基本满意，只是提出来要包装好并及时送达，可是物流公司业务人员不太礼貌地回应了他。于是他开始抱怨，投诉公司服务质量。而事实上，他更多的是抱怨业务人员的服务态度问题，而不是服务质量问题。

第三，要正确、及时解决问题。对于物流客户的投诉应该及时处理，拖延时间只会使客户的抱怨变得越来越强烈，使客户感到自己没有受到足够的重视。例如，客户抱怨物流公司出租的汽车质量太差，公司通过调查，发现主要原因在于客户的使用方法不当。此时应及时告诉客户正确的使用方法，而不能简单地认为与公司无关，不予理睬。

第四，要记录物流客户投诉与解决情况。对于客户的投诉与解决情况，业务人员要做好记录，并定期总结，发现未解决的问题要及时解决。

第五，要追踪调查物流客户对于投诉处理的态度。处理完客户的投诉之后，应该与客户积极进行沟通，了解客户的态度和看法，加强客户对企业的忠诚度。

（二）掌握物流客户投诉受理技巧

在受理投诉时，除了依据物流客户投诉受理的一般流程之外，还要注意与物流客户的沟通，改善与物流客户的关系，从而赢得客户的支持与谅解。受理物流客户投诉的具体技巧如下：

（1）要有平常心。对物流客户的投诉要保持平常的心态。客户抱怨时常常带有情绪、比较冲动，物流企业客服人员应该体谅客户的心情，以平常心对待客户的过激行为，不要把个人的情绪变化带到投诉处理过程中。

（2）要保持微笑。俗话说："伸手不打笑脸人。"物流企业客服人员真诚的微笑能化解物流客户的情绪，满怀怨气的客户在面对春风般的微笑时会不自觉地减少怨气，与企业友好合作，达到双方满意的结果。

（3）要善于从客户角度思考。在受理物流客户投诉时，应站在客户的立场思考问题，假设自己遭遇客户的情形，将会怎样做。这样能体会到客户的真正感受，找到有效的办法来解决问题。

（4）要做个好的倾听者。大部分情况下，投诉的物流客户需要忠实的倾听者，喋喋不休的解释只会使客户的情绪更差。面对客户的抱怨，应掌握好聆听的技巧，从客户的抱怨中找出客户抱怨的真正原因，以及客户对于抱怨期望的结果。

（5）要学会积极运用非语言沟通。在聆听客户投诉的同时，积极地运用非语言沟通，促进物流客户与企业的相互了解。比如，注意用眼神关注客户，使客户感觉到受到重视；在客户讲述的过程中，不时点头表示肯定与支持，鼓励客户表达自己的真实想法。

动脑筋 4－1

你有什么样的策略和技巧应对呢？

海生快速消费品公司委托一通物流公司承运到达广州和东莞的货品，按照合约规定，一通物流公司应该通过行邮方式发运。一通物流公司人员将货品卸往行邮基地之后，并未对是否装载上车进行监督，与行邮人员交接货品之后即自行离去。海生快速消费品公司跟踪人员次日进行始发跟踪时，一通物流公司跟踪人员反馈货品已经装载上车，可以正常到达。海生快速消费品公司广州分公司人员派车前往到货点收货时，发现该票货物根本没在车上，故致电一通物流公司查询该票货物具体所在。一通物流公司反馈，7 月 19 日当日因为计划紧张没有装载上行邮，故装载的是 7 月 20 日的行邮，而且在查询时，行邮按照计划已到达武汉附近。此时，海生快速消费品公司已经没有任何方法更改此次运输。这件事导致海生快速消费品公司对客户的到货预报失误，广州提货车因提不到货品导致空驶，引起客户投诉。海生快速消费品公司又投诉一通物流公司。如果你是一通物流公司的客服经理，你有什么样的应对策略和技巧呢？

任务实施

接到客户的电话投诉，曾华在稳定了客户的情绪后，先运用所学的受理客户投诉的技巧，再按照物流客户投诉处理的步骤，受理王先生的投诉。

任务二 物流客户投诉处理

任务描述

中国网上零售师大赛委员会通过曾华所在的公司给某职业技术学院连锁经营教研室寄了一套初赛选拔的试卷。考试在下午1:30开始，可是当天中午11:00该职业技术学院还没有收到试卷，大赛委员会说很早就寄出了，应该在两三天前就到了。负责这件事的刘老师十分着急，拼命地与曾华所在公司联系询问情况。公司总部说快件两天前就已经到湖州了，要刘老师向湖州分公司咨询。湖州分公司说这个快件已经被领走了，签名的就是刘老师。刘老师愤怒地要求核对笔迹，并向公司总部投诉，要求曾华所在子公司承担相应的后果。不久证明，该快件是湖州分公司员工由于快递详情单上刘老师的电话号码出错，联系不上刘老师，才冒名签收放在湖州分公司了。曾华受理了刘老师的投诉，却不知怎么办才好。其实处理好这起投诉并不难，曾华只要做好以下两点：

（1）准确区分物流客户投诉的内容；

（2）在弄清物流客户投诉要求的基础上按预案处理。

知识准备

一、物流客户投诉处理程序和方法

（一）物流客户投诉的分类处理

客户投诉主要分为产品质量类投诉和非产品质量类投诉两个方面。

（1）产品质量类投诉。质量是企业的生命线，关系到企业在激烈竞争中的生死存亡。涉及与物流企业有关的服务质量的投诉，物流企业应该特别重视。

（2）非产品质量类投诉。即由内部管理和外部服务的漏洞引发的，如物品数量不足、送货期限延迟、单价不同、物品的编号和颜色不对、员工服务态度不当等原因造成的客户投诉。

（二）物流客户投诉的级别评定

物流客户投诉可以根据质量和非质量标准进行级别划分，具体见表4-1。

表 4-1　物流客户投诉的分类级别

级别	与产品质量有关的投诉	与产品质量无关的投诉
一般投诉	（1）发生小故障； （2）造成一定的经济损失	（1）给客户带来不便； （2）引发一定的经济损失
特别投诉	（1）由于产品性能发生大的故障，给客户带来巨大的经济损失； （2）出现危及人身安全的情况； （3）存在发生大量故障的隐患	（1）与法律法规相冲突； （2）引发巨大的经济损失； （3）造成客户的强烈不满
其他投诉	客户的过度期望或错误认识引发	超出企业的承诺范围

（三）处理客户投诉的程序

（1）建立客户意见表（或投诉登记表）等。接到客户投诉或抱怨的信息，在表格上记录下来，如公司名称、地址、电话号码和原因等；同时及时将表格传递到客户服务人员手中，记录的人要签名确认，如办公室文员、接待员或业务员等。

（2）客户服务人员接到信息后即通过电话、传真或到客户所在地进行面对面的交流沟通，详细了解投诉或抱怨的内容。

（3）分析这些问题信息，并向客户做好说明及解释工作，规定与客户沟通协商的时间。

（4）将处理情况向领导汇报，客户服务人员提出自己的处理意见，申请领导批准后，要及时答复客户。

（5）客户确认处理方案后，签下处理协议。

（6）将协议反馈回企业有关部门实施，如需补偿相关物品，通知仓库出货；如需送小礼物，通知客服管理人员发出等。

（7）落实跟踪处理结果，直到客户满意为止。

（四）处理客户投诉的方法

1. 确认问题

认真、仔细、耐心地倾听客户说话，并边听边记录，在对方陈述过程中判断问题的起因，抓住关键因素。

尽量了解投诉问题发生的全过程，听不清楚的，要用委婉的语气进行详细询问，注意不要用攻击性言辞，如："请你再详细讲一次"，"请等一下，我有些不清楚……"

把你所了解的问题向客户复述一次，让客户予以确认。了解完问题之后征求客户的意见，如他们认为如何处理才合适、他们有什么要求等。

2. 分析问题

在自己没有把握的情况下，现场不要下结论、下判断，也不要轻易承诺。最好将问题与同行服务人员协商一下，或者向企业领导汇报一下，共同分析问题。

分析问题的要点包括：问题严重到何种程度？你掌握的问题达到何种程度？是否有

必要再到其他地方作进一步了解？如果客户所提问题不合理，或无事实依据，如何让客户认识到此点？解决问题时，客户除要求经济补偿外，还有什么要求？

3. 互相协商

在与同行服务人员或与公司领导协商、得到明确意见之后，由在现场的服务人员负责与客户交涉协商。协商之前，要考虑以下问题：（1）公司与投诉者之间是否有长期的交易关系？（2）当你努力把问题解决之后，客户有无今后再度购买的意愿？（3）争执的结果可能会造成怎样的善意或非善意口传（即口碑）的影响？（4）客户的要求是什么？是不是无理要求或过分要求？（5）公司方面有无过失？过失程度多大？

作为公司意见的代理人，要决定给投诉者提供某种补偿时，一定要考虑以上条件。如果属公司过失造成的，对受害者的补偿应丰厚一些；如果是客户方面不合理，且日后不可能有业务来往，可以大方、明确地向对方说“不”。与客户协商时同样要注意言辞表达清楚明确，尽可能听取客户的意见和观察其反应，抓住要点，妥善解决。

4. 处理及落实处理方案

协商有了结论后，接下来就要做适当的处置。将结论汇报给公司领导并征得领导同意后，要明确、直接地通知客户，并且在以后的工作中要跟踪落实结果。处理方案中有涉及公司内部其他部门的，要将相关信息传达到执行的部门中，并进行监督和追踪，直到客户满意为止。

（五）处理客户投诉的注意事项

1. 耐心多一点

在实际处理中，要耐心地倾听客户的抱怨，不要轻易打断客户的叙述，不要批评客户的不足，而是鼓励客户倾诉下去，让他们尽情宣泄心中的不满。当客户的不满情绪得到发泄之后，就能够比较自然地听进服务人员的解释和道歉了。

2. 态度好一点

客户有抱怨或投诉，表现出对企业的产品及服务的不满意，从心理上来说，他们会觉得企业亏待了他们。因此，如果在处理过程中客服人员态度不友好，就会让他们的心理感受及情绪更差，从而恶化与客户之间的关系。若服务人员态度诚恳，礼貌热情，则会降低客户的抵触情绪。俗话说：“怒者不打笑脸人。”态度谦和友好，会促使客户平解心绪，理智地与服务人员协商解决问题。

3. 动作快一点

处理客户投诉和抱怨的动作快，一来可让客户感觉受到尊重，二来表示企业解决问题的诚意，三来可以及时防止客户的负面情绪对企业造成更大的伤害，四来可以将损失减至最少。一般接到客户投诉或抱怨的信息，应当立即通过电话或传真等方式向客户了解具体内容，然后在企业内部协商好处理方案，最好当天给客户答复。

4. 语言得体一点

客户对企业不满，在发泄不满的言语陈述中可能会过激，如果客服人员与其针锋相对，势必会恶化彼此关系。因此在解释问题的过程中，客服人员措辞应十分注意，要合情合理、得体大方，不要说伤人自尊的言语，尽量用婉转的语言与客户沟通，即使是客户存在不合理的地方，也不要过于冲动，否则，只会使客户失望并很快离去。

5. 补偿多一点

客户抱怨或投诉，很大程度上是因为他们购买企业的产品后导致利益受损，因此，客户抱怨或投诉之后，往往会希望得到补偿。这种补偿有可能是物质上的，如更换产品、退货或赠送礼品等；也可能是精神上的，如道歉等；有时是物质及精神补偿同时进行。在补偿时，企业认为有必要进行补偿才能弥补客户的，应该尽量补偿多一点，客户得到额外的收获，会理解企业的诚意从而对企业再建信心。

6. 层次高一点

客户提出投诉和抱怨之后，都希望自己和问题受到重视，往往处理这些问题的人员的层次会影响客户期待解决问题的情绪。如果高层次的领导能够亲自到客户处处理或亲自给予电话慰问，会化解客户的许多怨气和不满，比较容易配合客户服务人员进行问题处理。因此处理投诉和抱怨时，如果条件许可，应尽可能提高处理问题的客户服务人员的级别，如本企业领导出面（或客户服务人员任职为某部门领导）或聘请知名人士协助等。

7. 办法多一点

很多企业处理客户投诉和抱怨的结果，就是给他们慰问、道歉或补偿、赠小礼品等。其实解决问题的办法有许多种，除上述手段外，可邀请客户参观成功经营或无此问题出现的客户，或者邀请他们参加企业内部讨论会，或者给他们奖励等。

二、物流客户投诉的具体处理

并不是所有的投诉都是不利的，有时它反映了物流客户对商品（服务）的兴趣。学会认同客户的投诉，在客户可能会作出的投诉中，误解、怀疑、商品（服务）缺陷都可能有销售机会，甚至拒绝都可能带来销售机会。美国一项调查结果显示，受到客户拒绝的拜访成功率会提高10%。要认同客户的投诉，明白、理解客户的反应，但认同并不代表你同意客户的观点。

（一）物流客户误解的处理

物流客户误解源于客户对商品（服务）的不正确的理解或者对公司的不正确、不合理的推测性了解。误解是相对容易处理的投诉，处理客户的误解首先要确认产生误解的原因。以轻松的方式认同客户的误解，并加以解释，这就要求客户服务人员评估一下形势，只要澄清了误解，达成协议的可能性还是很大的。客户犯了错，我们很严肃地去纠正他的错误，会令他面子上下不来，如果把责任揽在自己身上，就能以轻松的方式一带而过。此外，客户服务人员还要重新陈述商品（服务）的特性和益处，这是因为误解消除之后客户心里会有阴影，会不舒服，通过重新阐述利益作为过渡，可以稳定客户的情绪，使客户慢慢接受你，再次强化商品（服务）的特性和益处，使客户对商品（服务）有好感。

动脑筋 4-2

客服人员应如何应对?

某快递公司承接了一项快运业务，向客户承诺四天送到。但是客户订货的货运单没有及时给客户送达，客户误解公司根本没有发货或延迟发货，对此很失望。快递公司客服人员该如何应对?

（二）物流客户怀疑的处理

物流客户怀疑是一个很好的机会，这说明客户很关注公司商品（服务）的卖点，也说明业务人员陈述的利益可能不是很清晰，未能够完全说服物流客户。这时需要大量的证明材料，其中一个有力的武器就是重要的文字证明材料。处理物流客户怀疑通常要遵循以下步骤：(1) 认同客户，必要时探询并确认疑虑。(2) 分析客户产生怀疑的原因，是对公司商品（服务）不了解，还是对业务人员不信任，或者对提供的商品（服务）证明资料不信任。(3) 根据分析结果提供证明资料，陈述相关利益。公司内部印制的资料，如果内容客观、印刷精美、减少商业性内容而增加技术性、功能性信息，可信度就会比较高。另外，国内专业机构的证书、媒体的报道等也是可信度很高的证明资料。(4) 拉近与客户的关系，取得进一步的信任。如果销售人员和客户已经成为老朋友，做过很多次交易，所说的已经得到多次的证明，可信度很高，就容易达成协议。相比而言，业务人员面对新的客户，在初次、二次甚至三次拜访时，信任度一直是客户考验的东西。并非每一次的销售拜访都能达到销售业绩（可能会在今天或是明天拿到订单，但并非每次都能拿到订单），但每一次拜访都应该得到人际业绩，令自己和客户的关系加强而非淡化。如果客户拒绝了你的证据资料则需要提供另一种合适的证据。通常要先询问客户希望的证据，当你提供的资料客户不信任时，你就提供另一种，若客户仍不信任，就直接询问："到底我做什么您才可以信任我呢?"或者"您希望我提供什么样的资料来证明呢?"如果客户是有意刁难你，他就会无话可说；如果他心目中有一个标准，就会告诉你，比如你的商品（服务）是否有国家某机构的证书。这样，你就有了一个目标。

此外，要善于和竞争对手作比较。当你的客户已受到了竞争对手的影响时，他通常已经被灌输了所有的特性和益处，如果你一再提及共同的特性和益处，他就会想："你提到的这些不过是你的竞争对手已经提到过的，没有什么特别。"你就有可能丧失让客户知道你的商品（服务）的特有益处的机会，因为此时他可能已失去耐心或对你的商品（服务）产生怀疑了。但如果你介绍的商品（服务）的独特之处使他产生了兴趣，他就会问："你们的商品（服务）还有没有其他的特性和益处呢?"这时你就可以说："其实

××商品（服务）所具有的某些功能我们也有。”这时，给客户的感觉是，你们已超越了竞争对手，你的商品（服务）不但有独特之处，同时具备你的竞争对手所拥有的特性和益处。所以，当我们推荐一种商品（服务）给客户，而他们正在使用竞争对手的商品（服务）时，这是一种技巧：先介绍商品（服务）独特的益处，再介绍共同的益处，千万不要提及竞争对手商品（服务）的特性和益处。

动脑筋 4－3

你觉得该如何处理?

希望同城搬运公司承接了一批配送业务，A客户要求公司在9月1日下午3时上门服务。公司9月1日早上就调度好了全天的车辆和人员，然而由于中午的B客户临时增加了搬运车次和交通拥堵等情况发生，搬运人员没能准点给A客户提供上门服务。当公司给出解释时，A客户怀疑搬运公司先安排了别家，最后才到自己这里来，认为搬运公司不诚信经营，要求道歉索赔。你觉得该如何处理?

(三) 物流客户拒绝的处理

物流业务往往是从拒绝开始的，拒绝的出现同样代表了机会，拒绝会带来更多的成功可能。无论客户直接或婉转拒绝，我们一般要按照一定的处理客户拒绝的步骤来应对。首先，要询问客户拒绝的原因，知道客户的回答往往是推托的借口。业务人员的一个严峻的任务就是找到客户拒绝的真实的原因。接着要降低客户的不满，当客户不同意你的观点或信息时，如果你跳起来反击，客户会有更激烈的反应，火上浇油，争执愈烈，最终导致关系破裂。这时，需要的是协调。等客户没那么不满了，再发表自己的观点。其次，要从以下几个方面说服客户，比如客户感兴趣或已接受的特性和益处，你的商品（服务）与竞争者相比的独特之处，尽量不要说对手的不好，只要说你的好在哪里就可以了。如果迫不得已，客户主动要求你比较你的商品（服务）和竞争对手的商品（服务），你可以这样回答：首先说一句竞争对手的好话，然后陈述自己商品（服务）的优点，特别是符合客户其他需求的特性和益处要说明。为什么要这么做呢？因为如果你把别人说得一钱不值的话，客户会觉得你刻薄，为了自己的利益不择手段。但如果你能看到别人的好处，就会显得你是一个公正的、值得信赖的人。最后，建议客户全局考虑，可能我们的物流商品（服务）在价格、服务或回款方面有不足之处，可是没关系，我们有其他方面的特性和益处，可以补足这方面的不足。

动脑筋 4－4

为什么总是不签单?

某物流公司业务科小王这段时间一直在开发一个大客户，希望接下对方的物流业务，可是对方负责人总是嘴上说："好好好，你们的服务不错，我们认真考虑一下，过两天给你打电话。"或者"不错，我跟领导汇报一下，等一有结果我会马上通知你。"可就是不签单！小王很困惑。你知道为什么吗？

（四）物流客户商品（服务）缺陷的处理

全部满足客户需求的十分完美的物流商品（服务）可能很少，大多数物流商品（服务）是有缺陷或存在不足的，物流公司的商品（服务）很难满足所有客户的所有需求。这时需要业务人员告诉客户任何商品（服务）都不可能是完美无缺的，面对现实，从全盘向客户解释，使用"拼图观念"引导客户全局考虑。有的时候，商品（服务）的缺陷只是拼图中的一块或两块，我们要做的事就是告诉客户："如果代表我们商品（服务）缺陷的一块、两块对您很重要的话，我无话可说；但如果这一块、两块不足以抵消其他因素对您的吸引的话，那么为什么不从全局考虑呢？"无论对于真实的意见还是对于拒绝，"拼图观念"都是一种很有效的解决办法。

其实，客户的心中是存在一个天平的：一边是物流商品（服务）的特性和益处，一边是物流商品（服务）的缺陷。如果要客户去购买商品（服务），肯定是特性和益处远远重于缺陷；如果缺陷远远重于特性和益处，客户肯定会选择拒绝。

总之，无论面对哪种投诉，指导思想就是增加客户心中商品（服务）特性和益处的分量，减轻商品（服务）缺陷在客户心中的分量。

动脑筋 4-5

怎样才能不发愁？

某物流公司承接了某大型连锁超市的物流配送业务，该连锁超市希望物流公司能同时将各门店不符合订单要求的商品、接近有效期的商品和有瑕疵的商品运回给上游供应商，并负责将各门店所持有的废旧物品或者不再需要的物品，回收到供应链上的各节点企业。由于这些逆向物流中的商品通常缺少规范的包装，又具有不确定性，难以充分利用运输和仓储的规模效益，许多商品需要人工检测、判断和处理，因此效率低下，给物流公司带来很大浪费。物流公司经理想推掉又怕影响了整个合作关系，一直为这件事发愁。

任务实施

作为子公司临时借调员工，曾华受理了刘老师的投诉后，在部门主管的指导下，先是准确区分刘老师投诉的具体内容及特点，并在全面掌握刘老师的投诉要求后，按预案作出了相应的处理。

任务三
物流客户投诉处理服务跟进

任务描述

2015 年 1 月 1 日，南京电视台决定将自有购物品牌“水之鸟”公司的产品仓储集散中心从苏州转移至南京。曾华所在的物流公司依靠仓储＋配送＋代收货款“一条龙”服务模式赢得了该电视台物流配送外包业务，公司经理承诺“你们只管销售，剩下的事情交给我们”。但是实际配送中常常出现代收货款回款不能及时送达、配送质量也不能满足顾客要求的现象，于是南京电视台向物流公司提出投诉。出了这些问题，怎么办？请问：曾华应该怎样做才能打消客户顾虑，跟进客户承诺呢？要做到这一点，曾华需要完成以下两项工作任务：

（1）能依照物流客户投诉处理后服务跟进的原则做好跟进工作；

（2）能把握服务跟进的要点，处理好物流客户投诉。

知识准备

物流客户投诉是非常正常的现象，可以说没有投诉的公司是不正常的，投诉率高的物流公司也不一定就是不好的公司。投诉能指出公司在服务过程中应改善的环节，能使有意见的客户重新接受物流公司。所以客户投诉并不可怕，关键是物流公司如何对待、如何处理。一般来说，物流客户投诉处理服务跟进要坚持以下原则。

一、换位思考原则

在接受投诉处理的过程中，必须以维护公司利益为准则，学会换位思考，以尊重物流客户、理解物流客户为前提，用积极诚恳、严肃认真的态度，控制自己的情绪，以冷静、平和的心态先处理物流客户的心情，改变物流客户的心态，然后处理投诉内容。不能因为一个小小的失误导致投诉处理失败，从而引发马太效应，导致一系列投诉事件的发生。

二、有法可依原则

物流公司每天都要面对形形色色的投诉，如果不加甄别，认为每件投诉都是有效的，那么管理水准再高的物流公司也忙不过来，一方面承担了本公司不该承担的责任，另一方面还会成为物流客户的申诉地。这样一来，物流公司将会成为一锅大杂烩，从而导致工作权限不清、出力不讨好。因此在物流客户投诉处理服务跟进时，在稳定物流客户情绪的情况下，必须对投诉事件进行有效投诉与无效投诉之分，提高物流公司的工作效率。凡在物流服务合同条款内的投诉属于有效投诉，凡不属于该范围的投诉均属于无效投诉。当然，这要求物流公司的相关工作人员熟悉物流的相关法律、法规。

三、快速反应原则

投诉事件的发生具有偶发性，且物流客户大多是带着情绪而来，若处理不当，小则导致物流客户拍案大怒引起关联物流客户围观，影响公司品牌形象，大则物流客户一怒之下向新闻媒体报料，给公司造成极大的负面影响。这种情况要求物流公司必须快速、准确地识别物流客户的投诉是否有效。若有效，当场可以解决的必须予以解决，需要其他部门共同解决的，必须在沟通机制有效畅通的基础上给予解决；若现场无法解决，经与物流客户协商约定投诉解决的具体时间、期限，并在规定期限内给予圆满解决。面对重大的投诉问题，一定要第一时间向上反映信息，第一责任人要亲自处理，同时要把握好与新闻媒体的关系。

四、适度拒绝原则

在满足客户的要求时，若为有效投诉，物流公司应按照物流客户投诉处理服务体系处理；若为无效投诉，如果时间、人力资源允许，物流公司可以协助解决，否则可以大胆拒绝。

五、彻底原则

物流公司在接受与处理客户投诉的前后过程中，要“从一而终”“治病治根”，彻底解决客户的投诉，切忌零零碎碎、虎头蛇尾。

六、及时总结原则

投诉在很多时候无法避免，若就事论事，只满足于投诉处理过程的控制，让物流客户满意而归而不注意事后的跟踪及投诉案例的分析、总结、培训，则同类投诉事件仍会继续发生。如此周而复始，对物流公司服务失去耐心的物流客户将从侧面传播公司的负面信息，导致公司声誉、品牌受损。总结、改进、培训一方面是为了提高相关人员的技术水准，另一方面则是为了少投诉，为下一步工作打下良好的基础，并在此基础上提升客户满意度，增强公司竞争力和公司品牌知名度。

任务实施

面对客户的顾虑，曾华所在物流公司要依照物流客户投诉处理服务跟进的原则做好跟进工作，并把握服务跟进的要点，这样才能处理好物流客户投诉跟进，逐步打消客户顾虑并跟进客户承诺。

思考练习

一、不定项选择题

1. 物流客户投诉有（　　）、怀疑和商品（服务）缺陷五种。

A. 不关心　　B. 拒绝　　C. 误解　　D. 心理障碍

2. 造成物流客户不购买的本质原因是（　　）。

A. 客户没有物流商品方面的需要　　B. 客户没有足够的支付能力

C. 客户没有购买决策权　　D. 客户不喜欢物流商品

3. 物流客户各种投诉中，（　　）是投诉中最难处理的一种。

A. 不关心　　B. 拒绝　　C. 误解　　D. 怀疑

4. 处理客户投诉的技巧主要有（　　）。

A. 平常心　　B. 换位思考　　C. 保持微笑　　D. 倾听

5. 物流客户误解源于（　　）或者对公司的（　　）了解。

A. 对商品不正确的理解　　B. 对服务不正确的理解

C. 不合理的推测性　　D. 不正确的推测性

二、判断题

1. 物流客户怀疑将使公司失去机会，因为客户不愿意关注公司商品。（　　）

2. 无论面对哪种投诉，指导思想就是增加客户心目中商品特性和益处的分量，减轻商品缺陷在客户心目中的分量。（　　）

3. 隐性不满，即客户有所不满但不说出来，以后可能再也不来消费了，无形之中使企业失去了一个客户，甚至是一个客户群。（　　）

4. 要重视物流客户的投诉，当客户投诉或抱怨时，不要忽视任何一个问题，因为里面可能有一些深层的原因。（　　）

5. 在聆听客户投诉的同时，积极地运用非语言沟通技巧，促进物流客户与企业的相互了解。（　　）

三、思考题

1. 物流客户不购买的本质原因是什么？

2. 面对物流客户拒绝，你能想到哪些办法说服客户购买呢？

3. 谈谈物流客户投诉管理流程在实际工作中的价值。

4. 你学到了哪些应对物流客户投诉的技巧？

5. 根据本项目所学，与同学合作，试为你们所熟悉的物流企业准备一套物流客户投诉问题集锦。

四、案例分析题

案例一　物流服务质量投诉案例分析

2019 年 3 月 7 日，榄菊工厂发出一车货物至“平阳县日用品商行”，货物重量为 19.23 吨，体积为 61 立方米，提货车牌号为粤·T××××××，后由于货物体积偏大，中途改为车牌号赣·K××××××的平板车于 2 月 11 日送至客户处。3 月 11 日下午客服跟踪订单时，客户表示货物送到时放置较乱，同时榄菊工厂工作人员发来一封投诉邮件，投诉我公司未按要求送货，表示情节严重，严重违反了《榄菊销售有限公司物流商考核管理规定》对运输车辆的管理及要求，并称一个多月前曾发起过一次类似投诉，我司给出了整改方案，但实施状况不良好，榄菊工厂工作人员要求我司跟进平阳客户异常情况处理，责令对此次事件作出相应的整改措施。

我们分析认为：运输中途换车、货物摆放杂乱，严重违反了客户到货要求，整改方案做了但实施不到位，导致重复投诉。客户投诉问题并非搬运问题，而是中途换车和货物到货情况不好，货物摆放杂乱，付不付搬运费并不是导致客户投诉的直接原因。

我们因而提出解决方案如下：

方案一：今后严格按照贵司的合同要求规则送货；加强对车队及司机的服务意识培训，发生异常问题务必第一时间反馈给我司分部，由我司分部协调解决；我司分部人员及客服人员加强与客户沟通，让客户支持我司工作，避免投诉；如遇车队及司机确实无法完成我司及贵司的配送任务，直接列为黑名单，永不录用。

方案二：让客户与供应商沟通，杜绝经销商工作人员乱收费的情况，以免影响司机服务质量；凡是类似的订单，尽量不要下到 61 立方米，控制在 55 立方米左右，否则一台 9.6 米的车装车非常困难，容易导致司机在路上被开罚单。

思考：

（1）你觉得我公司在这起物流业务中有哪些不足？

（2）如果你是公司客服部经理，你觉得他们的解决方案有什么不足？

（3）这件投诉平息后，你将与哪些部门做哪些沟通？

案例二　29 部手机途中丢失　快递公司全额赔偿

将价值 4 万多元的 29 部手机交由快递公司托运，途中竟然意外丢失，在证明了该批货物的实际价值后，货主要求快递公司全额赔偿损失的诉求得到了法院的支持。2019 年 5 月 27 日，江苏省启东人民法院一审判决，被告某快递公司 10 日内全额赔偿给原告陆某损失共计43 380元。

汪某经营某快递部作为某快递公司在启东设立的经营网点，以该快递公司名义从事快运服务。2018年10月7日，陆某通过快递公司托运29部手机，该批手机价值43 380元，并填写了两份托运清单，一份交给快递员张某，一份自己留存。张某根据陆某提供的托运清单亲手清点、检查托运货物，后将托运清单放入包装箱内，在快运详情单经办人栏内签字后，将快运详情单第二联交给陆某。同日，陆某支付给张某托运费15元。张某收到陆某货物后将货物交给汪某。快递公司快件跟踪单上反映，该批货物到达上海分拨中心在发车后就没了下落，收件人也没有收到该批货物。经查明，张某是以每份一元的价格向汪某购买了快运详情单，并以该快递公司的名义联系业务。平时，张某收了货物后就放到快运车上，每次交给汪某一定的上车费。

关于本案的责任主体问题，法院经审理认为：陆某将货物交给快递公司承运，快递公司接受了承运，双方即形成了货运合同关系。该合同是当事人的真实意思表示，未违反法律、行政法规的强制性规定，应认定为合法有效，双方应按约履行义务。但快递公司在运输中灭失陆某托运的货物，已构成违约，故应当对丢失的货物承担损害赔偿责任。被告汪某是代理该快递公司在启东从事快运业务，而汪某将快运详情单卖给张某，张某以该详情单联系业务，作为陆某是不清楚快递公司、汪某及张某之间关系的，陆某有理由相信张某是代表快递公司的。因此，张某的行为构成表见代理，所产生的法律后果应由快递公司承担，故快递公司应当承担损害赔偿责任，被告汪某作为快递公司的代理人不承担责任。

关于托运货物的价值及赔偿数额的问题，被告快递公司认为，托运货物的数量、价值无从考证，应根据《中华人民共和国邮政法》的规定赔偿，而且快运详情单上已明确注明，如果造成邮件损失的话，最高按照运费的5倍来承担民事责任。法院认为：第一，经办人张某在庭审中对陆某提供的托运货物的清单予以确认，且其庭审中相关证言之间吻合，能印证托运货物的价值为43 380元，况且被告也未能提供相反证据推翻张某等人的证言；第二，被告快递公司不是邮政管理部门批准设立的邮政企业，所以不适用《中华人民共和国邮政法》的相关规定。据此，法院作出了如上判决。

思考：

（1）你认为法院判定快递公司全额赔偿合理吗？

（2）你认为快递公司从此次事件中可以吸取哪些教训？

项目五
物流客户关系维护

【学习目标】

知识目标：

1. 了解物流大客户管理划分依据；
2. 理解物流客户流失的原因；
3. 明白物流客户信用评估及风险防范的意义。

能力目标：

1. 能把握物流大客户关系营销要点；
2. 能灵活运用挽回物流流失客户的策略；
3. 能对客户进行风险等级评估管理。

【重点难点】

本项目的重点是物流大客户管理，难点是物流大客户关系维护。

任务一
物流大客户管理

任务描述

随着曾华所在物流公司的影响力进一步扩大，在国内吸引了越来越多的核心客户，更有一些企业与公司建立了长期的、良好的合作关系。曾华公司的老总为这些大客户推出了量身定制的“大客户发件管理系统”，这套系统推出之后，得到了客户的一致好评，为客户管理自己的货件提供了很好的帮助。大客户发件管理系统是该公司推出的VIP大客户自助服务软件，集发件、查询、对账等强大功能于一体，设置个性化操作界面，为客户提供全方位的贴心服务。在国内市场交出满意答卷之后，该公司还把业务拓展到了多个国家和地区，经过与国外多家当地物流企业联手后，已经悄然打入了国际市场。如果曾华所在公司想赢得更多大客户的青睐，应该从哪些方面完善自己的产品和服务呢？为此，曾华需要完成以下两项工作任务：

（1）准确理解大客户差异化需求；

（2）做好大客户关系营销。

知识准备

一、物流大客户的相关概念

物流公司的销售收入是由每个物流客户的订单构成的，但并不是每个订单都能为物流公司带来利润。物流公司因为人力、物力和财力有限，所以不可能对所有的物流客户一视同仁，不可能花费同样的精力来为每一个物流客户服务。为了更好地分配物流公司的资源来服务物流客户，物流公司需要对物流客户进行划分。

（一）物流大客户的含义

物流大客户又称为物流重点客户、物流主要客户、物流关键客户、物流优质客户等，简单来说就是指那些对物流企业而言占其客户数比例总体不高，但采购数额占了物流企业整体营业额的大部分（尤其是对高盈利产品的采购），或具有盈利潜力，关注物流产品的附加值多于价格，对物流企业有较好的忠诚度，传承并认可物流企业文化，愿意和物流企业建立长期合作关系的物流客户。

物流大客户是物流企业的伙伴型客户，是物流企业忠实的客户，是为物流企业创造大部分利润的客户，是为物流企业带来高收益而企业只需支付低服务成本的客户，是能够将物流企业引向期望方向的客户。物流大客户为物流企业节省了开发新客户的成本，为物流企业带来了长期利润，并且帮助物流企业吸引潜在客户。因此，相应地，物流大客户管理就是指物流企业如何利用自己的资源，有计划、有步骤地开发和培育那些对物流企业的生存和发展有着战略意义的物流大客户。物流大客户管理是物流企业长期发展的驱动力，是一项与物流企业整体有关的计划。

物流大客户的界定不是一成不变的。什么是物流大客户？什么是物流小客户？其实，二者之间根本没有绝对的界限，大客户可以变成小客户，小客户也可以变成大客户。通常情况下，我们根据二八原则来大概划分，物流公司80%的利润可能来自20%的物流客户，而另外80%的物流客户可能只带来20%的利润，我们一般把带来80%利润的20%的物流客户称为物流大客户。

（二）物流大客户的特征

物流大客户一般具有如下特征：

（1）物流大客户的采购主体往往是商业客户而不是普通消费者；

（2）物流大客户的采购成员往往是一个分工明确的采购团队而不是由一个人做主；

（3）物流大客户的采购金额往往较大且重复采购频率较高；

（4）物流大客户在售后服务上要求及时、全面、周到，往往需要专业团队上门提供服务解决方案。

动脑筋 5-1

物流客户分类合理吗？

某物流企业把客户分为三种来加以区分，包括VIP客户、MGC客户、BZ客户。VIP客户是给企业创造最大价值的客户，他们创造最大的利润；MGC客户是最具有增长性的潜在客户；BZ客户是给企业带来负增长的客户。很显然，企业需要保住VIP客户，尽快挖掘出MGC客户，并迅速抛弃BZ客户。

（三）物流大客户的类型

物流大客户有多种分类方法，在某一细分市场，我们可以按照合作领域、合作项目程度、合作项目类型等对物流大客户进行分类。

1. 按合作领域分类

（1）全球性大客户。指签有合作协议书的全球性客户。

（2）全国性大客户。指拥有许多二级企业和分支机构的大型集团或集团公司客户。

（3）地区性大客户。指在一个地区有较大业务潜力的大中型企事业单位客户。

（4）行业大客户。指由政府主导的或行业主管部门管理的大企业客户。

2. 按合作项目程度分类

（1）交易型客户。其特点是物流企业周围有众多的竞争者；只限于得到那些已公开的信息，很少能获得一些专门或绝密的信息；所有合同的价格都必须具有竞争力，而且必须遵守规则；若物流产品或服务对客户来说是新的，就得在销售和服务过程中花费大量的时间。

（2）优先型客户。其特点是物流企业与客户企业中的许多关键人物具有良好的关系，对获得新业务具有很大的影响力；能够得到其他物流供应商无法得到的专门或绝密的信息；价格必须在具有竞争力的范围之内，同时，大客户愿意为所能够得到的增值服务付出代价。物流企业可通过采取积极的措施与该客户做成第一笔业务，设法将他们变成新增大客户。

（3）伙伴型客户。其特点是双方企业高层都有重要的接触，并就产品解决方案达成了正式或非正式的协议。物流企业应履行好自己的职责，通过扩大竞争优势，争取获得更多的订单，使大客户信任自己，设法将与他们的关系转变为战略伙伴关系。

（4）战略型客户。其特点是双方有着正式或非正式的联盟关系，如双方成立一个合资企业；在大客户的内部与外部均有很高的知名度；合资企业的经理人员来自各自的母公司，双方总经理一同领导这一战略联盟；联盟通过共同开展业务，获得为双方企业争取最大利润的机会。物流企业应以系统的管理方法，设法稳固这种战略联盟关系。

3. 按合作项目类型分类

（1）政府项目大客户。其特点是需求来自各级政府机构，大多是公益性政府需求，资金一般来源于财政拨款或专项拨款。

（2）行业项目大客户。其特点是需求来自特定行业的大型企业或行业主管部门。

（3）企业项目大客户。其特点是需求来自大中型企业。

（4）产品互惠项目大客户。其特点是与客户共同投资开发新技术、新产品，或共同就某产品或服务达成协同行动。

（5）资本运作项目大客户。其特点是将技术开发项目与资本市场对接，或是投融资项目。

（6）战略联盟项目大客户。其特点是在客户需求相对稳定而又具备一定规模的时候，与其联合成立战略联盟机构。

动脑筋 5-2

物流大客户选择标准给了你什么启发？

广州海誉物流有限公司在选择物流大客户时有以下几个标准：物流客户的物流服务

采购数量（特别是公司高附加值的物流加工服务的采购量），物流客户采购的集中性，对物流服务水平的要求，物流客户对价格的敏感性，物流客户是否希望与公司建立长期伙伴关系等。

二、物流大客户差异化服务

（一）物流大客户差异化服务的内涵

物流大客户差异化服务是为了提高客户的满意度和忠诚度，进而保留住客户。通常，物流企业可以通过设置高的转换壁垒或提供高的客户满意度和客户让渡价值这两种途径来实现。物流企业要积极与政府、信息内容提供商、设备制造商、代理商等利益相关者合作，做强做优物流企业，增强物流企业竞争力和抗市场风险能力，加大对价值链客户的控制，提高物流客户转换壁垒。同时，推进物流大客户差异化服务战略，实行客户经理制，为物流客户提供个性化服务，在战略上充分重视物流大客户对物流企业发展的重要性，在产品服务、价格、服务等级等方面给予物流大客户优质的服务，满足物流大客户的个性化、差异化需求，以留住大客户。

在物流大客户差异化服务过程中，实现物流大客户的价值最大化是最终目的，但差异化服务必须与物流企业文化、物流企业成长战略及长远利益等相匹配，如果透支了物流企业的发展资源或患了“营销近视症”，结果会适得其反。相对其他的物流客户服务，在为物流大客户服务时应该注意以下几点：

1. 以物流大客户十分满意为目标

在以前的市场竞争中，物流企业往往会形成一种以物流企业本身利益最大化为唯一目的的企业文化，这种企业文化因为能够有效地使物流企业各项资源围绕物流企业如何获取更多利润而展开，所以在很长一段时间内促进了物流企业的发展。于是，以盈利为唯一目标成为物流企业的金科玉律，在这一思想指导下，许多物流企业为获利而自觉不自觉地损害客户利益，从而导致客户的满意度和忠诚度降低。而在大客户营销战略中，我们将大客户作为物流企业重要的资产，更加重视客户满意、客户忠诚和客户保留。物流企业拥有了许多忠诚的客户后，再不断升级相关的服务，这样在客户得到了很大满意的同时，物流企业也获得了很大的利润，真正实现了客户和物流企业的双赢。

2. 努力整合物流企业资源

传统物流企业在特定的经济环境和管理背景下，管理的着眼点在于内部资源管理，即物流企业管理后台部分，而对于直接面对以客户为主的外部资源的前台部分缺乏相应的管理。在大客户营销战略中，物流企业需重视前台资源的运用，要将市场营销、生产研发、技术支持、财务金融、内部管理这五个经营要素全部围绕以客户资源为主的物流企业外部资源来展开，实现前台资源和后台资源的综合管理。

3. 采取一对一的个性化服务策略

随着社会财富的不断积累，人们的消费观念已经从最初的追求物美价廉的理性消费过渡到感性消费。感性消费时代最突出的特点就是消费者在消费时更多地追求一种心灵的体验，追求一种个性的张扬。因此，物流企业必须能够为大客户提供个性化的产品和服务，从而实现从传统大规模文化向一对一文化的转变。例如，某物流公司专门提供特殊的装载设备和运输工具以及其他定制业务等来满足物流大客户的个性化需求。

4. 培育以大客户为中心的物流企业文化

物流大客户战略即公司如何建立和管理大客户。一个大客户战略至少包括四个元素：客户理解、客户竞争、客户亲和力和客户管理。一个大客户战略必须能够回答：客户是谁？客户想要什么？客户如何被管理？只有制定了长远的物流企业大客户战略，才有形成一种客户导向文化的可能性。同时，物流企业在实施大客户战略时，离不开组织变革、文化转变。

大客户营销战略是立足大市场、服务大客户，通过定制的客户解决方案和完善的服务，利用互动的平台来为大客户提供快捷、方便的绿色通道。大客户服务宗旨是为大客户提供优先、优质、优惠的“三优”服务，服务范围包括向大客户提供产品的咨询、宣传、受理和维护工作。

（二）物流大客户差异化服务的核心

物流大客户差异化服务的核心是物流客户忠诚。物流客户忠诚之所以受到物流企业的高度重视，是因为忠诚的物流客户会重复购买。有关物流客户忠诚的理论最早可以追溯到1947年由美国学者塞利弗（Sherif）和肯切尔（Cantril）在研究社会判断理论时提出的“涉入理论”。该理论后来在营销学中被应用于研究消费者行为，其主要贡献是区分了品牌忠诚和品牌惰性：低涉入情况下重复购买同一品牌的现象称为品牌惰性，高涉入情况下的重复购买称为品牌忠诚。品牌惰性不能称为品牌忠诚是因为低涉入客户只是出于方便省事而进行习惯性购买，而不像品牌忠诚那样对认同的品牌具有强烈的偏好。物流客户忠诚的前提是物流客户满意，而物流客户满意的关键条件是物流客户需求得到满足。早期的客户满意理论建立的“期望未确认模型”主要集中于期望对客户满意的影响，而忽略了对满意的基本决定因素——满意的研究。对客户满意的研究的最新进展是斯普林格（Spreng）、麦肯齐（MacKenzie）和奥尔沙夫斯基（Olshavsky）通过实验和数理分析，重新检验了形成客户满意的决定因素之后所建立的客户满意理论模型。这一模型认为，当客户把他们对产品或服务绩效的感知与欲望和期望相比较时，就能决定欲望是否会产生。新模型确认了期望、欲望与感知绩效的差异程度是产生满意感的来源，期望一致和欲望一致程度越高，属性满意和信息满意的程度也越高，最终达到对产品和服务的全面满意。这一模型的主要贡献在于，一方面导入了欲望因素，分析客户需要的层次和水平对客户满意度的影响；另一方面，信息满意因素的提出是对满意理论的重要补充，要求企业与公众进行信息沟通时精确地传递信息，否则也会影响客户满意的形成。客户满意理论模型的建立，为物流企业制定更加有效的物流客户满意战略提供了必要的理论基础和依据。

三、物流大客户关系营销

(一) 物流大客户关系营销产生的背景

关系营销是从“大市场营销”概念衍生、发展而来的。1984年，菲利普·科特勒(Philip Kotler)提出了“大市场营销”概念，目的在于解决国际市场的进入壁垒问题。在传统的市场营销理论中，企业外部环境被当作“不可控因素”来对待，其暗含的假设是：当企业在国际市场营销中面临各种贸易壁垒和舆论障碍时，就只能听天由命，无所作为。因为传统的4P组合策略，在贸易保护主义日益盛行的今天，已不足以打开封闭的市场。要打开封闭的市场，企业除了需要运用产品、价格、渠道及促销四大营销策略外，还必须有效运用政治权力和公共关系这两种营销工具，这种策略思想称为大市场营销。虽然关系营销概念直接来自大市场营销思想，但它的产生和发展同时也大量得益于对系统论、协同学、传播学等学科理论的借鉴、对传统营销理念的拓展以及信息技术浪潮的驱动。在各种因素的促进下，关系营销自20世纪80年代后期以来得到了迅速的发展。伦纳德·L. 贝瑞(Leonard L. Berry)率先提出和讨论了如何维系和改善同现有客户之间关系的问题。随后，巴巴拉·B. 杰克逊(Barbara B. Jackson)提出要与不同的客户建立不同类型的关系。今天，人们对关系营销的讨论和关系营销的实践，已从单纯的客户关系扩展到了企业与供应商、中间商、竞争者、政府、社区等的关系。这样，关系营销的市场范围就从客户市场扩展到了供应商市场、内部市场、竞争者市场、分销商市场、影响者市场、招聘市场等，从而极大地拓展了传统市场营销的含义和范围。

(二) 物流大客户关系营销的含义与特征

1. 含义

所谓关系营销，是指把营销活动看成企业与消费者、供应商、分销商、竞争者、政府机构及其他公众发生互动作用的过程，其核心是建立和发展与这些公众的良好关系。关系营销与交易营销相比，在对待客户上的不同之处主要在于：一是交易营销关注的是一次性交易，而关系营销关注的是如何留住客户；二是交易营销较少强调客户服务，而关系营销则高度重视客户服务，并借客户服务提高客户满意度，培育客户忠诚；三是交易营销往往只有少量的承诺，而关系营销则有充分的客户承诺；四是交易营销认为产品质量应是生产部门所关心的，而关系营销则认为所有部门都应关心质量问题；五是交易营销不注重与客户的长期联系，而关系营销的核心在于发展与客户的长期、稳定关系。交易营销和关系营销的区别归纳见表5-1。

物流大客户关系营销不仅将注意力集中于发展和维持与物流客户的关系，而且扩大了营销视野，它涉及的关系包含物流企业与其利益相关者之间发生的所有关系。

表5-1 交易营销与关系营销的区别

交易营销	关系营销
关注的是一次性交易	关注的是如何留住客户
较少强调客户服务	高度重视客户服务
只有少量的承诺	充分的客户承诺
产品质量应是生产部门所关心的	所有部门都应关心质量问题
不注重与客户的长期联系	核心在于发展与客户的长期、稳定关系

本书编者在研究中将物流企业建立的物流客户关系区分和概括为以下五种，见表5-2。

表5-2 五种不同的物流企业客户关系

关系类型	说明
基本关系	物流企业销售人员在产品和服务销售后，不再与物流客户接触
被动式关系	物流企业销售人员在销售产品和服务的同时，还鼓励客户在购买产品和服务后，如果发现产品和服务有问题或不满，及时向物流企业反映，如通过打电话的方式
负责式关系	物流企业销售人员在产品和服务销售后不久，就通过各种方式了解产品和服务是否达到客户的预期，并且收集物流客户有关改进产品和服务的建议，以及对产品和服务的特殊要求，把得到的信息及时反馈给物流企业，以便不断地改进产品
主动式关系	物流企业销售人员经常与物流客户沟通，不时打电话与其联系，请他们提出改进产品和服务使用的建议，或者向他们提供有关新产品的信息，以促进新产品的销售
伙伴式关系	物流企业与物流客户持续合作，使物流客户能更有效地使用其资金或帮助物流客户更好地使用产品，并按照物流客户的要求来设计新产品

2. 特征

关系营销的本质特征可以概括为以下几个方面：

（1）双向沟通。在关系营销中，沟通应该是双向而非单向的。只有广泛的信息交流和信息共享，才可能使物流企业赢得各利益相关者的支持与合作。

（2）合作。一般而言，关系有两种基本状态，即对立和合作。只有通过合作才能实现协同，因此合作是双赢的基础。

（3）双赢。即关系营销旨在通过合作增加关系各方的利益，而不是通过损害其中一方或多方的利益来增加其他各方的利益。

（4）亲密。关系能否得到稳定和发展，情感因素也起着重要作用，因此关系营销不只是要实现物质利益的互惠，还必须让参与各方能从关系中获得情感需求的满足。

（5）控制。关系营销要求建立专门的部门，以跟踪物流客户、分销商、供应商及营销系统中其他参与者的态度，由此了解关系的动态变化，及时采取措施消除关系中的不稳定因素和不利于关系各方利益共同增长的因素。此外，关系营销通过有效的信息反馈，也有利于物流企业及时改进产品和服务，更好地满足市场需求。

（三）物流大客户关系营销梯度推进层次

贝里（L. Berry）和帕拉苏拉曼（A. Parasuraman）归纳了三种创造客户价值的关系营销层次，即一级关系营销、二级关系营销和三级关系营销。

1. 一级关系营销

一级关系营销在客户市场中经常被称作频繁市场营销或频率市场营销。这是最低层次的关系营销，它维持客户关系的主要手段是利用价格刺激增加目标市场客户的财务利益。随着企业营销观念从交易导向转变为以发展客户关系为中心，一些促使客户重复购买并保持物流客户忠诚的战略计划应运而生，频繁市场营销计划即是其中的一例。所谓频繁市场营销计划，是指对那些频繁购买以及按稳定数量购买的客户给予财务奖励的营销计划。例如，香港航空公司与香港汇丰银行、花旗银行等通过信用管理软件开发了“里程项目”计划，当积累的飞行里程达到一定标准之后，共同奖励那些经常乘坐飞机的客户。又如，由新加坡发展银行有限公司、VISA 和高岛屋公司联合发起的忠诚营销也是希望与客户建立长期的关系，智能卡的持有者能享受免费停车、送货服务、抽奖活动等一系列优惠，具体形式则取决于客户用智能卡购买商品的累积金额。一级关系营销的另一种常用形式是对不满意的客户承诺给予合理的财务补偿。例如，新加坡奥迪公司承诺如果客户购买汽车一年后不满意，可以按原价退款。

2. 二级关系营销

二级关系营销即增加目标客户的财务利益，同时增加他们的社会利益。在这种情况下，营销在建立关系方面优于价格刺激，公司人员可以通过了解单个客户的需要和愿望，使服务个性化和人格化，来增加公司与客户的社会联系。因而，二级关系营销把人与人之间的营销和企业与人之间的营销结合起来，公司把顾客看作客户。迈克尔·J. A. 贝里（Michael J. A. Berry）和利·L. 汤普森（Leign L. Thompson）是这样描述两者的区别的：对于一个公司来讲，顾客也许是不知名的，客户则不可能不知名；顾客是针对一群人或一个大的细分市场的一部分而言的，客户则是针对个体而言的；顾客是由任何可能的人来提供服务的，客户则是由那些指派给他们的专职人员来提供服务的。二级关系营销的主要表现形式是建立客户组织，以某种方式将物流客户纳入物流企业的特定组织中，使物流企业与物流客户保持更为紧密的联系，实现对物流客户的有效控制。

3. 三级关系营销

三级关系营销即增加结构纽带，同时附加财务利益和社会利益。结构性联系要求提供这样的服务：它对关系客户有价值，但不能通过其他来源得到。这些服务通常以技术为基础，并被设计成一个传送系统，而不是仅仅依靠个人建立关系的行为，从而帮助客户提高效率和产出。良好的结构性联系将提高客户转向竞争者的机会成本，同时将增加客户脱离竞争者而转向本企业的利益。特别是当面临激烈的价格竞争时，结构性联系能为扩大现在的社会联系提供一个非价格动力，因为无论是财务性联系还是社会性联系都只能支撑价格变动的小额涨幅。当面对较大的价格差别时，交易双方难以维持低层次的销售关系，只有通过提供买方需要的技术服务和援助等深层次联系才能吸引客户。特别是在产业市场上，由于产业服务通常是技术性组合，因此成本高、难度大，很难由客户自己解决，这些特点有利于建立关系双方的结构性合作。

动脑筋 5-3

三家物流公司客服人员的做法给你什么启示?

广州一通物流公司的客服人员与物流公司的大客户同时上下班，客户每天早上 8 点上班，客服人员就去拜访客户，客户下午 5 点下班，客服人员也就跟着下班。

广州双圆物流公司的客服人员不坐班，一般下午才去拜访大客户，下班的时候与客户一起吃晚饭，然后去喝喝茶、谈谈心，大概到晚上 10 点，再把客户送回家。

广州惠通物流公司则从白天到晚上分班安排客服人员与大客户进行联络，客服人员常常陪客户唱卡拉 OK、蒸桑拿到凌晨两三点钟，白天和晚上的工作都做得很扎实，使得客户机构的利益和个人利益同时得到满足。

（四）物流大客户关系营销的价值测定

关系营销为客户创造和传递的价值一般用“让渡价值”来衡量。所谓让渡价值，就是客户总价值与客户总成本之差。其中，客户总价值包括客户在购买和消费过程中所得到的全部利益，这些利益可能来自产品价值、服务价值、人员价值或形象价值。对客户总价值的分析是客户理论研究的重点。客户总成本包括客户为购买某一产品或服务所支付的货币成本，以及购买者预期的时间、体力和精神成本。物流公司自身从关系营销中得到的利益，可以结合物流客户盈利能力、物流客户保留成本和物流客户流失成本等指标来衡量。

1. 物流客户盈利能力

关系营销涉及吸引、发展并保持同物流客户的关系，核心原则是创造真正的物流客户。“真正的物流客户”是指：一方面，他们认为自己得到了有价值的服务，愿意与物流公司建立和保持长期、稳定的关系；另一方面，他们是最有利可图的物流客户，除了愿意为物流公司提供的便利支付高价外，还将该物流公司介绍给他人，义务宣传其产品和服务。物流公司常常发现，20%～40%的物流客户也许无法带来盈利，因此有必要对物流客户进行分析。对许多物流公司来说，最大的物流客户一般要求周到细致的服务和最大限度的折扣，这往往降低了物流公司的利润水平；中等规模的物流客户接受良好的服务，并且几乎能按全价付款，在大多数情况下是最具盈利能力的；最小的物流客户也能按全价付款，并且只能接受最低程度的服务，但是与最小物流客户的交易费用降低了物流公司的利润率。因此，大部分可盈利物流客户并不是物流公司的最大物流客户或最小物流客户，而是一些中等规模的物流客户。这里，盈利能力的概念强调了物流客户的终身价值，而不是指一次特定交易的利润。影响物流客户盈利能力的因素有很多，包括需求性质和大小、物流客户的讨价还价能力、物流客户的价格敏感度、物流客户的地理位置和集中度等。

2. 物流客户保留成本和物流客户流失成本

由于吸引新物流客户的成本高于保留老物流客户的成本，而且老物流客户的盈利能力一般也高于新物流客户，因此关系营销的最终目的就是要通过关系的建立和发展留住老物流客户。科特勒曾提出按照四个步骤来进行是否采取物流客户保留措施的决策：第一步是测定物流客户的保留率（物流客户保留率即发生重复购买的物流客户比率）；第二步是识别造成物流客户流失的原因，并且计算不同原因造成的物流客户流失比率；第三步是估算由于不必要的物流客户流失给物流企业带来的利润损失，这一利润就是物流客户生命周期价值的总和；第四步是决策，即物流企业维系物流客户的成本只要小于损失的利润，物流企业就应支付降低物流客户流失率的费用。

总之，物流客户成为物流企业发展的动脉，当客户这种独特的资产与其他资产发生利益冲突时，物流企业应当留住客户资产。这是因为客户资产将为物流企业带来长期效应，只要不断给予其足够的满意。物流企业可通过实施大客户关系营销战略，充分利用大客户的口碑与其社会网络及社会资本，来进一步优化物流企业客户资源的管理，从而实现客户价值的最大化。

四、物流大客户管理工作内容

进行物流大客户管理时，应掌握的管理原则是：主管经理挂帅，客户分级管理，客户专员一站式服务。在服务过程中应掌握的原则是：专人负责，保质保量；一点接触，全面服务。要充分利用公司先进的多媒体服务平台，提高大客户服务效率，为大客户提供具有个性化的、多元化的、专业化的主动服务，力求与客户之间建立、保持顺畅的沟通渠道，使客服中心真正成为公司与客户之间沟通的桥梁。具体来说，物流大客户管理的工作内容包括以下几个方面：

（一）分级管理

总公司区域经理负责所辖区域内重点客户的支持工作，并负责本区域内的客户分析及涉及本区域的全国合作客户的分析报告；各分公司的客户支持人员负责具体客户支持工作的落实，并对本公司的整体客户分析负责。

（二）新增及预警客户管理

新增大客户须由营销部门填写客户移交的表格，经主管经理批准后由客服部门负责该客户的支持管理工作；对于重点预警客户应该向本区域经理上报，并与当地分公司的经理积极沟通，做好预警客户的危机公关工作。

（三）大客户合同管理

大客户合同管理按照现有的合同管理办法进行。对于全国合作客户的合同需在总公司进行备案。合同的条款严格执行合同审定程序，合同的附加价格严格执行价格的审批过程。总公司有权对所辖大客户及全国客户的合同进行抽查及审阅，各归属地对合同的签订及续签负责。

（四）大客户档案管理

1. 客户档案的建立

客户档案通常有书面文档和电子文档两种形式，主要包括客户基本情况、业务合作情况等，要求按原开发客户档案表格填写，信息应包括客户名称、电话、联系人、联系人所在部门、联系人负责的业务项目及现在使用物流公司的名称等。客户档案要求采用统一的建档格式，对开发、谈判、签约、推进、维护情况进行完整记录。原始合同及相关的证明文件可用复印件，其他尽量采用电子文档形式，电子文档要定期备份，以免遗失。

2. 大客户档案的日常管理

（1）大客户档案由客服部统一管理；

（2）客服专员按客户规格、行业及其他信息进行分类；

（3）客户档案应认真填写，确保资料翔实全面，以便查询；

（4）定期对客户档案进行评估、分析，拟定深度开发或维护方案。

3. 大客户档案的完善与管理

（1）客户的法律文件原件，如合同、证明等，交档案室保存，客服部留存复印件；

（2）客户档案属公司机密文档，原则上不允许随意查看，如确需查阅，必须登记，档案不得外借，查阅完毕及时收妥，正确归还原位；

（3）定期编制的客户动态分析报告是客户档案的一部分，应认真负责填写，以便于客户深挖工作；

（4）在计算机中保存的客户档案文件必须加密保存，设定分级管理密码；

（5）未经批准外借客户档案或泄露客户档案内容者应予以重惩。

（五）大客户回访制度

为了能够及时掌握公司大客户的使用情况，了解大客户对公司业务及服务质量的反应，变被动服务为主动服务，为用户提供更满意的服务，需建立大客户回访制度。公司客服人员要通过信息系统按时、按要求上传回访数据，对于重要的大客户的回访，公司要落实到人。

1. 月回访

主要针对当月公司新发展的潜在大客户和运营出现异常的大客户进行电话回访或正式访问。

2. 季回访

主要针对与公司正在合作的大客户和公司季度评估中出现异常的大客户进行电话回

访或正式访问。

3. 不定期拜访

主要针对收益较高的大客户、具有发展潜力的大客户或出现紧急异常而不能通过常规方式解决问题的大客户进行不定期拜访，以了解目前大客户对本公司业务存在主要问题的反映及建议，并及时给予解决；了解大客户的意向，获取大客户的信息，适时适当地向大客户推广公司近期的新增业务，为公司捕捉可能的商机。

公司客服大客户服务组（或大客户负责人）对大客户回访及拜访的相关信息资料应及时进行归档与管理。

任务实施

经过以上分析和学习，曾华想到公司要获得更多大客户的青睐，应该在大客户划分、差异化服务及关系营销等方面完善自己公司的产品和服务，这样才能争取到更多的大客户。

任务二 物流客户流失处理

任务描述

2017年8月，曾华所在公司的湖州分公司通过竞标成功承接了全国最大的丝绸生产商之一——浙江丝绸之路公司的物流配送业务。渐渐地，浙江丝绸之路公司的丝绸商品物流配送业务达到了湖州分公司总业务量的35%，同时，湖州分公司在丝绸商品物流配送业务中发现与浙江丝绸之路公司的生产、销售等部门的衔接常常出现问题。浙江丝绸之路公司日前重新发布了2019—2021年的物流配送招标公告，已有曾华所在公司的湖州分公司、湖州一通物流公司等六家公司参与竞标。为此，总公司领导要求曾华给湖州分公司提出合理建议，保证分公司不会失去这笔业务。要做到这一点，曾华需要完成以下工作任务：

（1）准确分析物流客户流失的原因；

（2）减少物流客户流失，同时采取正确的措施挽回流失客户。

知识准备

一、物流客户流失原因分析

物流客户流失的原因较多，主要可从企业内部因素和企业外部因素两个方面进行分析。

（一）企业内部因素

1. 公司高层管理者对物流客户关系管理不够重视

众所周知，完善的运输网络和先进的信息系统是现代物流企业克敌制胜的法宝。但是很少有物流企业能够真正意识到，优质的客户服务也是现代企业在竞争中取胜的核心竞争力。很多物流公司高层管理者非常重视快件运输网络、信息系统和市场销售，花了大量的人力、物力和财力来加以建设，但是相对忽视为客户提供服务和客户关系维护。对作为服务行业的物流公司而言，客户服务是一个以成本有效性方式提供增值利益的过程。客户服务水平的高低，决定了具有相同生产研发实力的企业为客户提供个性化服务的能力。即使一家物流公司没有完善的运输网络和先进的信息系统，但是只要能为客户提供合适的、满意的服务，也能在今日中国的物流市场中分得一杯羹。公司高层管理者只有意识到这一点并加以重视，才能建立起一个完善的客户关系管理体系。但是目前大部分公司高层管理者仅把它作为客户服务部的事情，这种错误的认识必然导致错误的行为。所以，一方面，尽管客户服务部的人员努力提供优质服务，但在碰到实际问题时，他们根本没有能力也无法协调与其他部门的关系，也解决不了这些实际问题，这是因为系统工程出现的问题不是某一个部门能解决的；另一方面，由于客户提出的问题企业无法解决，客户对企业有意见，久而久之企业慢慢就失去了这些宝贵的客户，从而客户流失成为必然。

2. 缺乏各职能部门的协调支持

各职能部门的支持对客户关系管理体系的成功建立非常重要，但是目前不少物流公司的各部门管理人员对客户关系管理缺乏积极倡导和支持。没有这种支持，要想实施客户关系管理非常困难。所以，各部门应该积极地予以支持来争取客户关系管理的成功。

3. 客户资源共享能力不足

从目前的大部分物流公司客户服务的运作情况来看，和客户服务有密切关系的主要职能部门都有各自的使用系统，而且每个部门都会将相关的资料输入以备查询，但是值得注意的是它们之间缺乏相互联系。同时，每个部门的员工仅仅会熟练使用自己部门常用的系统，对其他部门的操作系统知之甚少或者根本就不懂。这样一来，就会使每个部门之间的资源无法实现共享。

客户资源在一些企业内部未能实现共享，导致客户有时面对的不是统一进程的整个企业，而是“各自为政”的不同部门。缺乏一套大型、完整的客户信息数据库，没有一套行之有效的数据挖掘系统对已有信息进行分析，有时甚至连相同客户的同一查询也会在不同部门中重复多次，这样不但会增加公司内部的重复劳动，而且一旦客户从不同部门得到不同的查询结果，就会导致投诉的增加，更不用说为客户提供一对一的个性化服务了。例如，某物流公司服务中心人员虽然是和客户接触最多的，但是他们不会去了解客户的需求；客户服务人员不会主动去向口岸作业部门了解快件的运输状态；销售人员不会去了解快件的运输过程来向客户提供最优方案；而其他部门只有在系统出现问题时，才会向电脑支持部寻求帮助，并不会主动要求电脑支持部在系统中设置或添加某些功能。但是，整个客户关系管理体系是各个部门都应该积极参与且需要相互协调来完成并发挥作用的，各部门自顾自最终会影响为客户提供服务的质量。

4. 服务意识缺位和对客户分析不够

首先，就目前的运作流程来看，部分物流公司的客户关系管理也仅局限于客户售后服务的一些环节上，如客户咨询、理赔以及有限的客户回访，而且对客户回访有时仅仅当成一次活动来对待，没有上升到客户关系管理的高度，更谈不上系统性和连续性。另外，由于不能正确衡量客户的需求、忠诚度、满意度、盈利能力、潜在价值、信用度和风险度等指标，对客户的分析不够透彻，因此服务显得单调、被动。服务的提供也只能是基于感性经验判断的博弈，缺乏科学性，没有树立起主动跟踪客户提供服务的观念，而且对所有客户提供的服务都是相类似的。这与真正的客户关系管理还有相当大的差距。

5. 软件、硬件支持系统尚不完善

不少物流公司目前使用的各个操作系统还是自公司创办以来的一些老的系统或升级版本，仅能支持一些日常的查询、口岸操作、数据归档等工作，而且各部门所用的系统独立，资源无法共享。更为重要的是，这些软件系统无法通过大量的数据统计和挖掘技术对公司物流客户进行详细分析，从而导致物流公司无法做到客户细分并提供真正的客户关系管理。

动脑筋 5-4

该怎样“美化”公司服务呢？

物流客户服务营销离不开适度的自我“美化”，如果不自我“美化”，客户就不会光临，但如果过度自我“美化”，客户就会抱怨，那么，该怎样“美化”公司服务呢？

（二）企业外部因素

1. 地区货物流动趋势

我国是原材料、基建物资以及各类商品的主要出口国，加之全球货物加速流动，为国内外物流公司发展提供了有利商机。国内市场，尤其是生产型厂商聚集的南方沿海城市和北方内陆地区，出口贸易蒸蒸日上，带动了国内外物流公司运输、堆场、报关行等部门的良性运作。从市场前景和客户群体的布局来看，国内外物流公司是可以挖掘和拥有充足的合作客户来支持公司的整体发展战略的。然而，是什么原因造成了如此之大的客户流失呢？原因之一是低廉的出口商品。众所周知，我国出口的是以劳动密集型为主的商品，此类商品的生产成本很低廉，在出口前与收货商洽谈的成交价格也相应地下降。那么，在低价格的背后需要有低价格的物流运输作支持，才能使供应商、出口商有利可图。这种种的限制条件使得作为全程物流运输出口的国内外物流公司面临着薄利的窘境，是否接货、合作都会影响公司各部门的成本和运营。同时，在众多出口商品中或多或少会夹杂着假冒伪劣商品，这些商品不仅会危害国家的利益和名誉，还会给国内外物流行业带来致命的危险。这是因为收货商一旦查验到这些劣质商品，会向我国出口商和相关的物流公司提出高额的索赔，这样会致使流物公司陷入危机，甚至会影响流物公司的生存。所以，面对这么大的风险，国内外物流公司不得不在合作前进行严谨的审查和分析。原因之二是出口商品的中途转移和灭失。这里所说的中途转移和灭失，是指客户提出的改港和货物中途丢失。这种情况在国际货运中并不罕见，而且每每出现都会给合作的物流企业造成重创。

2. 同行业物流公司竞争态势

国内物流行业竞争十分激烈。以华北地区为例，国内外物流公司中实力相当的不在少数，像国有的外代、外运、中远，合资的 Star Shipping、BVL、Eternity，外资的 DHL、UPS、K+N。三大国有企业在华北地区占据了半壁江山，老客户、VIP 客户、中字头客户基本都是与他们合作。那么，其他物流公司要怎样与他们竞争呢？主要就在堆场、车队和报关行三个部门，这些是国有企业不具有或不完善的。在这种情况下，部分物流公司通常是承接这些有价值客户群体的辅助工作，协助客户运货、装货、验货、熏蒸、加固、报关等工作。同时，这样的合作也可能提供少量客户转移合作物流公司的机会。与合资公司相比，国内物流公司是稍占优势的。合资公司实质上是国内中小型物流企业与国外中型物流企业联手，一般只具备经营出口货物物流的代理资格，没有完整的物流产业链，包括上述所说的船代、车队、堆场和相应的设备、报关行，而这些都是国内外大物流公司完全配备的，并可以吸引一大批直接货主，全程服务客户，免除客户的后顾之忧。外资公司因为在进驻中国之前，已将国外各网点建设得相当成熟并运营稳定，所以可以顺利地为国外收货商进行清关、验货、提货，将货物运至收货商指定的目的地。这些都是超出国有和合资物流公司能力的，但国有和合资物流公司的优势也是显而易见的，比如外资公司不能快速地熟知和精准地掌握中国市场和有价值客户的详细资料。在竞争激烈的市场环境下，国有和合资物流公司要在低价格的合作水平上争取更大的利润，合理地控制内部成本、减少支出、加大利润空间来保持正常的运营和长期的发展，就要时刻跟踪分析同行业竞争者的动态，作出正确抗衡决策，扬长避短，只有这样才能真正立于不败之地。

3. 其他外部环境的影响

在物流类的服务行业，全程工作的顺利合作更易受外部因素的影响。除了以上论述的两种外部影响因素外，还有国家物流政策调整、国际油价升降、劳动力成本上升、物流信息技术进步等其他因素，其对物流行业，特别是部分跨国物流公司产生着间接却重要的影响，也是物流公司出现客户流失问题不容忽视的关键因素。

二、物流流失客户挽回策略

要避免物流客户流失，关键在于提升客户让渡价值。如图 5-1 所示，要设法平衡客户总成本和客户总价值之间的关系，缩小两者之间的差距。一般认为，客户总成本与客户总价值是相等的，这就表示可以提供合格的服务。然而，如果想要真正避免客户流失，必须尽可能做到客户总价值大于客户总成本，也就是通常所说的“客户让渡价值”。

如果物流公司面临客户流失，常采用以下具体策略挽回。

(一) 流失客户的再开发与维护

众所周知，在物流服务性行业，任何公司都可以提供服务，并且大多数可以提供合格的服务。那么，我们需要思考的是：怎样进行服务创新以吸引更多的合作伙伴，保留

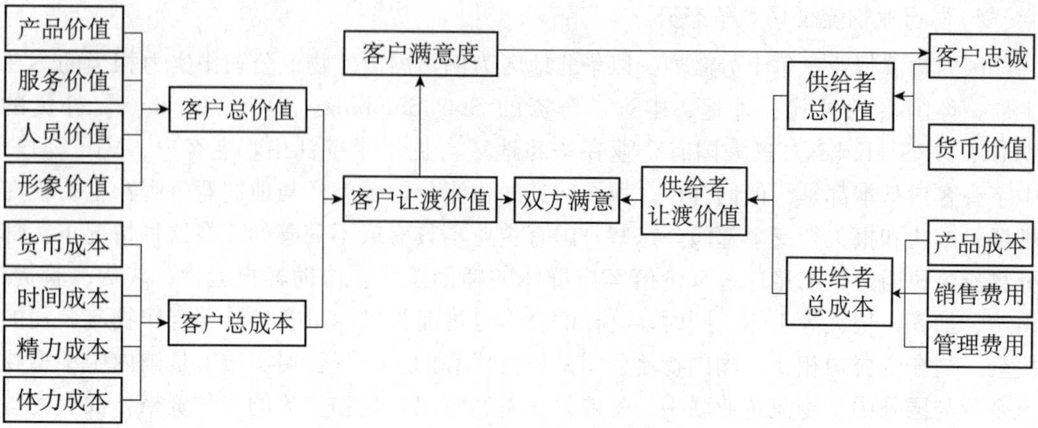

图 5-1　客户让渡价值模型

住更多的原有客户？同时，在实际工作中不难发现，无论在哪个行业，开发新客户所需成本远远要比维护原有客户所需成本高得多，在物流行业尤其如此。其实，在日常工作实践中，对于流失客户的再开发和维护有多种途径，其核心内涵就是需要与客户经常沟通。以下是几种常见的沟通方式。

1. 电话拜访

这是我们通常应用的策略之一。在建立了客户满意度管理系统后，可以定期整理统计出潜在流失客户并针对其中的价值客户进行电话拜访。了解客户在合作过程中出现的问题和对于某方面的建议是电话拜访的主要目的。其优点是：可以避免外出拜访所需要支出的成本，与客户直接对话针对性和目的性强。缺点是：无法与客户面对面沟通，了解不够深入；会遇到客户匆忙挂电话的情况。

2. 发送邮件或传真

此种沟通策略旨在向客户提供公司的最新信息和资料，使客户在第一时间了解公司的最新动态并及时进行接触合作或调整合作方向。其优点是：可以将全部最新信息整理汇总，逐条列成明细，提供给客户以便他们快速找出重点或自己所需要的核心内容；定期发送有助于培养客户关注度，而且成本很低。缺点是：单方面的沟通无法及时得到客户的反馈信息，无法了解客户的想法。

3. 外出拜访客户

定期或不定期地前往合作客户公司进行面对面的沟通，其优点是：可以迅速了解客户所需、所想，并根据具体问题提出具体解决方案；接触范围更广，可以与客户的相关部门、相关员工进行沟通，这样所掌握的客户信息就会更完整、更充分。缺点是：成本较高，需要多次确认拜访时间和人员，在拜访前要做充足的准备，要求拜访人员的素质较高。

4. 营销网站

目前，在完善的网络营销的基础上，物流公司网站的首页已不仅局限于邮件等传统单方面沟通的联系手段，也开辟出区域，建立起“即时通”交流方式。此种方法类似于

QQ、WeChat、Skype 等交谈软件，客户在浏览公司网页时产生的问题或需咨询的问题，可以第一时间与物流公司专业客服人员进行交谈。

总之，物流公司需要在日常工作中优化资源配置，充分利用自身有利条件，以服务客户为宗旨，开展灵活多样的经营方式为客户提供个性化服务，抓住价值客户和目标客户，不断满足和超越客户所需，真正做到为客户着想，更好地维护客户，防止客户流失，保持物流公司的竞争力。

（二）利用竞争优势，提高客户关注度

在物流行业，客户的关注度不尽相同，一些客户希望得到高水平服务，使高价值商品顺利出运而不太考虑成本价格，另一些客户只希望以最低价格出运商品。所以，价格的高低有时会把一部分客户推向竞争对手，但与此同时，也会满足一部分客户。通过调查客户群体的不同自然属性和关注方面，物流公司可以有针对性地提供有效信息，吸引客户群体的关注。例如，有的公司拥有的是大量稳定的货源，需要的是低廉佣金加高质服务；有的公司需要降低利润空间，提供优惠价格，以此吸引并保留住客户；有的公司拥有完整的出口物流产业链，需各部门配备完整且设施完善，能够为客户提供一流服务，能利用声誉上的优势广泛宣传物流公司各部门的重点职能和优势资源，并为客户提供个性化服务和建设性意见，同时能积极对外发布公司信息、优势价格和优惠政策，培养和提高潜在客户、合作客户的关注度。

（三）运用客户管理相关知识，使服务效果最贴合客户期望值

目前，市场竞争愈发激烈，客户要求也在不断变化，这就意味着物流公司需要在提高服务质量的压力下作出积极应对，不断改变业务目标，贴合目标客户的期望值。当在制定一项以客户为导向的策略时，物流公司必须透彻地了解客户对于合作的需求和期望。例如，客户对于商品出口运输的每个环节都有不同的要求，包括装货速度、及时沟通、高效反馈、紧急情况处理、咨询解答等，客户期望值的高低会对客户感知企业服务满意度产生决定性影响。物流公司需要做到的不是向客户许下过高的承诺，而是要贴合客户需求提供合适的承诺以达到让客户体验服务质量和价值的目的，满足其心理期望。管理好客户的期望，并根据物流公司能力来超越客户期望以利于减少客户流失现象的发生。

（四）加强物流供应链管理，提高客户满意度

供应链的顺畅连接是提高客户满意度的关键因素，因为商品出口的及时性决定着物流供应的高效性。一个供应链中包含的部门、环节越多，调节链条顺畅程度就越难。但不难发现，保证供应链顺畅的核心因素是人，是物流公司内部的全体员工。所以，要提高客户满意度，先要提高内部员工满意度。在市场调查研究中发现，内部员工满意度与外部客户满意度成正比。员工满意度每提高 5%，客户满意度将提高 10%。只有满意的员工才能向客户提供满意的服务。因此，物流公司需要制定相应的配套措施以提升内部员工满意度。建立培训机制，使员工能够树立以客户为中心的理念，传授专业知识并给予

技能上的指导；完善物流公司客户服务流程，让每一位员工积极参与，激发员工的创造力，提供超越客户期望的服务质量和水平；实施有效的激励措施，激发员工的工作热情，挖掘员工的工作潜力。

（五）多种营销策略相结合，提升客户忠诚度

增强客户的信任是巩固客户忠诚的有效手段，与客户建立相互信任的诚信机制是物流公司获得客户忠诚的前提。例如，在平面广告、宣传手册、优惠促销、销售开发等传统营销手段的基础上，大力建立品牌口碑、服务展示、客户亲临指导等无形的现代营销理念，从多方位、多角度与客户建立长期友好的合作关系。我们可以从客户忠诚的价值分析中获知，忠诚客户的维护成本较低而再开发率较高，这是物流公司从忠诚客户中获得长期收益的重要原因。客户信任的建立与增强，首先需要物流公司提供广泛、准确、可靠的信息，包括船公司信息、合作范围、服务价格、投诉受理部门等，便于客户从众多类似服务中进行选择。当客户确认这些信息值得信赖的时候，物流公司与客户之间的信任就会逐渐得到强化。其次是尊重并保护客户的隐私，使客户获得安全感，进而提高客户的信任和忠诚度。最后，提高客户转移成本也是留住客户、提高客户忠诚的有效途径，有时物流公司可以适当建立转移壁垒，使客户在更换物流企业时感到转移成本很高，从而相应地减少其利润空间，这样也是可以增强客户忠诚度的。

（六）提升公司内部治理水平

为取得竞争优势，物流公司应该及时建立各部门联动机制，使各部门的工作顺畅链接，形成整体的物流链。同时，物流公司需要建立对合作客户价值的评判标准，这能更有效地辅助其从有限的资源信息中选择适合自身发展的客户群体，做到准确定位，集中精力和资源发展支柱部门。坚持细化客户群体，分离出高价值客户，并按照物流公司内部不同部门的合作频率进行分类，准确统计出每个部门对于客户的优势与劣势，扬长避短，提供更优质的服务。提升公司管理系统，为物流公司提供专业化和精确化的分析资料，大型物流企业需要更严谨、细化的组织架构，建立统一的上报机制和应对突发事件的反应处理机制，这样才能让物流公司每位员工清楚自身的岗位职责及工作范围，才能让合作客户更清晰、更快捷地找到自己需要的服务提供者。

总之，所有物流公司之间的竞争，实际上都是服务水平的竞争，所有物流公司内部的问题，实际上都是人的问题，只有专业知识和技能才能改变人的意识和人的行为。协调好以上两点才能有效地减少和避免客户流失。

任务实施

经过以上分析和学习，曾华建议，如果湖州分公司不想失去客户，一方面要能准确分析物流客户流失的原因，另一方面要能采取正确的措施设法挽回流失客户。

任务三
物流客户信用评估及风险防范

任务描述

曾华在一次公司内部会议上听说，当初（1999 年 1 月）牛根生等成立了蒙牛乳业有限责任公司时，注册资金仅 100 万元。同年 8 月，他成立了内蒙古蒙牛乳业股份有限公司，注册资金增加到 1 398 万元，折股 1 398 万股，发起人为 10 个自然人（参股者事实上是 40 余人）。牛根生投资 180 万元，其余 1 200 多万元全部来自其他自然人投资者。2002 年 10 月，公司变更为合资企业，2003 年公司调整了渠道战略，要求区域配送商投资 30 万元以上入股，当时配送商高层认为蒙牛公司很小，不安全，没有答应蒙牛公司的请求。事过多年，蒙牛公司的股价增值几百倍，他们现在后悔莫及。这件事让曾华陷入深思，该如何做好物流客户信用评估及风险防范呢？为此，曾华需要完成以下工作任务：

（1）进行物流客户信用评级分类；

（2）运用物流客户信用评级防范风险。

知识准备

一、物流客户信用等级评估内容

（一）信用的内涵

信用是长时间积累的信任和诚信度，是指在商品交换过程中，交易一方以将来偿还的方式获得另一方的财物或服务的能力。信用的根据是获得财物或服务的一方所做出的给付承诺。这里所讲的信用，着重强调将信用作为企业的一种赊销能力，即一个企业获得他人信贷、赊销或给予他人信贷、赊销的能力。从广义上讲，信用是建立在信任基础上的，不用立即付款就可以获取资金、物资或服务的能力。针对交易的整个过程，信用管理可以分为对信用风险的事前防范、事中管理和事后处理。事前防范是对信用风险的识别、分析和评估，是指在正式交易、签约或发货之前对客户资信状况进行的审查及对信用限额和信用条件进行的分析和决策，包括选择客户、进行资信调查以及确定信用政策；事中管理是指在发货之后直到货款到期日之前，对客户及应收账款的监督和管理；事后处理是指在发生账款拖欠之后对债务进行分析、确定追讨方式和实施追讨。与此对应，企业信用管理的内容主要包括客户信息管理、客户资信评估、应收账款监控和拖欠账款追收四个方面。

（二）信用管理的作用

1. 信用管理有助于企业建立经营管理机制

随着社会主义市场经济体制的逐步建立，企业信用管理差的问题日益突出和严重。这是当前企业流动资金紧张的根本原因之一，企业必须尽快增加信用风险管理职能，建立适应现代市场经济特点的经营管理机制。

2. 信用管理能够有效防范信用风险

随着国际经济的发展，以信用为主的交易方式已逐步取代了以现金交易为主的交易方式。信用已成为整个社会经济生产和生活中的重要因素，是企业一个最重要的资源。但同时，企业也面临巨大的信用风险。信用管理能够防范信用风险，减少三角债的发生，降低企业的赊销成本，保证企业以最小的风险获取最大的利益，提高企业在竞争中的地位，帮助企业赢得竞争优势。

3. 信用管理有助于提升客户群的质量

企业信用管理有助于逐渐把大部分有不良投机行为的企业清除出市场，提升客户群的质量，从而创造良好的市场环境。信用管理规范的企业会对资信状况良好的客户给予超过市场平均水平的信用额度和信用期，对于资信状况较差的客户，企业不会对其进行赊销或给予较小的信用额度和较短的信用期，因为这类客户本身就存在资金周转问题。在企业不给予融资机会时，一部分企业就会被迫退出，另外一些客户看到资信状况较好的客户能得到更优惠的信用政策，无形中会受到影响或激励，不断改变自身的资信状况，最终企业会拥有一个稳定守信的高质量客户群，企业的形象也会得到很大提高。良好的信用管理还有助于开拓市场，这对企业来说不仅是生存环境的改善，还是对企业的发展起到推动作用的长期有利因素。

（三）物流客户信用管理的保障

1. 领导者对于企业信用建立意义重大

企业领导者应注重个人信用的培养，在与企业利益相关者的各种交易中，无论执行显性契约还是隐性契约，均应保证实现财务承诺，按时履行契约商定的义务。作为企业的内部控制人，企业领导者还应及时向外部投资者披露企业真实的财务信息；对供应商、承销商以及政府、员工作出的口头承诺，也应尽力实现。企业领导者在建立个人信用的同时，还应从强调个人信用逐渐转化为强调企业信用，将利益相关者对于领导者个人的信任转化为对企业的信任，最终形成企业信用。

2. 不同利益相关者信用可以相互转化

信用是在长期博弈的过程中建立的，取得信用关系的利益相关者会影响其他利益主体对企业信用的评价。从这一点来看，相对于其他利益相关者，企业与员工之间的信用最容易建立。因此，企业应在员工的薪酬、福利以及奖励制度的设计上注重契约的实施，及时兑现各种形式的承诺；制定员工激励计划，严格执行附着于其中的奖励措施；遵循员工进入和退出企业的各种协议约定。另外，企业对员工也应进行信用培训，将企业信用的建立纳入企业文化的培养中。

3. 利用信用获取收益需付出信用成本

企业信用的建立需要成本，包括管理层努力的成本和企业利用其他资源的成本。因此，企业在作出信用承诺前，应衡量其收益和成本，分析基于信用的契约能否为企业带来切实的经济利益，以及企业无法保证信用实现时产生的财务风险和经营风险。应将信用视为具有成本的无形资产，将其置于企业的整体经济利益中进行考虑，并基于成本收益分析后再作出信用承诺；应根据企业的发展目标分析信用的收益率，而不能盲目利用信用获取资金。

动脑筋 5-5

企业的客户信用等级评定标准给你什么启发?

某企业的客户信用等级评定标准见表 5-3。

表 5-3　客户信用等级评定标准

序号	评定项目	评定内容	1～2 分	3～4 分	5～6 分	评估得分
1	信用历史	(1) 贸易时间	1 年以下	1～3 年	3 年以上	
		(2) 交易金额	100 万元以下	100 万～500 万元	1 000 万元以上	
		(3) 拖欠金额	5 万元以上	3 万～5 万元	3 万元以下	
		(4) 银行退票	多	2 次以上	无	
		(5) 回款速度	慢于合同约定	按照合同执行	提前支付	
		(6) 合同执行	执行困难	较少争议	顺利执行	
2	企业状况	(1) 资产状况	500 万元以下	500 万～3 000 万元	3 000 万元以上	
		(2) 生产设备	生产线：2 条	生产线：5 条	生产线：10 条	
3	经营状况	(1) 市场销量	10 万元以下/月	10 万～50 万元/月	80 万元以上/月	
		(2) 客户满意度	低	中	高	
		(3) 服务意识	差	良	优	
		(4) 经营机制	死板	一般	灵活	
4	商誉情况	(1) 决策者个人品德	差	一般	良好	
		(2) 企业信誉状况	低	中	高	
		(3) 有无款项或诉讼争议	正在诉讼	一次以上	无	
小　计						

二、按照物流客户信用等级管理客户解决方案

（一）客户信用风险评估岗位职责

公司领导、各部门总经理、业务员应在客户信用风险评估过程中严格遵守公司相关规定，严格按照授权操作，对各自经办和审核的内容负责。业务部业务员应负责取得申请授信额度客户的相关资料，对取得客户相应资料来源的真实性负责；审核录入信息是否准确，并保证评分的客观性。业务部总经理应对业务员输入信息进行初审，并审核业务员评分结果是否合理。风险管理部应对业务部输入信息进行审核，保证输入的基本信息准确无误；对业务部评分结果进行复核，对不合理内容有权要求业务部重新核定；根据评级结果确定客户信用额度，应保证核定额度客观、公正；负责对业务部提供的客户资料进行保管，并建立客户资料数据库，保证客户资料的完整、连续；每年年终后，对客户评级进行年度审核和更新；定期向公司通报和及时提供客户资信评级；跟踪客户及业务部授信额度余额，审批单笔放账额度，提出同意或否决意见。主管副总经理应对风险管理部评定等级、确定额度进行审核，对不合理的内容有权要求业务部、风险管理部重新核定。公司总经理对客户信用评级及信用额度享有最终审批权，并对审批结果负责；对业务部、风险管理部评定等级、额度如有异议，有权要求业务部、风险管理部作出解释，并要求重新核定。

（二）客户信用风险等级申请管理

各业务部在与客户进行商品交易时，均需向公司风险管理部提出客户信用额度申请。各业务部申请客户信用额度需提交以下资料：客户基本信息表、客户基本信息表附属资料（上一年度经年检的营业执照复印件，上一年度的资产负债表、利润表、现金流量表）。业务员根据取得的资料，将客户信息及相关财务数据输入公司 ERP 系统，并对信用风险进行主观评估。公司 ERP 系统将根据输入信息自动生成信用风险考核分值表，各业务部总经理对本部门的申请资料及业务员评分结果进行审核并负责。风险管理部根据业务部提出的申请，对申请资料及附属资料进行审核，审核无误后，对信用风险考核分值表进行汇总，并由 ERP 系统自动计算客户信用等级。风险管理部根据客户信用等级评级结果，提出客户授信额度或预付款比例，并将评级结果、授信额度通知业务部，如无异议，报主管副总经理和总经理审批。业务部如对评级结果或授信额度有异议，可将有关意见会商风险管理部，并报主管副总经理、总经理审批。

（三）客户信用风险等级使用管理

各业务部在编制业务合同预算时，若客户需预付款或赊销，由业务员提出使用额度申请，报业务部总经理审核。经业务部总经理审核后，业务员报风险管理部进行额度使用复核。业务员可在信用额度内，与客户进行涉及信用额度的结算和交易。在业务进行中，业务员按公司付款审批流程进行款项支付的申请，在额度内的信用付款，经有权审

批人同意后可以付款。该授信额度如未使用完毕，可以在下次交易中继续使用，但实际占用时点数不能超过额度总额。如因业务需要，对客户的信用支付超过信用额度，由业务部提出申请，经业务部总经理同意后报风险管理部，由风险管理部根据业务实际情况、客户历史交易情况等提出意见，报主管副总经理、总经理审批。同一客户只能申请一个授信额度，如公司内多个业务部与同一客户有业务关系，则信用额度的使用按优先原则。若某一业务部申请使用时，客户信用额度使用完毕，则参照相关制度执行。对客户预付款采购货物入库、赊销货款入账后，客户使用的信用额度即清除。客户信用额度原则上每年审批一次，中间不做调整。

信用等级评定。公司按客户信用评定等级设定预付、赊销额度或比例，客户信用风险等级越高，与其交易的安全性越低，公司对其信用额度越低；客户信用风险等级越低，与其交易的安全性越高，公司对其信用额度越高。

（四）客户信用等级评价指标一般比例

客户信用等级评价指标由客观评价指标（财务数据、非财务数据）和主观评价指标组成。其中，财务数据指标权重占50%，非财务数据指标权重占30%，主观评价指标权重占20%。财务数据指标包括资产负债率、流动比率、净资产收益率、销售收入总额、经营现金流量、资产总额六项指标。其中，资产负债率权重占10%，流动比率权重占10%，净资产收益率权重占10%，销售收入总额权重占10%，经营现金流量权重占5%，资产总额权重占5%，六项指标权重合计50%。非财务数据指标包括国别、营业年限、所有制、公司品牌、质量认证、政策业务六项指标。其中，国别权重占5%，营业年限权重占5%，所有制权重占7%，公司品牌权重占4%，质量认证权重占4%，政策业务权重占5%，六项指标权重合计30%。主观评价指标包括经营稳定性、人员总体素质、对其他业务依存度、合同履约率、市场知名度、经营发展趋势六项指标。其中，经营稳定性权重占4%，人员总体素质权重占3%，对其他业务依存度权重占3%，合同履约率权重占4%，市场知名度权重占3%，经营发展趋势权重占3%，六项指标权重合计20%。各项指标分值为10分制，一般公司ERP系统都能设定分值参数计算程序，业务部评分后，系统将自动生成。

任务实施

经过以上的分析和学习，曾华明白配送商高层为什么会后悔了，当年蒙牛公司要求区域配送商投资30万元以上入股，若配送商高层当年能够认真作出风险评估，就会获得丰厚回报。

思考练习

一、不定项选择题

1. 物流大客户又称物流重点客户、（　　）等。

A. 物流主要客户　　B. 物流关键客户　　C. 物流优质客户　　D. 其他客户

2. 所谓关系营销，是指把营销活动看成物流企业与（　　）、政府机构及其他公众发生互动作用的过程，其核心是建立和发展与这些公众的良好关系。

A. 消费者　　B. 供应商　　C. 分销商　　D. 竞争者

3. 关系营销的本质特征可以概括为（　　）。

A. 双赢　　B. 亲密　　C. 控制　　D. 合作

4. 大客户差异化服务是为了提高客户的（　　），进而保留住客户。

A. 满意度　　B. 换位思考　　C. 保持微笑　　D. 忠诚度

5. 财务数据指标包括（　　）、经营现金流量、资产总额六项指标。

A. 资产负债率　　B. 流动比率　　C. 净资产收益率　　D. 销售收入总额

二、判断题

1. 客户信用等级评价指标由客观评价指标（财务数据、非财务数据）、主观评价指标组成。（　　）

2. 客户期望值的高低会对客户感知企业服务满意度产生决定性影响。（　　）

3. 信用是能够履行诺言而取得的信任，信用是长时间积累的信任和诚信度。（　　）

4. 财务数据指标包括资产负债率、流动比率、净资产收益率、销售收入总额、经营现金流量、资产总额六项指标。（　　）

5. 各业务部申请客户信用额度需提交以下资料：客户基本信息表、客户基本信息表附属资料。（　　）

三、思考题

1. 简要分析物流客户流失的原因。

2. 结合自己的实际体验谈谈物流大客户管理的关键点。

3. 谈谈物流客户信用评估在实际工作中的价值。

4. 你学到了哪些应对物流客户流失的技巧？

5. 根据项目所学，与同学合作，尝试为你们所熟悉的物流企业准备一套物流客户信用等级评估表。

四、案例分析题

案例一　哈尔滨邮政局物流大客户唱主角

在亦快亦慢、亦舒亦张的市场节拍中，只有潜心研究、通晓韵律才能舞出一份出色与和谐。哈尔滨市邮政局苦心经营，寻找大客户营销的秘诀，在短短一年的时间里，与29家物流大客户“喜结连理”，创收429.76万元，占物流业务总收入比重近70%。

1. 营销舞出“十六步”

市场竞争假如仅靠营销员孤军作战，很难杀出“重围”。哈尔滨市邮政局在发展物流大客户时，没有盲目出击，而是整合各路人马进行整体运作，精心制定了营销战略的“十六步”：市场定位、市场细分、目标客户排查、需求征集、客户建档、竞争市场调研、可行性分析、物流解决方案制定、推进跟踪、精算报价、达成合作意向、多轮谈判、签订合同、试运行、程序操作、客户维护。这“十六步”步步为营、环环相扣，经过巧妙部署和运作，牢牢地“栓”住了大客户。

哈尔滨市邮政局首先细分目标客户市场，将目标锁定在知名企业、大型企业、外资企业等高端大客户上，根据客户市场类型先后确立了电子、医药、电信、化妆品、烟草、出版、汽车配件、绿色食品、服装、电子商务等大客户开发项目；然后将“十六步”逐步分解，细致操作。各项目组根据所管辖的范围进行市场调研，制定具体开发策略，同时针对目标客户，登门呈递“物流需求征集函”和“企业情况介绍”，并根据反馈情况，对现实客户和潜在客户分别建档归类管理，定时进行跟踪营销。为了确保业务发展的效益水平，该局还专门成立了价格审核小组，对每一项业务进行严格的成本测算。

通过营销“十六步”，该局在大客户营销的道路上所向披靡：在环节性物流业务上重点开发了以顶益食品公司、东莞华强三洋电子公司、新华书店批销中心为代表的运输、同城配送、易通快件等大客户，共创收60余万元；在一体化物流业务上，开发了以龙丹乳业公司、哈尔滨积荣经贸公司、鄂尔多斯集团等为代表的运输、仓储配送一体化业务大客户，创收300余万元；在货运代理业务上，开发了大连新里程国际货运有限责任公司的海运业务。该局所属各县局也根据地方特产发展特色物流，方正县邮政局开发了德莫利矿泉水二级干线运输业务，呼兰县邮政局开发了金星乳品省内运输业务，宾县邮政局开发了兴迈纯粮酒的全省物流分销配送业务……

2. 服务打造“无敌队”

要想赢得大客户的心，服务是最为关键的筹码。只有提供个性化服务，才能在市场中击败竞争对手，成为勇猛善战的“无敌队”。

2003年3月1日起，哈尔滨市邮政局开始承担龙丹乳业公司在全省的鲜奶配送、运输工作。该局本着一切为龙丹乳业公司着想、一切方便客户的思想，成立了专门的“作战指挥小组”，指定项目负责人，负责与龙丹乳业公司的日常协调和沟通事宜，及时排除产品的接收、处理、交运等环节存在的问题，倾全力满足客户的需求。由于传统的邮件运输方式不能完全满足液态奶品的运输需求，该局在调度、协作、服务运行组织上进行大刀阔斧的改造：在市内提供固定线路服务，改变过去单纯按空间顺序投递的作业方式，把客户对时间的要求作为参考因素，通过时间与空间兼顾的二维运作方式投递，保证了各奶站、分销商都能及时收到鲜奶。由于液态奶品不堪重压和路途颠簸，该局制定了严格的操作标准和服务标准，如轻搬轻放、正确堆码等，并研制了专用三层铁制货架，有效地保证了奶品的在途安全，大大降低了破损率。

在对顶益食品公司（康师傅方便面生产商）的服务中，该局积极调整作业组织方式，贴近公司运作模式，在时间、承运里程、车辆型号等方面全力满足客户要求。通过努力，该局已成为该公司在东北地区最重要的物流商，大客户的忠诚度指数稳步上升。

3. 治理划分“责任田”

大客户开发收益可嘉，但大客户管理绝非易事。如何才能维护、巩固已有的大客户，防止被他人挖走呢？哈尔滨市邮政局推出了项目经理负责制和派驻制，通过划分“责任田”，落实承包制，对大客户管理精耕细作。

项目经理负责项目开发、项目管理和售后服务等工作，具有一定的权限。他们负责协调内部各部门之间的关系，定期走访客户，了解客户需求，研究竞争对手，提出物流解决方案。各项目组之间可以实现信息互通、人员互动，物流业务相关各环节之间形成了有机的整体，从而使整个营销管理工作与业务开发工作环环相扣。在项目经理负责制实施过程中，营销人员李刚一人就开发、管理了8个大客户，营销额超过200万元。此外，项目经理不单纯从物流业务的角度去开发客户，而是在了解客户需求的基础上，联合其他专业局、生产局，对客户所需的、邮政局能够涉及的业务进行综合开发。该局先后针对可口可乐、统一食品、哈药集团等省内知名大企业实施了项目经理制和派驻制，通过为其提供“一站式”的可靠服务，有效地稳定了大客户群。

思考：

（1）如何看待大客户的价值？

（2）根据上述案例，分析怎样才能为大客户提供一对一的服务。

案例二　德国麦德龙客户关系管理案例

德国麦德龙集团（METRO）是当今欧洲第三、世界第五的贸易和零售集团，拥有六大独立销售业态，其中，麦德龙现购自运制公司最具竞争力和特色，其销售额约占集团销售额的50%，居全球各大现购自运制商业集团之首，拥有绝对优势。麦德龙集团在中国投资建成的锦江麦德龙现购自运有限公司已经在中国开设了26家现购自运制商场，进入中国短短10年时间，吸纳会员300余万，并日益庞大。

麦德龙集团面对的消费群不是个人和家庭，而是通过会员制的形式，锁定具有批量购买能力的终端零售商和机关事业单位。

基于会员制的现购自运制成功的关键因素之一在于其强大的客户关系管理系统，扎实到位的数据分析技术大大领先于本土竞争对手。客户全面管理系统和商品查询系统与客户开发部门，乃至整个商场的高度整合很大程度上促成了麦德龙集团的成功。

客户全面管理系统和商品查询系统领先同行

全球所有的麦德龙现购自运商场均采用向 Oracle 公司订制开发的“客户全面管理系统和商品查询系统”，由计算机对客户数据和商品销售情况及库存数据进行管理和控制，能根据历史资料自动预测销售、制定采购计划，产生订单，功能强大，在全球零售贸易集团中仅次于沃尔玛的决策支持系统，为开展全面的客户关系管理提供了强有力的信息支持。各商场都设置了 EDP（Electronic Data Processing，电子数据处理）电脑部门，负责对客户全面管理系统进行日常维护。研究报表是各级管理阶层主要的日常工作内容之一。

由客户全面管理系统生成的各种年度、季度、月度、周、日销售报表，包括库存报表、各时期销售总计报表、各时期分类销售统计报表、各年同期各类商品销售对比报表、各年同期分类客户数和账单数对比报表、各时区横向和纵向销售对比报表、修正报表、商品修改列表等，从多角度将数据整合成为有用的信息，是商场及总部预测需求、适应变化、为客户提供及时应变商品和服务的重要依据。

客户全面管理系统的界面包括客户单位编号、名称、地址、电话号码、传真号码、持卡人姓名、开卡日期、所属客户种类、购买各类商品金额的各年度统计、详细购买记录等情况。

商品查询系统的界面包括商品编号、商品描述、供应商编号、供应商描述、价格、到货日期、到货数量、总销售量、库存、增值税税率、是否处在广告期、是否专卖商品、是否零售商品、是否限制商品、最小起订数量（重量、体积）、有效天数、所属销售部门、种类及订货建议等详尽信息。

客户的每次购买行为由 POS 扫描商品条码驱动都自动记录在系统当中，库存等动态商品数据、相关购买信息自动生成，进入商品管理系统，同时生成客户购买信息，将金额、种类记入该客户的购买统计数据中。

由于客户全面管理系统在商场各部门、各商场、各区域总部、国家总部及德国总部之间实时相连，且一般有英语及所在国语言两个版本，因此查看数据非常方便，更便于集团高层掌握与控制全局。

人与系统充分协调

人工与自动系统充分协调配合，麦德龙现购自运商场的客户开发部门以客户全面管理系统为支撑，不仅起到信息桥梁的作用，更注重以尽可能低的价格为专业客户提供高质量商品及系统商业方案的管理宗旨，充分体现与专业客户共同发展，创造双赢的先进客户关系管理思想，不同于其他商场的类似部门。

客户开发部门是麦德龙现购自运商场进行客户关系管理的重要门户。为充分保障客户全面管理系统更有效地进行客户关系管理，麦德龙的客户开发人员每天都会在外出拜访客户之前调用客户档案，查看该客户在商场的历史消费记录，包括消费时间统计、种类统计、金额统计、最大成交额等，并结合商场该时期内商品价格为客户事先制定一个推荐采购计划，往往主动、及时地满足了客户需要。对于大宗客户，客户全面管理系统有更为详细的销售统计和分析技术。除此之外，客户开发人员每天、每周、每月、每年都要依据客户全面管理系统实时生成的各种销售报表制定详尽的客户开发计划，客户开发部门密切注视各种类和各时区、路段客户的销售增幅，随时调整计划。每天工作结束，客户开发人员要根据拜访情况填写各种表格来更新客户全面管理系统中的客户资料数据和销售建议，并提供有针对性的服务和信息支持。

麦德龙集团还积极建立稳定的信息渠道，通过电话拜访、咨询员专访、邮寄麦德龙邮报、信件联络、客户交流会等形式促进信息反馈，了解市场，修正其经营策略和管理决策。

思考：

（1）麦德龙集团是如何实现有效客户关系服务管理的？

（2）如何看待麦德龙集团客户全面管理系统的价值？

项目六
物流客户服务绩效评估

【学习目标】

知识目标：

1. 了解物流客户服务绩效管理的内容及原则；
2. 掌握物流客户服务绩效考评的常用方法；
3. 熟悉物流客户服务绩效反馈与绩效改进的技巧。

能力目标：

1. 能分析物流客户服务绩效管理的现状及存在的问题；
2. 能根据实际情况实施物流客户服务绩效考评工作。

【重点难点】

本项目的重点是物流客户服务绩效管理，难点是物流客户服务绩效管理的实施。

任务一
认识物流客户服务绩效管理

任务描述

曾华所在的物流公司过去是把员工的销售业绩、卫生环境、账册管理等方面的情况汇总在一起考评，根据综合考评的结果来发放奖金，这样可能出现销售业绩单项特别突出、综合考评分数不一定高、奖金不一定拿得多的情况，严重影响了员工的积极性。为此，曾华所在的物流公司从 2019 年 9 月起推出了一套新的改革措施，即对客户服务绩效进行评估改革。具体地说，就是首先把总奖金的 40%提出来作为销售奖金，按销售业绩分档排序，第一名拿一档，第二名拿二档……至于最后一名，如果是有客观原因（如生病、事假等）而排在最后一名，则可以按序拿最后一名的奖金，如果没有客观原因而排在最后一名，则拿收底奖金 60 元；其次把总奖金的 20%提出来作为销售服务奖，按服务态度分档排序；再次拿出总奖金的 5%作为领班奖，奖励领班分配的一些临时性的、不能进入业绩考核的工作；剩下的总奖金的 35%才按过去的办法进行销售业绩、卫生环境、账册管理等综合考评。不难看出，新方案与过去最大的不同是突出了员工的销售业绩，并把每个人的业绩摆在明处。要认识物流客户服务的绩效管理，曾华需要完成以下两项工作任务：

（1）深刻理解物流客户服务绩效管理的重要性；

（2）把握设计物流客户服务绩效体系的原则和要点。

知识准备

一、绩效与绩效管理

（一）绩效

1. 绩效的概念

绩效是指在特定的环境和资源条件下，人们所采取的与组织目标相关的行为及其实现的结果。我们强调环境和资源条件，是因为不同的外部条件对员工绩效的影响是明显不同的。此外，绩效所包含的组织行为应该是与组织目标相关的，无关的组织行为不构成绩效，如员工工作中的偷懒行为。需要指出的是，组织内部一般区分员工绩效与组织绩效，二者的行为主体、行为方式各不相同。但二者又是直接相关的，体现在：一方面，员工绩效是组织绩效的构成部分，直接影响组织绩效；另一方面，组织绩效的好坏会在主观上影响员工绩效评价。

2. 绩效的特点

按照理论界较为普遍的看法，绩效具有以下三个特点：

（1）多因性。即绩效影响因素的多样化。客观地说，绩效是组织资源与外部环境协作的过程与结果。一方面，绩效来源于员工或组织行为，员工努力程度增加，绩效也会相应提高，但员工在推动绩效提高时，有可能会因为企业现有的物力、财力状况不佳而受到限制。另一方面，绩效受制于资源与环境条件，如宏观经济环境、行业发展状况等。此外，文化也是影响绩效的重要因素，好的企业文化能够通过激励员工实现更好的组织绩效。

（2）多维性。即需要从多个方面或维度对员工绩效或组织绩效进行评价。在进行绩效评价时，需要同时考虑过程和结果。例如，对一线操作工人进行绩效评价时，不仅要看其产量与质量的指标完成情况，而且要看其生产过程中的原材料使用、能源消耗、设备保养状况、员工工作态度等。从另一个角度来看，绩效可以分为岗位绩效、关系绩效和管理绩效三个维度。由于绩效评价结果会影响每一个员工的切身利益，因此评价维度的全面性至关重要。

（3）动态性。首先，绩效本身包含行为，而行为必然是动态的。其次，影响员工绩效的多方面因素处于不断变化之中，因此，员工绩效也会发生动态变化。最后，绩效的取得有时并不与会计期间相协调，因此，在进行绩效评价时，不能以一成不变的思维对待员工绩效，一方面不能受其先前绩效的影响，另一方面要看到员工绩效取得的高潮期和低潮期，本期工作的效果有可能在下期得到体现。

（二）绩效考核与绩效管理

1. 绩效考核

绩效考核又称绩效考评、绩效评价等，是对员工的工作行为与工作结果全面地、系统地、科学地进行考察、分析、评估与传递的过程。绩效考核本质上就是考核组织成员对组织的贡献，或者对组织成员的价值进行评价，它是管理者与员工之间为提高员工能力与绩效、实现组织战略目标的一种管理沟通活动。

由于绩效考核本身不是目的，而是手段，因此其概念的内涵和外延应该随经营管理的需要而变化。从内涵上说，绩效考核包括人与事的评价两层含义：一是对人及其工作状态进行评价，二是对人的工作结果即人在组织中的相对价值或贡献程度进行评价。从外延上看，绩效考核就是有目的、有组织地对日常工作中的人进行观察、记录、分析和评价，包括三层含义：一是从企业经营目标出发对员工工作进行考评，并使考评结果与其他人力资源管理职能相结合，推动企业经营目标的实现；二是作为人力资源管理系统的组成部分，运用一套系统和一贯的制度性规范、程序和方法进行考评；三是对组织成员在日常工作中所表现出的能力、态度和获得的业绩，进行以事实为依据的评价。

2. 绩效管理

绩效管理是一种提高组织员工绩效和开发团队、个体潜能的手段，是组织不断获得成功的管理思想和具有战略意义的、整合的管理方法。绩效管理与绩效考核是不同的，绩效考核是事后考核工作的结果，而绩效管理是事前计划、事中管理和事后考核所组成的三位一体的系统。两者的区别见表6-1。

表6-1 绩效管理与绩效考核的比较

项目	绩效管理	绩效考核
过程的完整性	完整的管理过程	管理过程中的局部环节和手段
侧重点	侧重于信息沟通与绩效提高，强调事先沟通与承诺	侧重于判断和评估，强调事后评价
出现的阶段	伴随着管理活动的全过程	只出现在特定的时期

二、物流客户服务绩效考核的原则

物流客户服务有自身的业务特点——分布广、人员多、业务活动复杂、绩效考核工作量大，因此绩效考核在物流客户服务中操作的难度相对较大。基于这样的特点，为了更好地开展绩效考核，从而让物流企业更好地发展，物流客户服务的绩效考核要从自身特点出发，结合以下原则设定绩效考核体系，客观地对员工进行绩效考核。

（一）公开透明原则

考核目标、考核标准、考核方法、考核程序和考核结果等整个绩效考核工作应对员工公开。每个绩效考核周期结束后，由部门领导和人力资源部门通过不同的渠道告诉每一位被考核者结果，保证员工及时了解；要求考核流程和具体操作程序公开透明，接受被考核者的监督；保证考核结果不会被个人主观操纵以及受个人情感因素影响，实现绩效考核工作的公开透明。

（二）公正客观原则

因为员工岗位职责不同，工作态度和工作能力会受到很多种因素影响，所以绩效考核会有不同的形式，绩效考核的结果也会产生差异。为了保证绩效考核遵循公正客观原则，物流企业应该在制定绩效考核计划之前，根据员工的不同工作性质和实际情况，经过多方面征求意见，制定合适的绩效考核计划。

（三）沟通反馈原则

著名管理学专家罗伯特·巴克沃（Robert Bacal）认为，绩效考核过程是一个持续需要员工和直接主管之间达成某种协议来保证其完成的交流过程，需要将企业高管、各级主管和员工都融入绩效考核体系中，这种协议是建立在未来的工作中要达成明确的战略目标和员工理解的基础上的。考核者与被考核者通过对工作中存在的问题和不足进行沟通，使被考核者明确今后努力的方向从而提高工作质量，达到激励员工的目的，最终实现企业和员工共同成长与发展。

（四）常规制度化原则

物流企业要建立以绩效考核为导向的企业文化，加强日常的基础绩效考核工作，从而改变传统人事部门管理“事后算账”的做法。由于绩效考核是对员工的工作内容作出的评价，也是对员工工作行为的分析，因此只有将绩效考核常规化、制度化，才能全面了解员工的绩效，及时发现并纠正员工工作中存在的不足，以发现员工的工作价值。

（五）差别化原则

这是关于绩效考核指标选取很重要的原则。对不同岗位、不同工作性质的员工应该有清楚的差别界限，要充分考虑工作职责的问题，不能“一刀切”。绩效考核指标的制定和选取应该根据岗位职能、物流客户服务的实际经营情况制定。

（六）实用性和可操作原则

实用性是指绩效考核体系的设计要从物流客户服务自身特点、员工实际工作职责出发，既要保证企业战略目标的实现，也要照顾到员工工作的积极性。可操作是指物流企业制定的绩效考核体系的执行所需要的人力、财力、物力、时间，要与考核者与被考核者的客观情况基本保持一致。

任务实施

经过以上分析和学习，曾华理解了物流客户服务绩效管理的重要性，并掌握了设计物流客户服务绩效体系的原则和要点，这对下一步实施有效的物流客户服务绩效管理非常重要。

任务二
物流客户服务绩效管理实施

任务描述

曾华所在的物流公司的合作伙伴——顺丰速运在世界多个国家拥有2万多名员工和300多个办事机构。该公司在中国各地投资兴建了几十家分公司，由于各个公司投产的时间都不长，内部管理制度的建设还不完善，因此采用设计和实施相对简单的强制分布评估方法对员工进行绩效考核。各个公司的生产员工和管理人员都是每个月进行一次绩效考核，考核的结果对员工的奖金分配和日后的晋升都有重要的影响。但是该公司最高管理层很快就发现这种绩效考核方法存在一些问题，但是又无法确定问题的具体表现及其产生的原因。公司派曾华随同人力资源经理去该公司考察学习，并要求他们回来后能对员工绩效考核系统进行诊断和改进。为此，曾华需要完成以下工作任务：

（1）设计物流客户服务绩效考核表并完成绩效考核工作；

（2）运用正确的流程实施物流客户服务绩效管理工作。

知识准备

一、物流客户服务绩效管理的工作流程

绩效管理的工作流程可以分为四个阶段：准备阶段、实施阶段、反馈阶段和应用开发阶段，如图6-1所示。

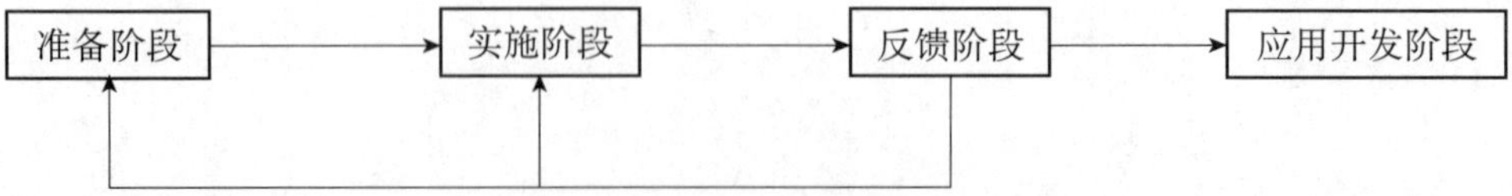

图6-1 绩效管理的工作流程

1. 准备阶段

准备阶段是绩效考核工作的第一步。这一阶段的主要任务是做好绩效考核主体内容的准备工作，主要包括绩效考核主体的确定、绩效考核目标的制定、绩效考核周期的确定等。

2. 实施阶段

实施阶段主要完成两大任务：一是做好绩效沟通工作，二是完成绩效考核任务。这一阶段要对员工工作业绩、能力、态度等方面作出综合评价。

3. 反馈阶段

反馈阶段是指在绩效考核分数或等级评定完成后，管理人员还需要与员工进行一次甚至多次面对面的交谈，以达到反馈与沟通的目的。通过此阶段，员工可以了解自己的绩效和上级对自己的期望，认识自己有待改进的方面；同时，员工可以提出自己在完成绩效目标中遇到的困难，请求上级的指导和理解。

4. 应用开发阶段

应用开发阶段是绩效考核过程中的一个重要环节。传统绩效考核的目的是通过对员工的工作业绩进行评估，将评估结果作为确定员工薪酬、奖惩、晋升或降级的依据。现代绩效管理的目的不应局限于此，员工能力的不断提高和绩效的持续改进、发展才是其根本目的。所以，绩效改进工作的成功与否，是绩效管理过程能否发挥效果的关键。

动脑筋 6－1

王小明为什么离开？

王小明是一家通信公司的技术人员，他来公司已经两年多了，工作业绩也很出色，但一直没有得到加薪或晋升的机会。按王小明的主管的话来讲，王小明虽然能出色地完成工作任务，但是平时自由散漫。原来，王小明从上学时就养成了一种习惯，即喜欢在晚上工作，只有在夜深人静的时候，他才能进入状态，因此白天在办公室显得有些心不在焉。他的主管在年末考核时不管王小明的工作做得如何出色，也不听王小明的申辩，总是给王小明较差的评价。

如此持续了几年，看着身边的同事一个个得到提升，王小明终于忍无可忍，辞职去了另一家公司，后来成为那家公司研发部的经理。原公司因为主管在绩效考核的过程中陷入了误区，导致了一位优秀人才的流失。

事实上，许多公司的绩效考核中存在类似的误区。“察其所以往，知其所以来”，管理人员要在绩效考核中避免这些误区，必须先了解这些误区的形成原因以及如何避免。

二、物流客户服务绩效管理的实施

（一）准备阶段的主要工作

充分的准备工作是绩效考核能够顺利实施的关键。这一阶段的具体工作有：

1. 绩效考核主体的确定

绩效考核主体是指对员工的绩效进行考核的人员。经过近几年的发展，大部分企业在实施绩效考核时，基本上抛弃了被考核者的上级作为单一考核主体的做法，而是普遍引入了 360 度绩效考核，以期实现绩效考核的公平性和客观性。但是由于多数企业并没有真正理解 360 度绩效考核，因此在设置考核主体时出现了问题。这些企业规定，所有的考核指标都要由被考核者的上级、同级和下级进行评价，只是不同的考核主体在考核结果的最终计算中所占的比重不同而已。这种做法看似是公平了，其实蕴含着更大的不公平。我们知道，被考核者的考核内容是由一系列考核指标组成的，不同的考核主体对不同考核指标的了解程度是不同的：有些考核指标被考核者的上级最了解，如被考核者的工作业绩、业务知识等；有些考核指标被考核者的同级最清楚，如被考核者的沟通协调能力、协作性等；而有些考核指标只有被考核者的下级才最了解，如被考核者培育下属的能力等。如果让不了解某项考核指标的考核主体来对这项指标进行评价，那么评价的结果就很值得怀疑了。

为了保证绩效考核的客观公正，应当根据考核指标的性质来选择考核主体，选择的考核主体应当是对考核指标最了解的，如“协作性”由同级进行考核，“培养下属的能力”由下级进行考核，“服务的及时性”由客户进行考核等。由于每个职位的绩效目标都由一系列的指标组成，不同的指标又由不同的考核主体来进行考核，因此每个职位的考核主体应该有多个。此外，当不同的考核主体对某一个指标都比较了解时，这些考核主体都应当对这一指标作出评价，以尽可能地消除考核的片面性。

2. 绩效考核目标的制定

绩效考核目标也称绩效目标，是对员工在绩效考核期间工作任务和工作要求所做的界定。绩效目标是对员工进行绩效考核的参照，由绩效指标和绩效标准组成。

（1）绩效指标。绩效指标是指绩效的维度，也就是说从哪些方面来对员工绩效进行考核。绩效指标的设置应当注意以下几个问题：

第一，绩效指标应当切合实际，就是说绩效指标应当根据员工的工作内容来确定。由于绩效考核的根本目的是改善员工工作业绩，因此绩效指标应当反映员工的工作内容，这样才有助于发现他们工作中的不足和问题，并有针对性地进行改进。在企业中，每个员工的工作内容都是不一样的，因此他们的绩效指标也应当是不同的。

第二，绩效指标应当切实有效，就是说绩效指标应当涵盖员工的全部工作内容，这样才能准确地评价员工的实际绩效。这包括两层含义：一是绩效指标不能有缺失，员工的全部工作内容都应当包括在绩效指标中；二是绩效指标不能有溢出，职责范围以外的工作内容不应当包括在绩效指标中。

第三，绩效指标应当详细具体，就是说绩效指标要明确指出到底要考核什么内容，不能过于笼统，否则考核主体无法进行考核。例如，在考核教师的工作业绩时，“授课情况”就是一个不具体的指标，因为授课情况涉及很多方面的内容，如果使用这一指标进行考核，考核主体会无从下手，应当将它分解成几个具体的指标，如“上课的准时性”“讲课内容的逻辑性”“讲课方式的生动性”，这样考核时就更有针对性。

第四，绩效指标应当明确无歧义，就是说当对绩效指标有多种不同的理解时，应当清晰地界定其含义，不能让考核主体产生误解。例如，对于“工程质量达标率”这一指标，就有两种不同的理解，一是“质量合格的工程在已经完工的工程中所占的比重”，二是“质量合格的工程在应该完工的工程中所占的比重”，这两种理解有很大的差别，因此应当指明到底是按照哪种含义来进行考核。

第五，绩效指标应当具有差异性。这包括两层含义。一是对于同一个员工来说，各个绩效指标在总体绩效中所占的比重应当有差异，因为不同的绩效指标对员工绩效的贡献不同。例如，对于总经理办公室主任来说，公关能力相对就比计划能力重要。这种差异性是通过各个绩效指标的权重来体现的。二是对于不同员工来说，绩效指标应当有差异，因为每个员工从事的工作内容是不同的，如销售经理的绩效指标就不应当和生产经理的一样。此外，即便有些绩效指标是一样的，但是权重也应当不一样，因为每个职位的工作重点不同。例如，计划能力对企业策划部经理的重要性就比对法律事务部经理的重要性要大。

第六，绩效指标应当具有可变性。这包括两层含义。一是在不同的绩效周期，绩效指标应当随着工作任务的变化而有所变化。例如，企业在下个月没有招聘计划但是有对新员工的培训计划，那么人力资源经理下个月的绩效指标中就不应当设置有关招聘的指标，而应当增加有关培训的指标。二是在不同的绩效周期，各个绩效指标的权重应当根据工作重点的不同而有所区别。岗位的工作重点一般是由企业的工作重点决定的。例如，企业在下个月准备重点提高产品质量，那么在整个绩效指标中，质量指标所占的比重就应当相应地提高，以引起员工对产品质量的重视。

（2）绩效标准。绩效标准明确了对员工的工作要求，也就是说对于绩效内容界定的事情，员工应当怎样来做或者做到什么程度。例如，“产品的合格率达到 90%”“接到投诉后 2 天内给客户以满意的答复”等。绩效标准的确定，有助于保证绩效考核的公正性，否则就无法确定员工绩效的好坏。确定绩效标准时，应当注意以下几个问题：

第一，绩效标准应当明确。按照目标激励理论的解释，目标越明确，对员工的激励效果越好，因此在确定绩效标准时应当具体清楚，不能含糊不清，这就要求尽可能地使用量化的标准。例如，某公司对人力资源部招聘主管的绩效标准是这样规定的：①收到其他部门的人力资源需求后，能够迅速招聘到合适的人员；②招聘成本较低。这样的绩效标准就非常不明确：“能够迅速招聘到合适的人员”，到底怎样才算迅速，一个星期还是两个星期，根本没有说清楚；“招聘成本较低”，怎样才算低，也没有规定具体。量化的绩效标准应当这样来规定：①收到其他部门的人力资源需求后，在 5 个工作日内招聘到合适的人员；②招聘成本应控制在每人 150～200 元。

量化的绩效标准主要有以下三种类型：一是数值型的标准，如“销售额为 50 万元”“成本平均每个 20 元”“投诉的人数不超过 5 人次”等；二是百分比型的标准，如“产品合格率为 95%”“每次培训的满意率为 90%”等；三是时间型的标准，如“接到任务后 3 天内按要求完成”“在 1 个工作日内回复应聘者的求职申请”等。绩效标准量化的方式则分为两种：一种是以绝对值的方式进行量化，如上面所举的几个例子；另一种是以相对值的方式进行量化，如“销售额提高 10%”“成本每个降低 5 元”。这两种方式的本质其实是一样的，只是表现形式不同而已。

第二，绩效标准应当适度。即制定的绩效标准要具有一定的难度，但是员工经过努力又可以实现，通俗地说就是"跳一跳能够到"。这同样是源自目标激励理论的解释，目标太容易或太难，对员工的激励效果都会大大降低，因此绩效标准的制定应当在员工可以实现的范围内确定。

第三，绩效标准应当可变。这包括两层含义。一是对于同一个员工来说，在不同的绩效周期，随着外部环境的变化，绩效标准有可能也要变化。例如，对空调销售员来说，由于销售有淡季和旺季之分，因此淡季的绩效标准应当低于旺季。二是对于不同的员工来说，即使在同样的绩效周期，由于工作环境的不同，绩效标准也有可能不同。仍以空调销售员为例，有两个销售员，一个在昆明工作，一个在广州工作，由于昆明的气候原因，人们对空调基本上没有需求，广州人的需求则比较大，因此这两个销售员的绩效标准就应当不同。在广州工作的销售员，其绩效标准就应当高于在昆明工作的销售员的。

3. 绩效考核周期的确定

绩效考核周期也称绩效考核期限，是指多长时间对员工进行一次绩效考核。由于绩效考核需要耗费一定的人力、物力，因此绩效考核周期过短，会增加企业管理成本的开支；绩效考核周期过长，又会降低绩效考核的准确性，不利于员工工作绩效的改进，从而影响绩效管理的效果。绩效考核周期的确定，要考虑以下几个因素：

第一，职位的性质。不同的职位，工作内容是不同的，绩效考核的周期也应当不同。首先，职位的工作绩效比较容易考核的，绩效考核周期相对要短一些，如工人的绩效考核周期相对就应当比管理人员的短。其次，职位的工作绩效对企业整体绩效的影响比较大的，考核周期相对要短一些，这样有助于及时发现问题并进行改进，如销售职位的绩效考核周期相对就应当比后勤职位的短。

第二，指标的性质。不同的绩效指标，其性质是不同的，绩效考核周期也应当不同。一般来说，性质稳定的绩效指标，绩效考核周期相对要长一些；反之，绩效考核周期相对就短一些。例如，员工的工作能力比工作态度相对要稳定一些，因此"工作能力"指标的考核周期相比"工作态度"指标的要长一些。

第三，标准的性质。在确定绩效考核周期时，还应当考虑绩效标准的性质，即绩效考核周期的时间应当保证员工经过努力能够实现这些标准。这一点其实是和绩效标准的适度性联系在一起的，如"销售额为 50 万元"这一标准，按照经验需要 2 周左右的时间才能完成，如果将考核周期定为 1 周，员工根本无法完成；如果定为 4 周，又非常容易实现。在这两种情况下，对员工的绩效进行考核都是没有意义的。

第四，考核的目的。考核的目的不同，则考核周期也应相应调整。如果绩效考核的目的主要是奖惩，那么自然就应该使考核周期与奖惩周期保持一致；而如果是为了续签聘用合同，则考核周期应与企业制定的员工聘用周期一致等。根据不同的考核目的，企业的绩效考核周期的一般情况见表 6 - 2。

表 6－2　企业绩效考核周期的一般情况

考核目的	职位类别	周期
绩效薪酬的发放	高层管理人员、高级技术人员、销售人员	1年
	中层管理人员、一般技术人员	1个季度
	一般管理人员、直接生产人员	1个月
确认晋升资格	所有职位	按年连续考核
检查提薪资格	所有职位	按年连续考核
检查奖励资格	所有职位	与奖励周期一致
能力开发/调动配置	所有职位	按年连续考核
续签聘用合同	所有职位	在合同期限内每年综合考核

（二）实施阶段的主要工作

1. 绩效沟通

绩效沟通是绩效管理的灵魂与核心，是绩效管理过程中耗时最长、最关键、最能促进工作开展并产生效果的环节。良好的绩效沟通能够及时排除障碍，最大限度地提高绩效。在某种程度上，绩效沟通贯穿了绩效考核工作的始终——制定绩效计划与目标要沟通，帮助员工实现目标要沟通，年终评估要沟通，分析原因寻求进步也需要沟通。

（1）绩效沟通的意义。企业的绩效考核，说到底就是上下级之间就绩效目标的设定及实现而进行的持续不断的双向沟通的过程。在这一过程中，管理者与被管理者从绩效目标的设定开始，一直到最后的绩效考核，都必须保持持续不断的沟通，任何单方面的决定都将影响绩效考核的有效开展，降低绩效考核体系效用的发挥。因此，不懂沟通的管理者不可能拥有一个高绩效的团队，再完美的考核制度都无法弥补管理者和员工缺乏沟通带来的消极影响。持续的绩效沟通对于上级和下属都有着非常重要的意义。

对于上级来说，通过沟通可以帮助下属提升能力；有助于考核者全面了解被考核者的工作情况，掌握工作进展信息，并有针对性地提供相应的辅导、资源；考核者能够掌握考核的依据，有助于客观公正地评价下属的工作绩效；有助于提高考核工作的有效性，提高员工对绩效考核、对与绩效考核密切相关的激励机制的满意度。

对于下属来说，通过沟通可以在工作过程中不断得到关于自己工作绩效的反馈信息，如客户抱怨、工作不足之处或产品质量等信息，以便不断改进绩效、提高技能；可以及时了解组织的目标调整、工作内容和工作的重要性发生的变化，便于适时变更个人目标和工作任务等；能够及时得到上级相应的资源和帮助，以便更好地达成目标，当环境或任务以及面临的困难发生变化时，不至于处于孤立无援的境地。

（2）绩效沟通的方法。绩效沟通的方法可分为正式沟通方法与非正式沟通方法两类。

第一类是正式沟通方法。正式沟通方法是事先计划和安排好的，如定期的书面报告、正式面谈、定期的会议沟通等。

①定期的书面报告。员工可以通过文字的形式向上级报告工作进展、反映发现的问题，主要有周报、月报、季报、年报。员工与上级不在同一地点办公或经常在外地工

作，可通过电子邮件进行传送。书面报告可促使员工理性、系统地考虑问题，提高逻辑思维和书面表达能力，但应注意只保留必要的报告内容，避免烦琐。

②正式面谈。正式面谈对于及早发现问题、找到和推行解决问题的方法是非常有效的；可以使管理者和员工进行比较深入的探讨，使员工有一种被尊重的感觉，有利于管理者和员工之间以开放、坦诚的方式进行谈话和交流。

③定期的会议沟通。会议沟通可以满足团队交流的需要，定期参加会议的人员相互之间能掌握工作进展情况；通过会议沟通，员工往往能从上级口中获取公司战略或价值导向的信息。但应注意明确会议重点，注意会议频率，避免召开不必要的会议。

第二类是非正式沟通方法。非正式沟通方法是未经计划的，其沟通途径是通过组织内的各种社会关系，其形式如非正式的会议、闲聊、走动式交谈、吃饭时进行的交谈等。

非正式沟通方法的好处是形式灵活多样，不需要刻意准备；沟通及时，问题发生后，马上就可以进行简短的交谈，从而使问题很快得到解决；容易拉近管理者与员工之间的距离。

（3）绩效沟通的内容。总的来说，绩效沟通的内容包括以下六个方面：

第一，阶段工作目标、任务完成情况。应对照绩效考核表、岗位说明书和工作计划，就每项工作完成情况进行沟通，上级可以就岗位职责、各项指标的完成情况进行逐项讨论、确定。这主要是对员工过去一个阶段绩效考核的结果交换看法，以寻求达成共识。

第二，完成工作过程中的优良表现。主要是挖掘下属工作中的闪光点，最好列出具体事例加以证明。这项沟通要求上级注意观察和发现员工在日常工作中表现出的优秀方面，及时给予表扬和奖励，以扩大正面行为带来的积极影响。要做到这一点，上级首先要切实发现员工身上的闪光点，如一些不是员工职责范围内的事情（哪怕再小的事情）员工主动去完成。但要注意，不要表扬一些不值得表扬的行为，如员工应该做到的事情。另外，表扬一定要具体，表扬的内容要以事实为依据，态度要明确。

第三，指出需要改进的地方。应针对具体问题，明确指出员工工作过程中哪些地方做得不到位，哪些地方还可以提高。请员工本人分析存在问题的原因，描述下一步该如何克服和改进，同时提出自己的建议。

第四，描述公司领导或他人对下属工作的看法和意见。对正面的反馈，一定要及时告知员工具体表扬人和内容，并向员工为部门争得的荣誉表示感谢。对于负面的反馈，可以转述反馈的内容，根据不同情况（事实严重程度、员工个性特点等）确定是否需要说明反馈部门或人员。询问员工对反馈意见的看法，帮助制定改进措施，或和员工一起向有关部门解释原因，通报解决方案等。

第五，协助下属制定改进措施和行动计划。对实施过程中遇到的问题进行认真分析，找出原因并提出解决方法。

第六，下一阶段绩效工作目标、计划的制定和确认。要点在于和员工一起讨论、确定工作目标、完成进度表和检查考核计划，让员工对完成的目标、阶段性目标、何时反馈等有明确的认识。

2. 选择和培训考核者

（1）选择考核者。由谁来考核是绩效考核的一个很重要的问题。它关系到考核的信度和效度，同时是维持绩效考核公正、权威的一个重要因素。绩效考核系统是一个复杂的系统，考核主体的多样化有助于多层次、多角度地进行考核，这对整个绩效考核系统的稳定性是很有帮助的。可选择的考核者有：

①员工的直接上级。由主管进行考核，也称上级为下级考核，这是大多数考核体系中普遍采用的方法。选用这一方法有几个容易理解的原因：

第一，主管通常处于最佳的位置来观察员工的工作业绩。

第二，主管对特定的单位负有管理责任。当评价下级的任务被移交给其他人时，主管的威信可能受到削弱。

第三，下级的培训和发展在每个管理者的工作中是一个不可或缺的环节，同时排除了同事之间互相考核的一些弊端，具有一定的公平性。

从不好的方面来看，主管可能会强调员工业绩的某一方面，而忽视其他方面。此外，由主管进行考核，从而为对员工作出的加薪和提升决策提供依据，这是众所周知的，但在项目或矩阵组织结构中，职能领域的基层主管可能缺少足够观察业绩的机会来对下级的业绩进行考核。在多数情况下，直接领导仍将可能继续负责绩效考核的工作。

②员工的同事。由员工的同事进行考核可以有效地预示某人的发展潜力，但可能造成互相吹嘘，因为所有的同事坐在一起互相考核，碍于面子和各自的利益容易出现高估的情形。长期以来，同事考核的拥护者认为，如果在一个合理的长时期内工作小组比较稳定，并且完成了需要相互影响的任务，受全面质量管理观念所激励的组织，都在不断地增加使用该工作小组，包括那些自我管理的工作小组，那么在这些工作小组内，同事考核可能会越来越流行。由小组成员实施考核有如下优点：

a. 小组成员比任何人对彼此的业绩更为了解，所以作出的评价更为准确；

b. 同事的压力和竞争对小组成员来说是一个极为有力的激励因素；

c. 那些认识到小组中的同事将会评价他们工作的成员，会表现出更高的积极性和工作效率；

d. 同事的评价中包括众多的观点，且不单独针对某一个人。

同事考核所带来的问题包括实施考核所需要的时间，以及在区别个人与小组的贡献方面所遇到的困难，而且有些小组成员在评价他们的同事时可能有些不适应。因此，应该对参与绩效考核的小组成员进行必要的培训。

③员工的下级职员。现在有许多组织都提倡下属用不记名的方式对他们主管的工作行为进行评估，这一过程又称为“向上的反馈”。在整个组织中实行这种考核方式，有助于高层管理者重新审视他们的管理风格，明确一些潜在的问题，并按照对管理者的要求来采取一些正确的行为。这种考核方式对促进管理者的发展和改进工作更有价值。有些管理者断言，由下属来考核管理者是可行的，他们的根据是下属处于一个较有利的位置来观察领导者的管理效果。这种方法的拥护者认为，管理人将会特别意识到工作小组

的需要，并且会将经营管理工作做得很好。反对者则认为，员工有可能担心会遭到报复。如果这种方法有效的话，有一点相当关键，即必须对考核者的姓名进行保密。

④员工自己。员工对工作行为进行自我评估也是许多组织经常采用的一种方式，它通常是与主管的评估相连接的。如果员工理解他们所期望取得的目标以及将来评价他们所采用的标准，则他们往往处于评估自己业绩的最佳位置。人最清楚自己在工作中哪些做得好、哪些是需要改进的，如果给他们机会，他们就会客观地评价自己的工作业绩并采取必要的措施进行改进。同时，因为员工发展是自我的发展，所以进行自我评估的员工会变得更加积极和主动。自我评估对那些特别重视员工参与和发展的经理具有很大的吸引力。但通常情况是，员工作出的自我评估通常高于主管和同事得出的绩效。因此，这种方法须慎重使用。

⑤客户。该方法常用于收集客户的抱怨或客户的批评意见。对于服务行业，如餐饮业、旅游业等，客户的评价非常重要。有些公司雇用专门的调查公司收集客户的意见，并将其作为员工薪金设定的重要依据。

⑥外界人事专家或顾问。许多组织都采用由考核委员会对雇员的工作进行考核的方法对员工进行绩效考核。考核委员会成员通常由员工的直接主管及3～4名其他主管组成。

这种方法有很多优点，不同考核者可以从不同角度来评定一个人的工作行为。因为有3～4名主管是非直接主管，所以他们完全凭事实说话，排除了直接主管自己考核的许多感情因素，往往更真实、公平、有效。

（2）培训考核者。为保证绩效考核工作的质量，对考核者应该进行培训，使他们重视这项工作并增强成功信心，在开展工作时显得更加专业、规范，从而提高绩效考核的效度。同时，培训能够使考核者掌握相关技能，熟悉考核的各个环节，并积累一定的实践经验。

对考核者的培训，一般由人力资源部门负责实施，主要包括以下内容：

①企业人力资源管理制度的讲解。主要是由人力资源部门对企业整个人力资源管理制度的结构和内容进行整体介绍；同时，站在企业目标和企业整体战略的角度，对人力资源管理制度的运行情况以及未来的发展方向和模式作出阐述。通过讲解，企业不但可以使考核者充分认识到人力资源管理制度是企业经营战略的一个重要组成部分，而且能使他们了解到考核制度是整个人力资源管理制度的基石，从而增强他们对考核工作的重视程度和对考核工作的责任感。

②考核基本知识的介绍。明白了考核工作的意义和地位之后，就要具体讲解有关考核的一些基本知识和技巧，从而保证考核者能够正确地进行考核。这些基本知识包括：如何确定考核项目，怎样设计考核用表，如何制定考核标准，考核方法有哪些，以及考核实施过程中应注意的问题等。同时，应注重对考核者的实际操作训练，使他们对整个考核流程有一个总体的把握，并能熟悉考核的各个环节。

③说明考核中的种种误区。在考核工作中，经常会出现一些错误，如光环效应、首因效应、近期效应等。这些误区往往会影响考核者得出正确的考核评价结果。因此，需要在培训的过程中进行说明，使他们可以尽量避免这些错误，从而作出正确的评价。

绩效考核是一项标准化的工作，但恰恰又最容易受绩效考核实施者主观方面的影响。所以，为了使绩效考核更加真实、精确，有必要对绩效考核的主体进行规范，尽可能将主观方面的影响降至最小。

①要求考核者公正地对待被考核者。考核者更应该是一位公正的裁判，做到公平、客观，对事不对人，不存在偏见。否则，即使有科学的考核手段、方法，也无济于事。

②要求考核者对被考核者的业务有相当的了解。通过了解，可以正确、直观地评估被考核者所取得的成绩及其努力程度。同时，对不同业务的被考核者应作出相应的判断，体现差异性原则。

③要求考核者熟练掌握考核的基本原理及相关实务，并能熟练地运用到实践中去。

④要求考核者能与被考核者进行有效的沟通和交流。这是非常重要的。由于考核者与被考核者的关系不同，其沟通和交流的方式也有差异。如与上级进行沟通就具有一定的难度，这需要考核者掌握一定的沟通技巧。

⑤要求考核者尽量避免知觉上的差错，如光环效应、从众心理等，至少应具备心理学方面的相关知识。

（三）反馈阶段的主要工作

绩效反馈就是将绩效考核的结果反馈给被考核者，并对被考核者的行为产生影响。绩效反馈是绩效管理工作的最后一环，也是最关键的一环，绩效考核能否达到预期目的，取决于绩效反馈的实施效果。反馈阶段的主要工作包括：

1. 通报员工当期绩效考核结果

通过对员工绩效考核结果的通报，使员工明确其绩效表现在整个组织中的大致位置，激发其改进现在绩效水平的意愿。在沟通这项内容时，主管要关注员工的长处，耐心倾听员工的声音，并在制定员工下一期绩效指标时进行调整。

2. 分析员工绩效差距与确定改进措施

绩效管理的目的是通过提高每一名员工的绩效水平来促进企业整体绩效水平的提高。因此，每一名主管都负有协助员工提高其绩效水平的职责。改进措施的可操作性与指导性来源于对绩效差距分析的准确性。所以，每一位主管在对员工进行过程指导时要记录员工的关键行为，按类别整理，分成高绩效行为记录与低绩效行为记录。通过表扬与激励，维持与强化员工的高绩效行为，还要通过对低绩效行为的归纳与总结，准确地界定员工绩效差距，在绩效反馈时反馈给员工，以期得到改进与提高。

3. 沟通协商下一个绩效考核周期的工作任务与目标

绩效反馈既是上一个绩效考核周期的结束，也是下一个绩效考核周期的开始。在考核期初明确绩效指标是绩效管理的基本思想之一，需要各主管与员工共同制定。各主管不参与会导致绩效指标的方向性偏差，员工不参与会导致绩效目标的不明确。另外，在确定绩效指标时一定要紧紧围绕关键指标内容，同时考虑员工所处的内外部环境变化，而不是僵化地将季度目标设置为年度目标的四分之一，也不是简单地在上一期目标的基础上累加几个百分点。

4. 确定与任务、目标相匹配的资源配置

绩效反馈不是简单地总结上一个绩效考核周期员工的表现，更重要的是着眼于未来的绩效考核周期。在明确绩效任务的同时确定相应的资源配置，对主管与员工来说是一个双赢的过程。对于员工，可以得到完成任务所需要的资源；对于主管，可以积累资源消耗的历史数据，分析资源消耗背后可控成本的节约途径，还可以综合有限的资源情况，使有限的资源发挥最大的效用。

（四）应用开发阶段的主要工作

绩效考核结果得出后并不意味着绩效考核工作的结束。在绩效考核过程中获得的大量有用信息可以运用到企业各项管理活动中。应用开发阶段的主要工作内容有：

1. 明确员工改进工作的方向

利用向员工反馈结果，帮助员工找到问题、明确方向，这对员工改进工作、提高绩效会有促进作用。

2. 提供人事决策依据

为人事决策（如任用、晋级、加薪、奖励等）提供依据。

3. 提供修订企业各项政策的依据

检查企业管理各项政策，如人员配置、员工培训等方面是否有失误，还存在哪些问题，从而为政策的修订提供依据。

三、物流客户服务常见绩效考核方法

绩效考核方法很多，各有侧重。首先要了解各种绩效考核方法的内容和特点，然后根据绩效考核的要求及所要达到的目的来选择最佳的绩效考核方法。要特别注意考核方法在绩效考核中的适用性以及不同绩效考核方法在运用时的差异。

员工绩效考核方法各有优点和缺点，应根据特定的目的和需求定向选择。应该强调的是，绩效考核方法在整个绩效考核系统中只是一种手段而已，而有关各方在绩效考核过程中的相互信任，管理人员和员工的态度，考核的目的、频率，考核的信息来源以及对考核者的训练等各种因素对于绩效考核体系的成败都是非常关键的。下面我们重点论述的员工绩效考核方法，主要是对员工的工作行为和工作业绩的考核。员工的工作行为考核方法包括两类：主观考核法和客观考核法。

（一）主观考核法

主观考核法即根据员工的工作行为对员工进行主观评价，一般没有固定的标准，随意性比较大，但比较经济，且能直观地反映员工的真实状态。主要包括以下几种：

1. 叙述法

在叙述法中，只需考核者写一篇简短的文章来描述员工的业绩。这种方法倾向于体现员工工作中的突出行为，而不是日常的业绩。

这种考核方法与考核者的写作能力关系较大。一些主管由于优秀的写作技巧，甚至能将一名勉强合格的工人描述得像一个工作模范。因为没有统一的标准，所以对叙述法描述的绩效进行比较是很困难的。但一些经理认为，叙述法不仅是最简单的，而且是对员工进行考核的最好方法。叙述法也可以是利用书面形式对自己所做工作的总结，适用于较高级管理人员的自我评估。

2. 简单排序法

在实行简单排序法的情况下，考核者将员工按照工作中总体情况的优劣依次排序，如部门中业绩最好的员工排在最前面，最差的排在最后。

这种方法需要的时间和成本很少，简便易行，一般适合于员工数量比较少的考核需求。在员工数量比较多的情况下，就需要选择其他的排序方法。当然，这种方法的主要问题在于，当个人的业绩水平相近时难以进行比较排序。

3. 交错排序法

交错排序法是简单排序法的一种变形。人们对简单排序法不是特别满意，认为它过于粗糙，几乎不太可能得到一个比较合理的考核结果。心理学的观点认为，人们比较容易发现极端的情况，而不容易发现中间的情况。

根据这个原理，人们提出了用交错排序法来克服简单排序法的不足。在实行交错排序法的情况下，考核者在目标员工中挑出最好的员工和最差的员工，分别将他们列为第一名和最后一名；然后在余下的员工中选择出最好的员工作为整个序列的第二名，选择出最差的员工作为整个序列的倒数第二名；以此类推，直到将所有员工排序完毕，就可以得到对所有员工的一个完整的排序。

4. 成对比较法

成对比较法是根据某一特定的标准，考核者将每一个员工与其他员工进行逐一比较，并将每一次比较中的优胜者选出，最后根据每一个员工净胜次数的多少进行排序。这种方法的比较标准一般是考核者对员工比较笼统的整体印象，而不是具体的工作行为或成果。

5. 硬性分配法

硬性分配法需要考核者将员工分配到一种类似于一个正态频率分布的有限数量的类型中去。这种方法的理论依据是数理统计中的正态分布概念，认为员工的绩效水平遵从正态分布，因此可以将所有员工分为杰出的、高于一般的、一般的、低于一般的和不合格的五种情况。

在实践中，实行硬性分配法的企业通常会对设定的分布形式作一定程度的变通，使员工绩效水平呈现为某种正态分布。硬性分配法的优点是：可以克服考核者过分宽容或过分严厉的情况，也可以克服所有员工不分优劣的平均主义。缺点是：如果员工的绩效水平事实上不遵从所设定的分布形式，那么按照考核者的设想对员工进行硬性区分容易引起员工的不满。这种方法广泛用于大公司的年终考核，如先进个人的评选、工资的晋级等。

（二）客观考核法

根据客观标准对员工的行为进行考核的方法即为客观考核法，主要包括关键事件法、行为对照表法、等级鉴定法、行为锚定法。其中的大多数方法在实施上都是对员工的行为按照考核标准给出一个量化的分数或程度判断，然后对员工在各个方面的得分进行加总，得到一个员工绩效的综合考核结果。

1. 关键事件法

关键事件法是客观考核法中最简单的一种。关键事件法要求保存最有利和最不利的工作行为的书面记录。当一种行为对部门的效益产生无论是积极还是消极的重大影响时，管理者都应把它记录下来，这样的事件称为关键事件。考核者在对员工的优点、缺点和潜在能力进行评论的基础上提出改进工作绩效的意见。如果考核者能够长期观察员工的工作行为，对员工的工作情况十分了解，也很公正和坦率，那么这种考核报告是有效的。在考核后期，考核者运用这些记录和其他资料对员工绩效进行考核。用这种方法进行的考核有可能贯穿整个考核阶段，而不仅仅集中在最后几周或几个月。然而，如果一名基层主管要对多名员工进行考核，则记录这些行为所需要的时间可能会过多。但是，由于书面报告是对不同员工的不同工作侧面进行描述，无法在员工之间、团队之间和部门之间进行工作情况的比较，而且考核者用自己制定的标准来衡量员工，员工没有参与的机会，因此关键事件法不适合进行人事决策。关键事件法一般不独立使用，而是作为一种补充方法与绝大多数绩效考核方法结合使用。

动脑筋 6-2

运用关键事件法对员工的绩效进行考核有效吗？

某物流公司根据客户服务的实际情况，制定了以下考核项目："体质条件""身体协调性""算术运算能力""了解和维护机械设备的情况""生产率""与他人相处的能力""协作性""工作积极性""理解力"等。然后该物流公司要求工厂的一线领班根据下列要求，对各自部下的最近工作行为的关键事件进行描述：事实发生前的背景、发生时的环境、行为的有效或无效事实、事实后果受员工个人控制的程度。例如，一位领班对他的一个下属的工作"协作性"是这样记录的：

有效行为：虽然今天没轮到约翰加班，但他还是主动留下加班到深夜，协助其他同事完成了一份计划书，使公司在第二天能顺利与客户签订合同。

无效行为：总经理今天来视察，约翰为了表现自己，当众指出了杰克和麦克的错误，致使同事之间关系紧张。

通用汽车公司采用了关键事件法后，出现了令人吃惊的结果：员工的有效行为越来越多，公司的效益也直线上升。正如其人力资源部部长所称："大多数员工并不愿意做错事，如果领班能不厌其烦地指出他们的不足之处……"

2. 行为对照表法

行为对照表法是最常用的绩效考核方法之一。在应用这种考核方法时，人力资源管理部门要给考核者提供一份描述员工规范的工作行为的表格，要求考核者在一系列的个人陈述中进行解释，且这些人应是受到最多或最少描述的员工。在某些情况下，行为对照表对于每一个反映员工工作行为的陈述都给出了一系列相关的程度判断，每一个判断被赋予不同的分数。考核者根据员工的行为表现进行选择后，将员工各项的得分加总就是这一员工的总分。

行为对照表法的一个改进方法是运用所谓的强制选择系统，即设计一个行为对照表，其中的考核项目分组排列，但是每个考核项目并不列出对应的分数。考核者完成一份类似于强制选择报告的表格，但对不同的问题会赋予不同的权重。这张表格中涉及与员工行为有关的问题，考核者或否定或肯定地回答每个问题，但他并不知道每个问题的权重。得到的结果汇总到人事部门，由人事部门根据不公开的标准计算每位员工的总分。这种方法可以减少考核者对员工的宽容成分，建立更加客观的考核体系。

3. 等级鉴定法

等级鉴定法是一种历史最悠久、应用最广泛的员工绩效考核方法。在应用这种考核方法时，企业首先确定绩效考核的标准，然后为每个考核项目列出几种行为程度供考核者选择。具体而言，等级鉴定法有三个方面的内容：一是各个选项含义的明确程度，二是高层管理人员在分析考核结果时分辨理想答案的清晰程度，三是对考核者来说各个考核项目含义的清晰程度。这种方法所需花费的成本比较低，容易使用。

4. 行为锚定法

行为锚定法是根据每一职务的各个考核维度设计出一个评分量表，并用一些典型的行为描述性说明词与量表上的一定刻度相对应和联系，供操作中为被考核者实际表现评分时作为参考依据。这些典型的说明词数量毕竟有限，不可能涵盖千变万化的员工实际表现，一般很难做到被考核者的实际表现恰好与说明词所描述的完全吻合；但有了量表上的这些典型行为锚定点，考核者给分时便有了分寸感。这些代表从最劣到最优典型绩效的、有具体行为描述的锚定说明词，不但使被考核者能充分地了解自身的现状，还可以找到具体的改进目标。

任务实施

曾华经过以上分析和学习，结合随同人力资源经理的考察，回来后已能初步对企业的员工绩效考核系统进行简单诊断和改进了。他此次任务的关键是，运用正确的流程设计物流客户服务绩效考核表，从而完成绩效考核工作。

思考练习

一、不定项选择题

1. 绩效的特点有（　　）。

A. 多因性　　B. 多维性　　C. 动态性　　D. 稳定性

E. 多变性

2. 由主管进行考核的优点有（　　）。

A. 主管通常处于最佳的位置观察员工的工作业绩

B. 主管对特定的单位负有管理责任

C. 主管具有一定的公平性

D. 主管操纵考核，为对员工作出的加薪和提升决策提供根据

E. 主管具有更直接的权威和影响力

3. 下列各项中，属于绩效考核方法中的主观考核法的是（　　）。

A. 叙述法　　B. 简单排序法　　C. 成对比较法　　D. 关键事件法

E. 硬性分配法

4. 平衡计分卡从（　　）视角，提供了一种考察价值创造的战略方法。

A. 财务　　B. 顾客　　C. 内部运作流程

D. 学习和成长　　E. 股东

5. 影响绩效考核的因素有（　　）。

A. 光环效应　　B. 趋中误差　　C. 近期效应　　D. 个人偏见误差

E. 压力误差

二、判断题

1. 绩效考核又称绩效考评，它和绩效管理具有相同的意义。（　　）

2. 直接主管考核应该占较大的比重。（　　）

3. 当一个人有一个显著优点的时候，人们会误以为他在其他方面也有同样的优点，这是个人偏见误差。（　　）

4. 实施绩效面谈时应力求营造正式、严肃的氛围，以确保绩效面谈的正规化。（　　）

5. 绩效反馈中，对于反面的反馈内容，只要客观准确地描述员工的行为所带来的后果即可，不应对员工多加指责。（　　）

三、思考题

1. 物流客户服务绩效管理的工作流程是什么?
2. 物流客户服务绩效沟通的内容有哪些?
3. 物流客户服务绩效考核常见的影响因素有哪些?
4. 物流客户服务绩效面谈有哪些注意事项?

四、案例分析题

案例一　广州一通物流公司绩效考核案例分析

广州一通物流公司推行绩效考核的主要措施及出现的问题如下:

(1) 注重绩效考核结果与薪酬的关系:"业务成果和金钱报酬直接挂钩,职工是为了拿到更多报酬而努力工作",而不再具有过去的奉献精神。

(2) 量化主义导向:"为衡量业绩,首先必须把各种工作要素量化。但是工作是无法简单量化的。公司为统计业绩,花费了大量的精力和时间,而在真正的工作上却敷衍了事,出现了本末倒置的倾向。因为要考核业绩,几乎所有人都提出容易实现的低目标。"

(3) 追求短期利益:"因实行绩效主义,一通物流公司内追求眼前利益的风气蔓延。这样一来,短期内难见效益的工作,比如服务质量检验以及客户忠诚关系管理等工作都受到轻视。"

(4) 利益主义抬头,责任感缺失:"一通物流公司不仅对每个人进行考核,还对每个业务部门进行经济考核,由此决定整个业务部门的报酬。最后导致的结果是,业务部门相互拆台,都想方设法从公司的整体利益中为本部门多捞取好处。"

(5) 不信任感破坏团队精神:"绩效主义企图把人的能力量化,以此做出客观、公正的评价。但它的最大弊端是搞坏了公司内的气氛。上司不把部下当成有感情的人看待,而是一切都看指标、用'评价的目光'审视部下……于是大家都极力逃避责任。这样一来就不可能有团队精神。"

广州一通物流公司由于过度推崇绩效管理,导致出现以下严重问题:"工作激情"消失了,"挑战精神"消失了,"团队精神"消失了,创新先锋沦为落伍者等。

公司看到绩效管理造就无数企业的辉煌,但也有成千上万的企业因为绩效管理造成积重难返,绩效管理的弊端一样困惑着一通物流公司的管理团队,他们向广东众行管理顾问有限公司提出咨询,希望他们能帮助公司走出困境。

广东众行管理顾问有限公司分析认为:

"绩效主义毁了一通物流",是因为绩效管理凌驾并摧毁了过去一通物流人身上那种以公司为家的激情和使命感,而机制上的原因是绩效考核几乎成为评价员工的最主要标准。

（1）工具问题：绩效管理脱胎于工业生产时代，而现在不少企业内部大多是知识员工，用来管理产业工人的绩效管理要怎样适应知识员工？社会分工的高度细化使得“绩效量化主义”本身难以面面俱到，如何与时俱进改进绩效管理这一超级工具？

（2）人的问题：正是由于绩效管理这一工具本身存在缺陷，比如不能全面反映员工工作情况，无法全面量化或者量化跟不上变化，对团队精神的破坏和对企业文化的凌驾等，与“以人为本”的基本原则背道而驰，作为管理者如何操控“绩效管理”这一“唯利是图”的工具来和谐人本？而不是使人变成“工具的工具”？

绩效管理本是企业“从玻璃变钻石”的圣经，却成为一通物流公司“从优秀到卓越”的魔咒。他们认为；要解决以上两大难题，必须从根本上解决以下关于绩效管理的3个具体魔咒，这3个魔咒每一个都包含“工具问题”和“人的问题”两方面的毛病：

一通物流公司和无数企业一样，已经在过去应用绩效管理的成功中享受了“量化管理”的快感，更加片面地强调量化。绩效管理之所以被众多企业扭曲为“量化管理”来应用，主要原因是不能全面理解“绩效管理”分为“绩的管理”和“效的管理”，“绩”是可量化的（例如利润提高了5%），“效”是不可量化的（例如员工非常敬业）。过分强调量化管理，必然重绩不重效，相关的政策自然会引导员工追求短期私利，而逐步散失了创业之初的激情、团队精神和主人翁精神。

一通物流公司绩效管理的最大弊端是搞坏了公司内的气氛。任何管理工具和模式的导入，都必须首先适应企业的文化，然后在融合中改进企业的文化。如果有些企业的文化原本就非常强调历史问题及和谐员工关系，急促导入绩效管理，就容易产生消化不良的状况，也受到强烈的抵制，最后的失败被归咎于绩效管理。

“因实行绩效主义，一通物流公司内追求眼前利益的风气蔓延。”曾几何时，“绩效优先，按劳（绩）分配”被认为是真正做到了“以人为本”。但事实上，“不患贫而患不均”的心理不平衡，迅速将“绩效主义”界定成“制造浮躁、制造不平等、制造不负责任、唯利是图”甚至“泯灭人性”的始作俑者。

广东众行管理顾问有限公司建议一通物流公司改变重绩不重效的管理，可以从几个方面加强：

（1）在设计绩效管理模式的时候，分出绩的指标和效的指标。绩效管理不能只有绩的指标。例如，销售额是完全属于绩的指标；而员工经常自动做对公司有益的事情（哪怕是看到地面有个纸屑拾起来），看上去似乎和企业利润或者控制成本没有关系，但往往很多企业管理者忽略了引导这种氛围。

（2）“管理”的范畴一是“人”，二是“事”。绩的指标主要针对“事”的范畴界定，而要针对“人”界定效的政策。例如，A员工今年为企业贡献了100万元的利润，而B员工只做了50万元，但是B员工却培养了某个区域市场（尽管效益还没看到），或者在某些能力上得到进一步提升。虽然B员工现在的销售能力比不上A员工，但在综合能力上，B员工是企业数年后更加需要的员工。如果只是用绩的标准重奖A员工，那么，就会鼓励员工只追求短期利益。很多企业在发展过程中，流失了大量像B员工这样的潜力员工。但如果没有设置效的政策就同时重奖B员工，则A员工觉得干多干少一个样，会严重挫伤积极性。因此，绩和效两者不可偏废。

(3) 用企业文化的非量化因素淡化量化因素。例如，为员工创造舒适氛围，营造家庭气氛，并尽力解决员工的一些后顾之优等。

(4) 非量化因素是客观存在的。为管好这些因素，就必须设置自上而下的统一价值观和原则，防止因为没有量化的考核标准，而产生跨越原则的个人标准，给员工以“干好干坏，上司说了算”的感觉。也就是用企业文化的力量来管理。比如，阿里巴巴用六大价值观管理和提拔员工。

(5) 领导人必须时刻强调价值观和那些不带绩效考核因素的荣誉感、使命感，并寻找亮点，奖励标杆。例如，设置非量化激励的原则，并给予各级管理人员一定的评价空间。某公司的“敬业奖”就没有什么标准，而是采用事件法，由各级管理人员用事实进行评价。例如，A员工的工作比B员工更加有成效，但是B员工总是会将别人下班忘记关闭的电脑给关上，因此他获得敬业奖，以此鼓励员工的主动负责精神，引导形成良好的员工行为文化。

(6) 利益因素上：建立信任面对的最大挑战是如何防止无法避免的个人目标变得具有破坏性。团队内部成员的个人目标或计划冲突，是破坏团队成员相互信任的重要因素。

(7) 感情因素上：信任的最基本和主要的前提是互相尊重，而尊重的前提是互相了解和理解。

(8) 要建立一个成功的团队，不一定需要聘用一批天才，而是要找到一群可以合作的人，共同分享愿景和利益、承担目标、互相信任和共同分担责任。相反，一群顶尖的人走到一起，如果失去相互信任，甚至由于绩效考核而互相不信任，那么他们的绩效将远远落后于一群普通但互相信任的员工组合。

人本主义是比绩效主义更加底层和核心的东西，不能抛开人本因素去谈绩效管理，两者必须有机结合，才能产生最佳效果。

思考：

(1) 广州一通物流公司绩效管理失败的原因有哪些？

(2) 你认为广东众行管理顾问有限公司提出的解决方案可行吗？

(3) 你认为怎样才能让绩效管理达到预期效果呢？

案例二　重振蓝天海物流设备有限公司

蓝天海物流设备有限公司是日本第二大连锁物流设备商。当李明放在5月份接任蓝天海物流设备有限公司的总裁职务时，当初的过度扩张给该公司留下了太多的分支机构，随着日本的通货紧缩压低零售价格，许多分支机构都亏损了。此后，李明放就像一阵旋风一样接管了蓝天海物流设备有限公司。在日本的企业界，他那晒得黝黑的脸庞早已为人所熟知。在接任蓝天海物流设备有限公司总裁后不久，李明放就定下了巡视蓝天海物流设备有限公司旗下的所有分支机构的计划，他说：“我总是试图与蓝天海物流设备有限公司员工进行直截了当的沟通，也许他们有时会想，‘真是个讨厌的家伙！’但我总是很直率。”这种直言不讳的作风让蓝天海物流设备有限公司员工萎靡不振的士气得到了显著的改善。摩根士丹利的分析师认为，改善蓝天海物流设备有限公司各分支机构与高级管理层之间的沟通是李明放上任伊始对公司作出的最大贡献。他指出，李明放的直率作风有助于提高士气，因为这让员工感到：激进的改革正在进行。他在该报告中建议投资者买进蓝天海物流设备有限公司的股票，“整个公司的气氛有所改善，蓝天海物流设备有限公司已经变为这样一家公司：在那里，员工可以自由地向上级发表意见”。鉴于李明放的努力，蓝天海物流设备有限公司高涨的士气正在逐步转化为更漂亮的经营业绩，虽然整个经济形势不好、竞争对手实力不凡，但在日经指数过去 3 个月的暴跌中，蓝天海物流设备有限公司的股价依然保持稳定，公司实现了初步的成功。

思考：

（1）除了物质激励外，李明放的做法也是一种员工激励方式，你认为这是一种什么激励？

（2）李明放能够重振蓝天海物流设备有限公司的成功经验是什么？

项目七
物流客户关系管理软件应用

【学习目标】

知识目标：

1. 了解物流客户关系管理信息技术的一般知识；
2. 熟悉物流客户关系管理软件的功能。

能力目标：

1. 掌握物流客户关系管理软件的功能；
2. 能够操作物流客户关系管理软件并解决一些实际客服问题。

【重点难点】

本项目的重点是了解物流客户关系管理软件的功能，难点是操作物流客户关系管理软件并解决一些实际客服问题，提高工作效率。

任务一
认知呼叫中心与数据挖掘

任务描述

随着曾华所在物流公司客户数量的增多，客服人员对于应急、救援及服务查询的响应时间要求也越来越高，这大大增加了管理处人员的工作量。为了能够及时地响应和处理客户的要求，本着提高服务质量和更好地服务客户的想法，该物流公司做到与时俱进，引进了呼叫中心这个集网络、通信技术、计算机技术于一体的服务体系。该系统主要具有以下功能：（1）电话的呼入、呼出、转接、通话、会议、监听等。（2）操作人员登入、登出、事后处理。（3）灵活的分组排队方式：一个坐席员在不同时间可以属于不同的业务组，在不同业务组中优先级不同；一个业务组全忙可溢出到另一个业务组；业务组遵循线性排队、循环排队、最少接答次数排队、最大空闲时长排队、优先级排队、主叫号码排队等多种话务分配规则；对中继线、排队队列、坐席员信息实时监控；对黑名单用户拦截功能；自动语音导航，查询数据库后动态语音答复，自然语音合成（Text to Speech，TTS），自动语音识别（Automatic Speech Recognition，ASR），方便设定语音流程，动态加载语音业务；传真自动接收，批量传真发送，静态、动态传真回复，识别多种格式文件（如 Tiff、Word、Excel、PPT、PDF、Txt、HTML 等），与 E-mail 服务器接口；对业务人员全程自动录音，管理员控制录音，录音资料管理查询，实时监听；可以发送传真和短信，并可以群发。客户可以通过呼叫中心的人工服务或自动语音服务查询到最新的信息，自助服务能够更快地得到响应；同时大大提高了客服部门的工作效率，降低了成本。客户对物流公司服务的满意度大大提高。

曾华认为该呼叫中心的确大幅提高了物流公司员工的工作效率和效果，下一步该怎样提升自己运用软件的能力呢？为此，他需要完成以下工作任务：

（1）了解呼叫中心和数据挖掘的工作内容；

（2）会使用呼叫中心和数据挖掘的相关技术解决简单的物流客服问题。

知识准备

一、物流 CRM 呼叫中心

（一）物流 CRM 呼叫中心概述

CRM（Customer Relationship Management）意为客户关系管理。物流客户关系管

理呼叫中心（Call Center）又称客户服务中心（Customer Service Center），是通信技术与计算机网络技术相结合的，多功能集成化的综合信息服务系统；是一种新的基于计算机电话集成（Computer Telecommunication Integration，CTI）技术的服务方式，利用现代通信手段，有效地为客户提供高质量的服务。它应用了一系列先进技术手段，如数字中继、交换技术、智能话务分配、计算机网络等，使各种信息数据能够得到及时、方便的处理，最大限度地发挥了通信技术和计算机网络技术的潜能，从而能最有效、高速地为物流客户提供多种服务。

早期的物流客户服务中心实际上就是今天我们常说的热线电话。通常，物流公司会指派若干经过培训的业务代理专门负责物流客户的订购、咨询与投诉，客户只需拨通指定的电话就可以与业务代理直接交谈。这种服务方式可以充分利用业务代理的专长，因而在提高工作效率的同时大大地提高了客户服务质量。然而，随着业务量的不断扩大，原有的物流客户服务中心越来越难以满足客户的要求。与此同时，技术的飞速发展向人们提供了更快、更好的现代化通信和信息处理手段，人们迫切需要一种能与技术发展保持同步的客户服务中心。

充分利用通信技术与计算机网络技术的物流客户服务中心，为客户与公司的交流创造了前所未有的高效通道：拨入客户服务系统的客户，首先由自动语音应答导航："您好，欢迎您使用……"客户听到的是专业播音员的录音，语音清晰、亲切，避免了由于业务员情绪不佳等因素对客户造成的影响，有利于减少投诉，提高企业形象。

客户可按自己的意愿选择自动语音播报及人工坐席应答。新客户可以选择自动语音播报，了解客户服务中心的业务情况，如需人工帮助可转入相关人工坐席。对于大量重复性的信息可引导到自动语音播报系统，这样就可使业务代理从大量的重复性劳动中解放出来，从而可以减少人工坐席数量，并为客户提供更专业、周到的服务。与热线电话相比，客户服务中心运营成本更低，服务质量更高。客户服务系统可通过自动语音播报与自动传真提供 24 小时全天候服务。

物流 CRM 呼叫中心无疑是信息技术在物流行业的伟大应用之一。由于计算机、通信集成技术逐渐深入人心，呼叫中心不仅被广大物流企业领导者和专家认识，而且在银行、航空、航运、保险、股票、房地产、旅游、邮电等各行各业获得了广泛应用；不仅大型企业，一些中等企业甚至小型企业也在策划建立自己的呼叫中心。如何走在其他人的前面，组建好自己的呼叫中心，已经切切实实地摆在了物流企业面前。

（二）物流 CRM 呼叫中心的作用

随着社会经济和科学技术的进步，市场竞争日益激烈，物流客户比以前有了更多的选择，而客户需求和客户服务的不断发展，对社会各行各业都有了新的要求。对于物流企业而言，物流客户服务质量的高低是决定企业生存和发展的重要因素。同时，物流企业向客户提供服务的种类越来越丰富，服务的规模和内容迅速增加，单纯依靠增加人员，强调服务纪律已经不能满足客户服务的要求。建立物流客户服务呼叫中心的目的就是利用先进的科学手段和管理方法，让企业的客户服务质量有一个质的飞跃，为企业带来不可估量的效益和价值，最终赢得丰厚的利润，从而推动企业乃至整个社会的进步。呼叫中心主要具有以下几方面的作用：

1. 提高客户的满意度和忠诚度

对于一个物流企业来说，如何将客户与企业有机结合起来，建立畅通快捷的沟通渠道，让客户经常感受到企业的关注，并且不断增加使客户感到满意的服务内容，已成为物流企业在当今时代取得成功的一个重要因素。

2. 降低服务成本，有效地管理资源

客户服务需要一个庞大的支持系统，从客户服务的角度来讲，所需要的资源包括人力资源、数据资源、设备资源及通信线路资源。只有将先进的服务手段和这些系统紧密集成起来，才能实现高效的客户服务。随着 CTI 技术、Internet 技术的飞速发展和融合，由先进计算机系统集成的呼叫中心产生了。这种系统极大地改善了企业与客户接触的广度和深度，正在引发一场企业客户服务方式的革命。同时，先进的管理思想越来越多地融入了呼叫中心的核心设计中，使得企业对资源的管理可以更加有效。实践证明，管理系统的完善可以极大地提高呼叫中心的工作效率，使更大、更复杂的呼叫中心得以实现。

3. 保持并增强现有的市场渠道，挖掘新的市场资源

在现代市场竞争中，各种销售手段的灵活组合是取胜的有力武器。而将客户的投诉和抱怨转化为销售机会更是一种高明的销售技巧。当一个客户呼叫进入呼叫中心，呼叫中心坐席员可以通过及时询问数据库信息将客户问题转化成销售机遇，也可能将客户的误解、抱怨转化为另一项亲切服务。在许多情况下，呼叫中心坐席员通过向客户介绍新增的服务项目和业务方案解决客户的提问。而在许多服务过程中，如果呼叫中心坐席员能够轻松地访问客户的概况和业务记录，那么客户就可以获得所需的信息，同时也将被推荐得到丰富的可供选择的服务项目。在另外一些情况下，呼叫中心还能够主动访问客户，为之提供有效服务，使得潜在的客户得到挖掘。

4. 为企业提供市场分析数据

呼叫中心直接面向客户，接触的是最真实的市场需求。利用呼叫中心的计算机应用将这些市场数据加以统计分析，将对物流企业业务的开拓起到巨大的促进作用。这些珍贵的市场数据是每个物流企业梦寐以求的，也是呼叫中心在运营中不断升值的原因之一。因此，很多物流企业已不再把呼叫中心看作成本中心，而将其视为利润中心。

动脑筋 7-1

上海铁路局是怎样使用呼叫中心系统提高物流客户服务水平的？

上海铁路局在2010年世博会来临之际，在信息中心使用了小灵呼（LCall）呼叫中心系统。小灵呼呼叫中心系统主要帮助上海铁路局总部实现和内部华东各支局之间的高

效呼入、呼出的电话智能化管理，减轻上海铁路局坐席员的工作量。主要功能如下：

(1) 系统内外电话自动识别：上海铁路局有自己的电话线路系统，小灵呼呼叫中心系统在实施时可以智能化地区分该电话是上海铁路局系统内的电话，还是系统外的电话，从而帮助上海铁路局简化每天的工作，无须针对来电号码进行查询。

(2) 智能外转：信息中心主要的工作就是受理上海铁路局管辖范围内铁路的故障报修、整改维修等的电话，在时间上要求信息中心作出迅速的响应。坐席员在通话过程中，直接通过小灵呼呼叫中心系统的软件页面选择"会议"，进行电话智能外转，即可在线联系呼叫中心系统外支持人员的手机或固话，实现三方通话，类似一个小型会议场合，提高了工作效率，并且来电人员的想法可以直接、高效地得到传达。值得一提的是，即使支持人员的话机是交换机的一个分机，小灵呼呼叫中心系统在做智能外转的时候也能实现总机与分机的自动拨号。

注：三方通话的本意是将客户的呼入来电和坐席 A 及坐席 B 三者同时接通进行小型的会议，而这里智能外转的三方通话，是指将客户呼入来电、坐席 A 及系统外的另一个手机或固话三者接通。

二、物流 CRM 数据仓库与数据挖掘

(一) 物流 CRM 数据仓库

数据仓库与物流 CRM 有着难以割舍的密切关系，物流客户关系管理的很多工作都是以数据仓库为基础展开的。从某种意义上说，物流 CRM 数据仓库是客户关系管理的灵魂。利用数据仓库，物流企业可以对客户行为进行分析与预测，从而制定准确的市场策略，发现重点客户和评价市场性能，并通过销售和服务等部门与客户交流，实现物流企业利润的提高。对于客户量大、市场策略对企业影响较大的企业来说，其必须在客户关系管理系统中包含数据仓库。目前，对数据仓库尚没有一个统一的定义。

著名的数据仓库专家比尔·恩门 (Bill Inmon) 在其著作《建造数据仓库》(*Building the Data Warehouse*) 一书中描述如下：数据仓库 (Data Warehouse) 是一个面向主题的 (Subject Oriented)、集成的 (Integrated)、相对稳定的 (Non-Volatile)、反映历史变化的 (Time Variant) 数据集合，用于支持管理决策。在功能上：数据仓库用于支持决策，面向分析型数据处理，它不同于企业现有的操作型数据库。在内容和特征上：数据仓库是对多个异构的数据源的有效集成，集成后按照主题进行重组，并包含历史数据，而且存放在数据仓库中的数据一般不再修改。

总的来说，物流 CRM 数据仓库的实施是为了建立一个良好的数据组织和管理环境，以满足决策支持的需要。物流 CRM 数据仓库包含数据、技术、应用三方面的要求，所以只有把良好的数据模型、合理的技术和准确的应用设计结合起来，形成一套有效的方法，才能建立起一个成功的物流 CRM 数据仓库。物流 CRM 数据仓库系统的设计是一个动态反馈和循环的过程，以上只完成了数据仓库建立的一个生命周期。在实际建立的过程中，一方面，数据仓库的数据内容、结构、粒度和其他物理设计需要根据用户的反

馈信息不断地调整完善；另一方面，应用环境发生重大变化或者新技术出现，都有可能导致用户的应用需求发生重大变化，使现有系统不能满足用户要求，需要重新设计系统，开始一个新的生命周期。因此，物流CRM数据仓库的建立是运用一套有效的数据仓库建立方法不断循环往复的过程。

（二）物流CRM数据挖掘

物流CRM数据挖掘（Data Mining）就是从大量的、不完全的、有噪声的、模糊的、随机的实际应用数据中，提取隐含在其中的、人们事先不知道的但又有潜在作用的信息和知识的过程。

这个定义包括好几层含义：一是数据源必须是真实的、大量的、含噪声的；二是发现的是用户感兴趣的知识；三是发现的知识要可接受、可理解、可运用；四是并不要求发现放之四海皆准的知识，仅支持特定的发现并按企业既定业务目标，对大量的企业数据进行探索和分析，揭示隐藏的、未知的或验证已知的规律，并进一步将其模型化的先进、有效的方法。

物流CRM数据挖掘与传统的数据分析（如查询、报表、联机应用分析）的本质区别是，数据挖掘是在没有明确假设的前提下去挖掘信息、发现知识。物流CRM数据挖掘所得到的信息应具有未知、有效和实用三个特征。其中，未知是指该信息是预先未曾预料到的，即数据挖掘是要发现那些不能靠直觉发现的信息或知识，甚至是违背直觉的信息或知识，挖掘出的信息越是出乎意料，就可能越有价值。在商业应用中最典型的例子就是一家连锁店通过数据挖掘发现了小孩尿布和啤酒之间有着惊人的联系。

物流CRM数据挖掘的方法很多，大致可分为统计方法、机器学习方法、神经网络方法和数据库方法。其中，统计方法可细分为回归分析（多元回归、自回归等）、判别分析（贝叶斯判别、费歇尔判别、非参数判别等）、聚类分析（系统聚类、动态聚类等）、探索性分析（主元分析法、相关分析法等）以及模糊集、粗糙集、支持向量机等，机器学习方法可细分为归纳学习方法（决策树、规则归纳等）、基于范例推理（Case-Based Reasoning，CBR）、遗传算法、贝叶斯信念网络等，神经网络方法可细分为前向神经网络、自组织神经网络等，数据库方法主要是基于可视化的多维数据分析或联机分析处理（OLAP）。另外，物流CRM数据挖掘还有面向属性的归纳方法。

（三）物流CRM数据仓库与数据挖掘的作用

物流CRM数据仓库与数据挖掘的作用可以从多个角度分析，从物流客户生命周期角度分析数据挖掘的作用如图7-1所示。在物流客户生命周期中，各个不同阶段包含了许多重要的事件。物流CRM数据挖掘可以应用于客户生命周期的各个阶段，提高物流企业客户关系管理能力，包括争取新的客户、让已有的客户创造更多的利润、保留住有价值的客户等。

1. 潜在客户期市场活动及数据挖掘的作用

潜在客户获得活动是针对目标市场的营销活动，即寻找对企业产品或服务感兴趣的

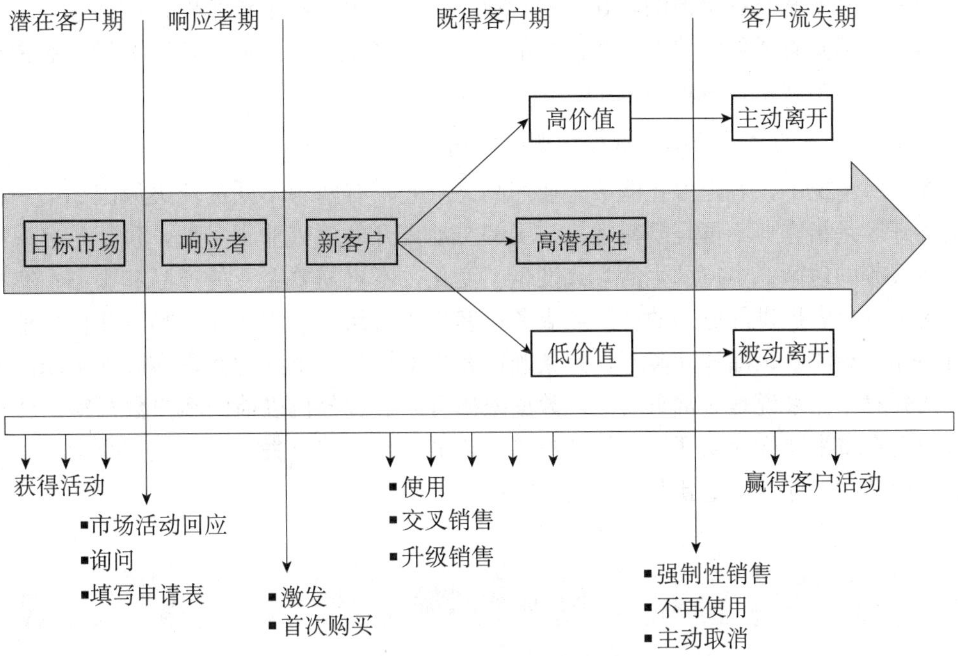

图 7-1　物流客户生命周期数据挖掘的作用

人。值得注意的是，在这个阶段缺乏客户数据，数据挖掘可以把以前的客户对类似活动的响应进行挖掘，从而把市场活动重点锁定在以前的响应者身上。一个更好的方法是寻找与高价值的客户类似的潜在客户——只要一次就能获得正确的客户。通常，获得活动使用广告和其他市场宣传媒体。但无论何种渠道，数据挖掘在发现最重要的客户特定市场中发挥着重要作用，决定着市场活动的类型、广告空间等一些宣传问题。

2. 响应者期市场活动及数据挖掘的作用

潜在客户通过以下几种途径成为响应者：登录企业网站，拨打免费电话，填写申请表等。虽然响应者还没有购买任何产品或服务，但他们有很大的可能性成为购买者，并成为企业客户。数据挖掘通常用来判定哪些潜在客户会变成响应者。预测模型也用来判定哪些响应者会成为企业既得客户。

3. 既得客户期市场活动及数据挖掘的作用

响应者购买企业产品的时候就变成了企业既得客户，这意味着他们已经进行了第一次购买活动。在既得客户期包括许多活动，最重要的活动可以划分为三种：一是刺激使用（使用展现了客户行为，当使用是企业收入的主要来源时，刺激使用就成为企业的重要目标，使用模式因不同的客户市场而有所不同）；二是交叉销售（鼓励客户购买与第一次购买不同的产品或服务的市场营销活动）；三是升级销售（鼓励客户升级现有的产品和服务的市场营销活动）。既得客户是数据挖掘的重要区域。客户使用活动提供了客户行为模式的最本质的东西。预测什么时候会发生客户活动，判定哪个客户可能对交叉销售和升级销售活动作出响应对企业来讲是极具价值的。但既得客户的行为经常被大量详细的交易信息淹没，使用数据挖掘时要从中抽出其特点。客户早期的购买和使用模式对企业来讲是非常具有价值的，在一些行业，首次行为预示了未来的使用信息，这些客户可以是高消费者或低消费者，他们可能对一个或多个产品感兴趣，这类行为通常在早期的购买行为中就明显表现出来了。

4. 客户流失期市场活动及数据挖掘的作用

在一些情况下，客户停止购买企业产品。对此，有两种不同的流失原因。第一种是主动离开，是指客户不再是既得客户。了解主动离开的原因非常重要，包括：客户离开了企业服务的地区；客户的生活方式发生了变化，不再需要企业的产品和服务；客户已经获得了竞争者提供的更好的产品或服务；客户不再认为使用企业产品有任何价值。第二种是非主动离开，即被动离开，是指既得客户不再是一个好的客户。区别主动离开和被动离开对企业来说是非常重要的，数据挖掘可以通过分析以前的客户数据得出什么样的客户会在将来同样地离开。即使客户离开，也不是所有流失的客户就完全失去了，赢得客户活动的目标就是重新获得失去的客户。

任务实施

经过以上分析和学习，曾华了解了呼叫中心和数据挖掘的工作内容，并能使用呼叫中心和数据挖掘的相关技术解决简单的物流客服问题，而且充分意识到现代信息技术对提高物流客服水平的重要意义。

任务二 物流客户关系管理软件应用示范

任务描述

随着工作的深入开展，曾华接触到公司很多核心业务，他常常发现第三方物流企业总能从本公司大量的、不完全的、模糊的、随机的数据中提取隐含在其中的、连自己都事先不知道但又有潜在作用的数据，而且对方提供的产品和服务总能很好地符合公司的潜在需求。

公司积累的有关物流行业的数据量逐年剧增，如何从大量的物流数据中提取有用的知识成为当务之急，曾华也下决心学习数据挖掘技术。于是曾华就向第三方物流企业请教，对方王总告诉他要分析的数据对象的类型无论如何，常用的数据挖掘分析包括关联分析、序列分析、分类、预测、聚类分析和时间序列分析等。

新手一定要从掌握数据挖掘流程开始，一般分为定义问题、数据准备、数据挖掘、结果分析、知识运用五个阶段。同时，评价数据挖掘软件需要考虑的问题是，越来越多的软件供应商加入了数据挖掘这一领域的竞争。第三方物流企业如何正确评价、选择合适的软件成为数据挖掘成功应用的关键。评价一个数据挖掘软件主要应从以下四个主要方面进行。一是计算性能。如该软件能否在不同的物流业务平台运行；软件的架构；能否连接不同的数据源；操作大数据集时，性能变化是线性的还是指数的；计算的效率；是否基于组件结构易于扩展；运行的稳定性等。二是功能性。如该软件是否提供足够多样的算法，能否避免挖掘过程黑箱化，软件提供的算法能否应用于多种类型的数据，第三方物流企业能否调整算法和算法的参数，软件能否从数据集随机抽取数据建立预挖掘模型，能否以不同的形式表现挖掘结果等。三是可用性。如用户界面是否友好，软件是否易学易用，软件面对的用户是初学者、高级用户还是专家，错误报告对用户调试是否有很大帮助。四是辅助功能。如是否允许第三方物流企业更改数据集中的错误值或进行数据清洗，是否允许值的全局替代，能否将连续数据离散化，能否根据用户制定的规则从数据集中提取子集，能否将数据中的空值用某一适当均值或用户指定的值代替，能否将一次分析的结果反馈到另一次分析中等。因此，曾华的主要工作任务是：

（1）了解现有物流客户关系管理软件的典型功能；

（2）使用物流客户关系管理软件进行物流客户服务管理。

知识准备

一、现有物流客户关系管理软件的主要功能

目前国内提供物流客户关系管理软件的厂商主要分为以下四种：长久以来一直专注CRM产品研究的专业厂商，如 Turbo CRM、联成互动 MyCRM、创智 CRM 等；信息化老品牌厂商向 CRM 领域的拓展，如用友、金蝶、新中大、浪潮等；新兴的 CRM 厂商；在线托管 CRM，目前这种形势的 CRM 也有大举扩展之势，不过基本上只针对中小型企业的需求（中型的标准都很难达到），如 SinoV、800CRM、Xtools 等。

虽然 CRM 软件厂商很多，各公司的侧重点也不同，但是其功能模块大体相当。以下介绍现有物流客户关系管理软件的典型功能。

（一）物流客户管理

支持物流客户资料的批量导入，支持多联系人管理，支持客户名称的重排，支持多条件搜索，支持客户资料、联系人资料的修改、删除权限的控制。具体包括：

1. 客户权限

支持批量客户资料的共享、分配和转移操作，支持上级对下级资料的查看，可严格控制业务员可查看的客户范围。

2. 外出登记

如果业务人员需要外出，可以直接在系统中登记，还可以直接按客户进行周计划的外出安排，省去了纸质登记的麻烦；并且有外出登记就有联系记录，容易相互对照。

3. 联系记录

无论是上门还是电话联络或其他联系方式，都可以将本次联络的结果和概要进行小结，以便管理人员检查和指导，并通过系统批复，给出指导意见，加强上下级的沟通。

4. 机会管理

将机会根据一些可衡量的指标，划分为不同的阶段，实时评估项目所处的阶段，这是跟踪项目最直接的方法，也是管理层协助业务员开展下一步工作的依据。客户关系管理机会评估功能，降低了人为主观判断的误差，加强了事实依据。

5. 文档管理

方便业务人员将和客户往来的有参考意义的电子文档（如我方发送的报价单、解决方案、对方的需求文档等）归档到相应的客户名下，以便后期随时查阅。另外，可以将一些解决方案或公共资料以电子文档的形式储存在系统中，作为知识库的一部分。

6. 快递管理

将快递单号和销售单号或发票号有机结合起来，有利于对公司的服务质量进行全程

监控，也有利于客我双方查询货期。

（二）物流公司员工管理

员工中心不但能让业务员每周提交周工作计划、总结与建议给管理层，而且管理层可以通过员工中心“以人为本”地了解各人的近期工作记录，一目了然。

（三）物流商品管理

支持物流商品的批量导入，支持物流商品的组合重排（商品编码、商品名称、商品规格），支持图片管理功能。

（四）销售管理

主要功能有：（1）报价管理：支持对物流客户快速、标准报价，支持报价单的复制功能，支持对税率的计算，支持个性化的报价单格式输出和打印。（2）销售订单管理：支持从报价单生成销售订单，支持单价、含税单价的相互计算，支持审批时的价格折扣控制，支持对上次购买价格的记忆，支持个性化合同样式的输出和打印，提供业务员销售业绩统计和商品销售汇总统计。（3）到款管理：支持同一销售单的多次收款，支持预收款管理及财务费用管理，支持客户期初余额管理，支持多账户、多付款方式管理，支持其他币种转换为人民币进行结算。（4）发票管理：支持同一销售单的多次开票，支持对发票号的管理。（5）费用管理：支持费用报销与物流客户、订单号进行关联，支持对费用报销有效期的控制，提供对物流业务员的费用报销金额的分析。

（五）库存管理

支持多仓库的库存管理，在标准的出库、入库之外，还支持领料、盘点、调拨等标准的进销存功能；支持安全库存报警，并包含商品库存分析和多仓库库存分析。例如，发货通知管理：在销售环节和发货环节之间，由于存在到款或生产的因素，哪些订单可以发送、商品向客户发送的数量是多少这些问题，之前销售和仓管之间容易起冲突，现在有了发货通知单，问题就能很好地得到解决。出库管理：根据发货通知单出库或根据销售订单出库，客户可以自由选择，支持多订单的一次出库，也支持一订单多次出库；支持多仓库管理，并有未发货商品统计及商品出库统计，能对商品在某区域或行业的销售进行进一步分析。有了出库单后，可以选择按销售订单收款，也可以选择按出库单收款。

（六）采购管理

支持对供应商及采购价格的管理，支持询价单，支持采购订单调用询价单，也支持通过采购订单生成入库单，支持付款登记和进项发票登记管理。

（七）销售分析管理

从第一次联络到订单执行与交货，系统维持一个可供整个企业共享的单一信息源。

凭借其可完全客户化的工作流、机遇管理、销售循环分析、预测及使用简单的报表特点，系统始终使得随时了解与回应潜在及实际客户变得十分容易。

（八）营销管理

可以通过高成本效益、高度个人化的目标营销程序迅速对客户作出回应，从而实现收益机遇与投资回报的最大化；制定、定标、实施、管理与分析大型营销活动变得简单易行。物流客户服务 CRM 将对包括从概念到前置配送以及其间所有环节在内的整个营销过程进行自动化管理，从而达到削减营销创意成本、增进营销创意效力的目的。

（九）客户服务管理

物流客户服务 CRM 可以提供完整的工作流、问题跟踪、案例管理及服务状态的信息，帮助创建一个可靠的知识库，从而保证一致、高效的客户服务。知识库通过诸如电话与电子邮件或网络自助服务等传统渠道建立起来，可以让客户自行登录、解决与跟踪他们自己的服务请求。只要触摸一下按键，即可轻松地访问完整的案例历史记录，快速解决客户查询与支持问题，从而为客户提供理想的服务。物流客户服务 CRM 利用实时、双向的信息流在前台与后台办公管理系统之间提供了及时的信息结合，非常节省时间。

（十）商业活动优化管理

物流客户服务 CRM 通过使用业内领先的科技，帮助企业建立起更为优化的商业运作及简单易行的信息交换。在物流客户服务 CRM 的帮助下，物流企业可以快捷地分析、管理和同步协调销售、营销与客户服务活动。无论公司的客户、合作伙伴及潜在客户选择何种方式、时间或地点与公司互动，物流客户服务 CRM 均可提供综合完整、使用简便的工具，成功地对这些活动进行管理，从而获得决定性的交易优势。

动脑筋 7-2

物流客户关系管理软件中的“软件”是什么？

当全世界掀起 CRM 软件热潮时，浙江天马物流有限责任公司斥巨资请思科公司开发了物流客户关系管理软件。然而一年以后，公司发现上马的 CRM 软件效果不明显，于是员工开始对此产生怀疑，至少是陷入了沉思。人们心里在问自己：为什么效果与心理的期望值不一样？为什么 CRM 软件的作用仅仅比 Excel 的功能强一点点？为什么公司的客户照样在流失？为什么老客户的忠诚度并没有显著提高？大家都在说，客户资源是一个企业生存的根本，然而我们的客户为什么不能形成强大的资源呢？经过长期思考，他们发现，只有 CRM 软件，没有客户关系管理思想与方法，通常是不完美的。那么，物流客户关系管理软件中的“软件”是什么呢？

二、WiseCRM 系统应用示范

WiseCRM 系统功能主要包括工作台、客户管理、销售自动化、服务管理、库存管理、自定义扩展等几个部分。下面分别从功能价值和主要模块两个方面对这几个部分进行说明。

（一）工作台

1. 功能价值

WiseCRM 操作界面是结合了实际工作流程和用户的操作习惯而整合设计的，操作流程简单明了。工作台（见图 7－2）是工作人员的办公平台，集合了日常工作常用的功能，使软件有了更强的可操作性。便捷的操作提升了工作效率，设计更合理，符合工作流程，使复杂的软件简单化，而不失其功效。

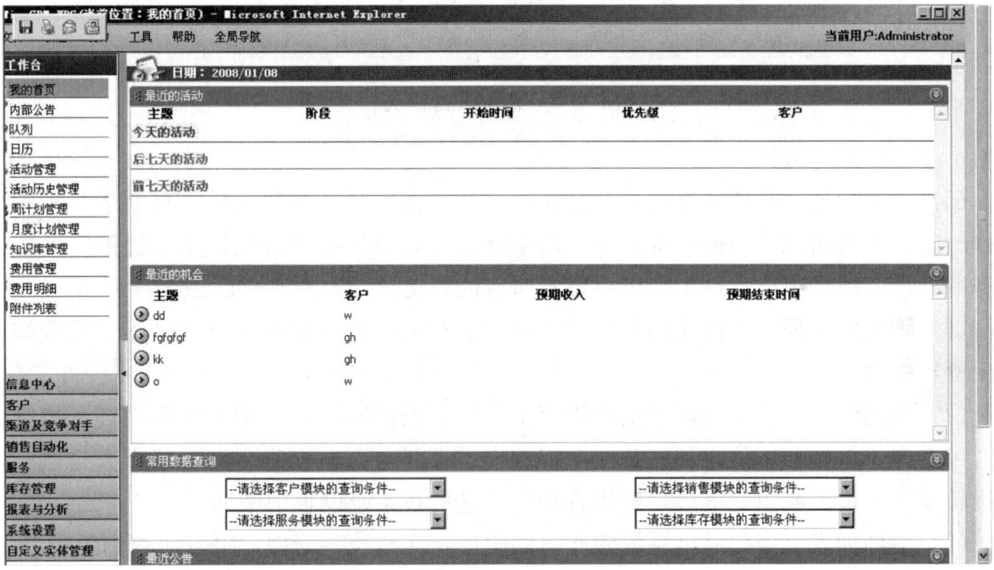

图 7－2　工作台界面

2. 主要模块

（1）我的首页。我的首页是系统登录的首页面，在我的首页中可快速查看最近的活动安排、最近的机会、常用的数据查询和内部公告等信息。这一模块能够时时提醒和督促工作，使企业及早地做好工作安排，不错失任何一个机会。

（2）内部公告。内部公告模块（见图 7－3）用来在企业内部发布公告、通知等信息，有发布浏览权限限定，帮助企业内部信息及时、有效地传达，同时增加内部的沟通和交流。

（3）队列。队列是将暂时不明确所属用户的记录分配到指定地方，并有待相关人员接收处理的记录集合。这一模块可提高团队的协作能力。

（4）日历。日历可以显示活动记录、活动计划，并能够新建和查看月度计划、周计划。这一模块可帮助工作人员合理安排时间。高级权限还可以查看他人的计划，方便领

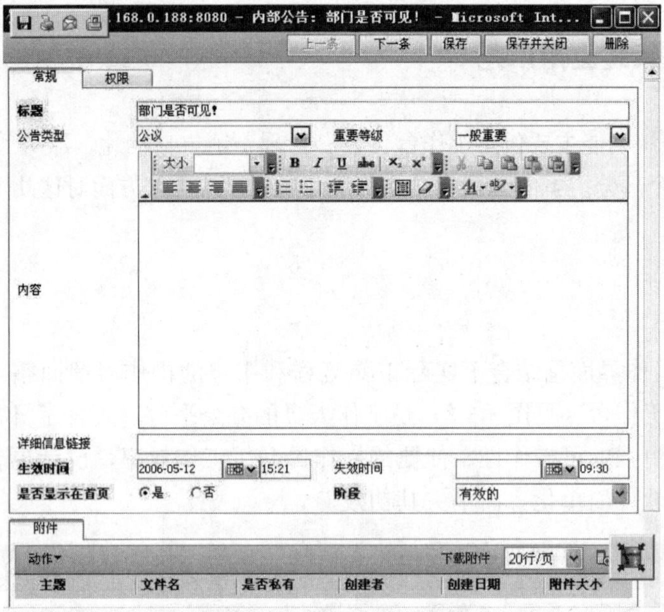

图7-3　内部公告模块

导对员工工作进行考核。

（5）活动管理。管理所有电话、E-mail、见面会谈等一系列活动，有助于合理安排工作时间，不再出现时间撞车的尴尬。活动计划可以设置提醒时间，用于提醒一些重要事务的处理。活动历史管理中，可以查看所有的历史活动，便于日后做统计分析。

（6）知识库管理。知识库即资料库，可分类存放，并可根据关键词搜索，实现知识通用资料的共享。

（7）费用管理。费用管理包括费用审批提交、费用审核、费用报销等功能，提交审批时可选择审批人和填写相关的备注，审批人可及时收到提交的审批，审批人也可将该审批转发他人审批或拒绝审批。费用管理的类别可在系统设置中增加。

（8）附件列表。该栏显示系统中所有的附件，实行统一管理，更方便查询维护。

（二）客户管理

1. 功能价值

客户管理是WiseCRM系统的核心模块。客户管理功能可以帮助企业集中分类整理现有的客户资源，达到资源整合共享；可以根据客户的特点进行分组分类，便于更有针对性地开展工作。海量数据库，可轻松管理日益增多的客户资源；不会遗失客户资料，有效避免因人员流动而丢失客户；按重要性对客户分级管理，挖掘大客户的价值；订单、信封打印及传真、E-mail提取功能可摆脱繁重的手工劳动；管理客户联络、关怀等活动，可提升销售成功概率。

2. 主要模块

（1）线索管理。线索可认为是不太明朗的销售机会信息，通过对线索的过滤、筛选、跟踪，一部分有质量的线索能转变为机会，最后转变为订单。对线索实行分组管理十分重要，可根据联系的阶段改变线索状态。线索管理模块如图 7-4 所示。

图 7-4　线索管理模块

(2) 客户管理。用户可进行新建、编辑、删除、分配、共享、提取 E-mail 地址、打印信封、批量新建活动、发送短信、发送邮件、组管理、会员等级和客户积分、检查重复客户等操作。客户管理模块如图 7-5 所示。

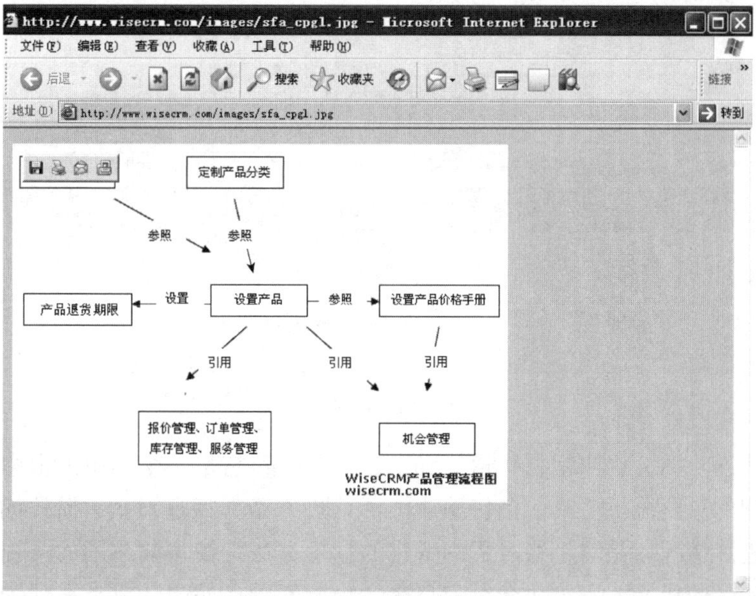

图 7-5　客户管理模块

(3) 联系人管理。一个客户下可有多个联系人，通过联系人档案的建立和客户关怀活动的进行，可以更好地为客户服务，从而达到客户关系管理的目的，提高企业竞争力，增加销售收入。

（三）销售自动化

1. 功能价值

销售自动化是WiseCRM系统的核心功能之一，专为满足销售代表和销售管理的日常工作要求而定制。销售自动化主要包含产品管理、销售漏斗图、机会管理、报价管理、订单管理、收款管理、发票管理、销售退货管理等子模块，各子模块之间的数据互相关联。销售自动化功能可以帮助企业规范销售流程，使销售流程变得简单；高效处理业务流程，便于操作，有效提高销售代表的工作效率；促进各部门之间的合作；使销售机会更明朗，有助于把握销售时机；一键形成漏斗图，为制定销售计划提供依据；针对销售过程中的监督，使管理人员计划和安排任务。

2. 主要模块

（1）产品管理。产品管理模块如图7-6所示。

图7-6　产品管理模块

（2）销售漏斗图。也叫销售管道（Sale Pipeline），它是一个形象的概念，是对销售过程进行控制的重要分析工具。销售漏斗图（见图7-7）通过对销售阶段的分析，能够掌握销售的进展情况，是对销售过程的量化的管理方法。销售漏斗图的可视性使销售代表能够看到实际的机会，围绕机会制定目标、分析问题；使团队成员在活动和机会上节省时间；能够看到销售漏斗预测的自动分析报告；按照个人喜好定制销售漏斗图。

（3）机会管理。机会是指有可能转变为销售的基础信息，包括机会主题、客户、联

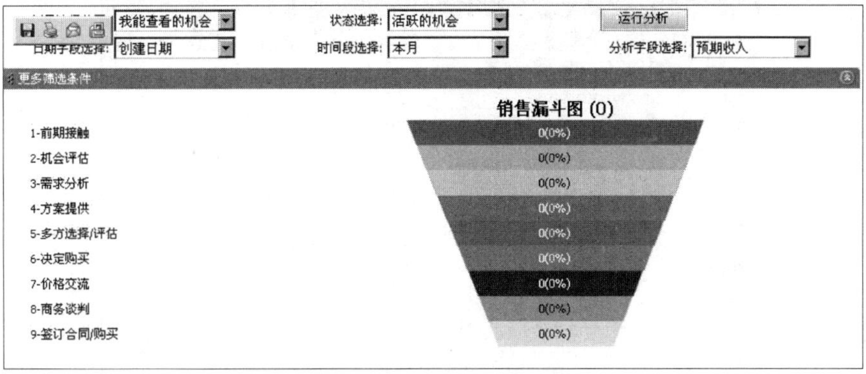

图 7-7　销售漏斗图模块

系人、机会概率等信息。通过建立机会，机会管理模块可以使销售工作安排得更加有针对性，并可以实时统计某时间段内的销售趋势或其他销售数据，从而提高成交率。

（4）报价管理。报价管理是指针对某个销售机会制定报价信息，一个销售机会可以关联多个销售报价。报价管理可以方便使用者详细记录每次报价的信息，可以尽量避免报价遗忘、报错价、前后报价不符等情况的发生。

（5）订单管理。订单管理用来管理所有已经发生的销售记录，通过订单信息的建立，可以进行多种数据分析，更好地进行老客户再销售、市场开发、产品改良等工作。

（6）收款管理。收款管理是指针对销售订单所发生的收款计划、收款记录的管理。收款管理是销售管理中的重要组成部分，可以有效地控制收款不及时、销售回款统计难等情况的发生。

（7）发票管理。发票管理是企业报税和控制成本必不可少的手段之一。将发票管理与销售发货进行关联，能够很好地对发货产生的发票进行控制。

（8）销售退货管理。销售退货是整个企业生产经营环节中必然会遇到的问题，退货流程的建立有利于企业销售的完整性，在系统积分的计算中是必须使用的数据。销售退货存在一个期限，即产品退货期限。

（四）服务管理

1. 功能价值

在市场竞争日渐激烈的形势下，企业的售后服务水平成为竞争的标准之一，因此越来越受到重视。WiseCRM 系统强大的服务管理模块，为企业提供了有力的支持。通过服务管理中各个子模块的使用，企业能够整合服务团队，提升服务响应速度，提高客户满意度，塑造企业形象，创造价值。

2. 主要模块

（1）服务请求管理。服务请求是指客户或相关人员提出的针对某种产品或服务的活动请求。活动请求可以方便使用者有效地进行售后服务的任务指派、活动安排、完成情况等信息的综合管理。服务请求管理模块如图 7-8 所示。

图7-8 服务请求管理模块

（2）服务合同管理。即对合同进行统一管理。合同明细是服务合同的具体内容，包括产品、项目、起始日期等信息。

（3）服务收费管理。服务收费管理是指针对客户或服务请求收取的相关费用的管理。服务收费管理模块如图7-9所示。

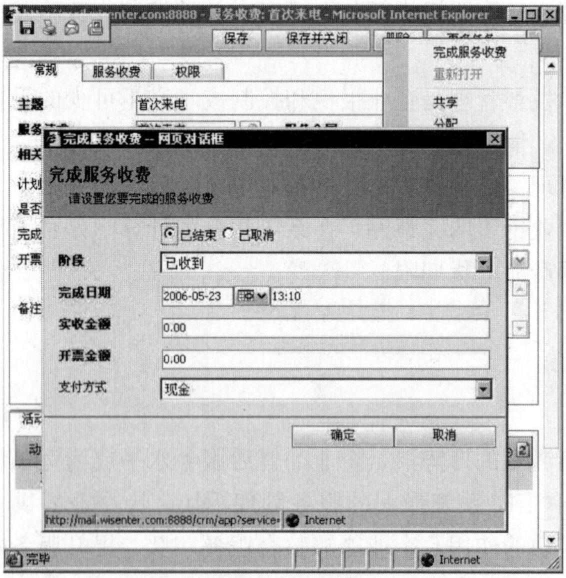

图7-9 服务收费管理模块

（4）服务投诉管理。服务投诉管理是指客户针对某项服务请求、产品、服务人员进行投诉的记录管理。

（5）服务回访管理。服务回访管理是指售后服务人员针对指定的客户或服务请求进行回访服务的记录管理。

（五）库存管理

1. 功能价值

库存管理功能使企业从此可以告别手工开单；让产品的库存统计更加实时、准确；公司账目、经营状况可以一目了然；能够显著减少库存周转时间；通过库存调拨可以使企业最大限度地利用有效库存，以及时处理季节滞销商品及残次品。

2. 主要模块

（1）库存管理。库存管理的操作流程如图 7－10 所示。

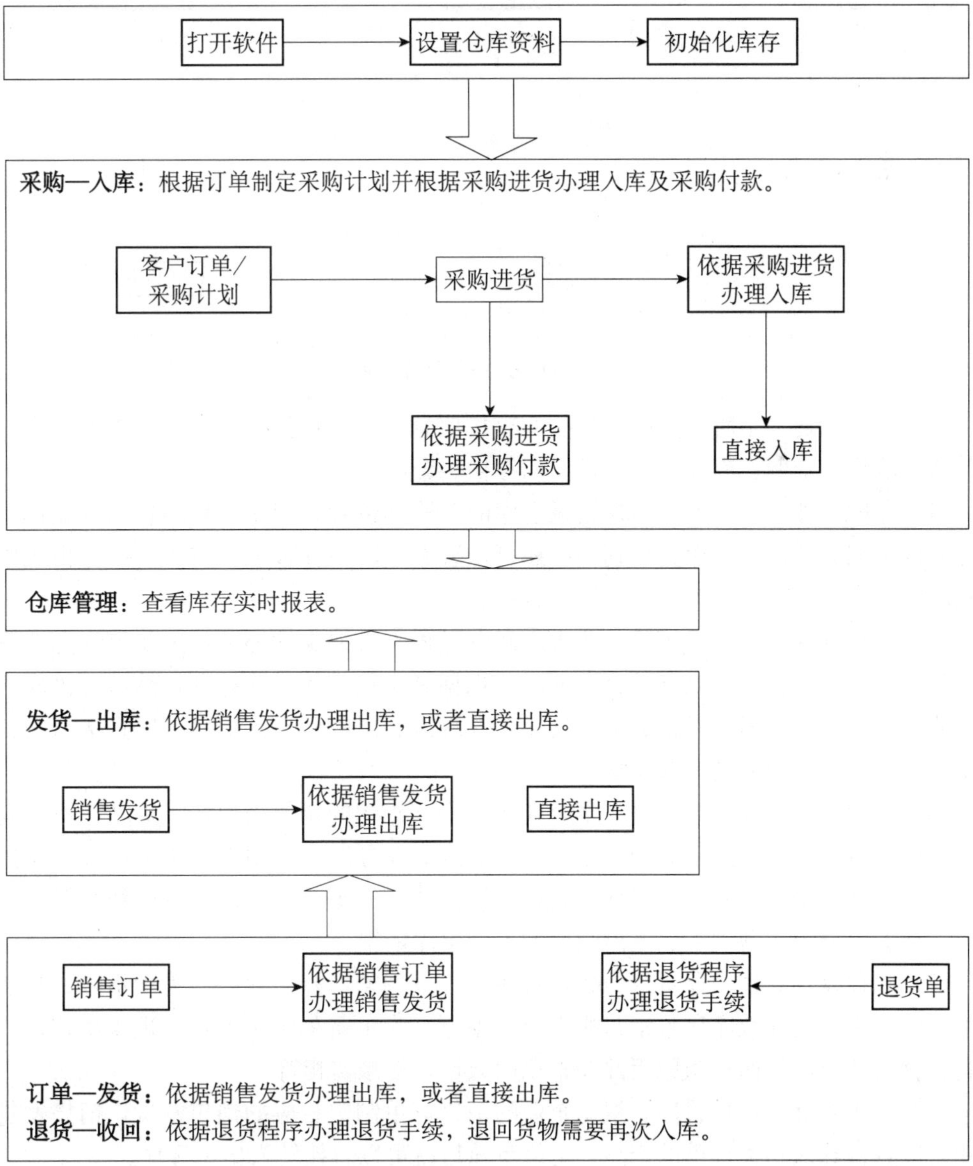

图 7－10　库存管理的操作流程

（2）产品管理。即对产品信息进行统一管理，其流程图如图7－11所示。

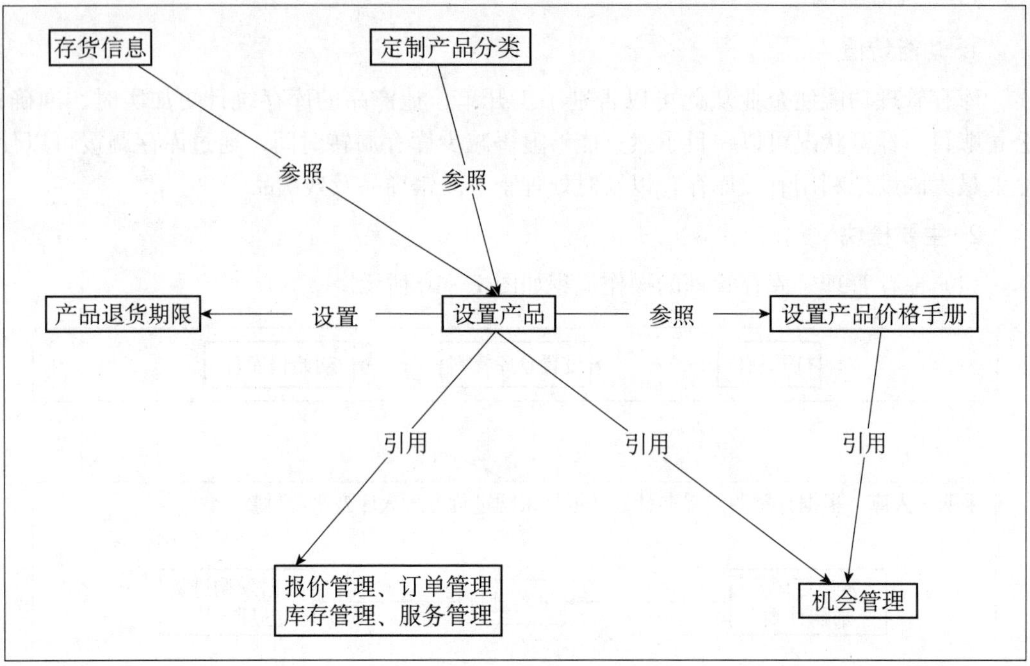

图7－11 产品管理流程图

（3）产品存货。是所有仓库中产品的存货信息清单，包括警戒上限、警戒下限、库存数量、价格、金额、库存初始数量、库存初始金额等。

（4）仓库管理。仓库资料用来记录仓库的名称和位置。产品存货信息的设置都是在仓库管理中完成的，在仓库管理列表中还可以查看实时库存报表。在实时库存报表中可以按时间、仓库、产品分类、产品进行查看。

（5）进货管理。采购系统是企业生产经营过程不可缺少的环节，主要核算企业采购货品的业务过程。首先可以根据企业的经营规划制定相应的采购计划，然后与供应商签订采购协议，在收到货品时根据采购进货单办理入、出库管理。出库可以直接从销售发货单导入。入、出库需经上级审核。

（6）库存调拨管理。对于存在多个仓库或分支机构的企业来说，将货品在不同仓库之间进行划拨是一种较为常见的业务。当发生这类业务时，使用本模块来记录与调拨业务相关的各项数据：调入、调出仓库名称，调拨货品的编号、名称、规格和数量，调拨价格。调拨单分别作为调入、调出仓库的入、出库依据。

（7）库存盘点管理。存货因为数量较多、收发频繁、计量误差、管理不善、自然损耗等原因，有可能导致库存数量与账面数量不符。为了避免账实不符的现象出现，要定期进行存货清查，从而查明原因并调整账面数量，使账实相符。

（8）销售发货与退货管理。根据企业的销售订单制定相应的销售发货，销售发货明细中可以直接导入相关订单的产品，上级审核后就可以直接转入出库管理。

（六）自定义扩展

WiseCRM 3.0 打破传统格局，让物流客户体验自由设计，无须对二次开发投入巨大投资；无须精通专业知识，也能享受随心所欲；自由设计，彰显个性；无须编辑代码，轻点鼠标也可设计出功能多变的模块；随需应变，按需定制，打破传统的设计理念，迎合了按需定制的发展潮流，工作效率倍增。自定义扩展模块如图 7－12 所示。

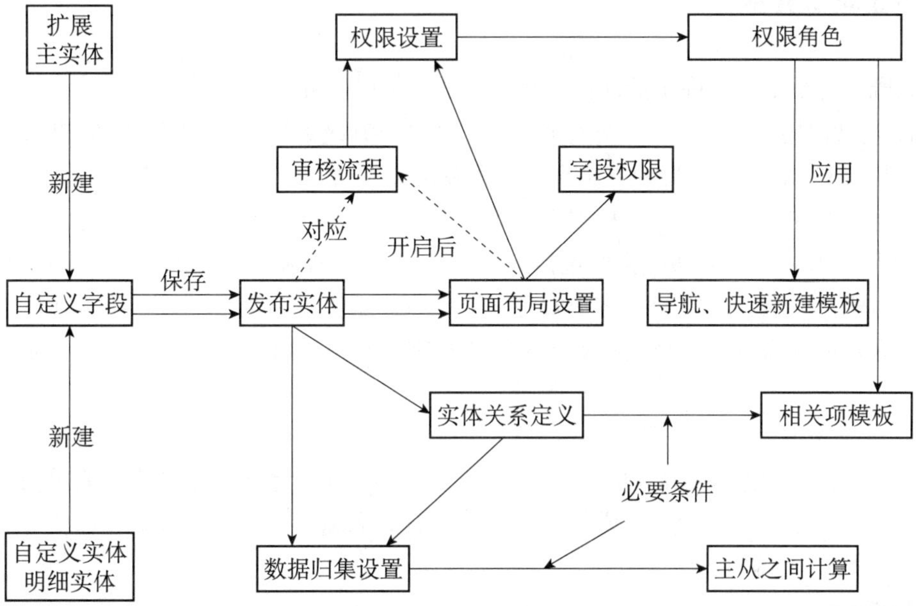

图 7－12　自定义扩展模块

登录 http://www.wisecrm.com，可免费注册试用。

任务实施

经过以上分析和学习，曾华了解了物流客户关系管理软件的典型功能，并学会使用物流客户关系管理软件进行物流客户服务管理。此时曾华明白了第三方物流公司为什么能够及时提供那么多合适的产品和服务了。

思考练习

一、不定项选择题

1. 既得客户期包括许多活动，最重要的活动可以划分为（　　）。
A. 刺激使用　　B. 交叉销售　　C. 升级销售　　D. 顾客忠诚

2. 物流 CRM 数据挖掘的方法很多，大致可分为（　　）。
A. 统计方法　　B. 机器学习方法　　C. 神经网络方法　　D. 数据库方法

3. WiseCRM 系统的功能主要包括（　　）、库存管理和自定义扩展等几个部分。
A. 工作台　　B. 客户管理　　C. 销售自动化　　D. 服务管理

4. 客户服务需要一个庞大的支持系统，从客户服务的角度来讲，所需要的资源包括（　　）。
A. 人力资源　　B. 数据资源　　C. 设备资源　　D. 通信线路资源

5. 在物流客户服务 CRM 的协助下，（　　）与分析大型营销活动变得简单易行。
A. 制定　　B. 定标　　C. 实施　　D. 管理

二、判断题

1. 在物流客户服务 CRM 的帮助下，物流企业可以快捷地分析、管理和同步协调销售、营销与客户服务活动。（　　）

2. 数据库方法主要是基于可视化的多维数据分析或 OLAP 方法，另外还有面向属性的归纳方法。（　　）

3. 潜在客户期市场活动及数据挖掘的作用是，潜在客户获得活动是针对目标市场的营销活动，寻找对企业产品或服务感兴趣的人。（　　）

4. 物流 CRM 数据挖掘与传统的数据分析（如查询、报表、联机应用分析）的本质区别是，数据挖掘是在没有明确假设的前提下去挖掘信息、发现知识。（　　）

5. 物流 CRM 数据挖掘所得到的信息应具有未知、有效和实用三个特征。（　　）

三、思考题

1. 什么是数据仓库？

2. 呼叫中心主要具有哪些作用？

3. 物流 CRM 数据挖掘有哪些常见方法？

4. 目前国内提供物流客户关系管理软件的厂商主要有哪几类？
5. 数据挖掘的定义包括哪四层含义？

四、案例分析题

案例一　科技信息驱动的工业制造供应链 JUSDA BPO 解决方案

一、项目背景介绍

C 客户是世界 500 强科技集团的核心事业单位，主要从事精密模具设计制造、手机/平板/电脑产品机构件、自动化设备、自动化机器人、精密刀具、光学产品等的研发与制造。随着国内人力成本的不断攀升，以及集团工业互联网的快速推进，C 客户面临着招人难和调整人才结构的双重挑战，并希望不断通过科技手段来实现提质、增效、降本、减存的目标。这是千万中国制造企业面临的共同现状。

制造业是立国之本、兴国之器、强国之基。作为世界第一制造业大国，2017 年，中国制造业总产值已是美国的 2.58 倍，在全世界的占比达到了 35%。然而中国制造业从业人数却是美国的十余倍之多。造成这种巨大差异的主要原因是：大部分中国制造企业生产、运营等各环节信息化、自动化水平低，造成大量人力与财力资源的耗费；企业管理意识薄弱，导致供应链管理效率低下。

放眼世界，随着市场竞争日益激烈，越来越多的国际知名领先企业开始逐渐把企业运营、管理，甚至前瞻到将规划、战略层面的业务外包，将专业的事交给专业的人，只关注自己的设计、研发等核心业务，将供应链打造成价值链，从而不断提升企业可持续发展的竞争实力。

随着业务流程外包（Business Process Outsourcing，BPO）市场的成熟，美国、日本等发达国家社会供应链效率日益提升，物流费用占 GDP 的比重仅为 5%～8%。预计到 2025 年，全球 BPO 市场规模将达 3 432 亿美元，年复合增长率超过 7.4%，供应链服务的占比将达到 35%，这是一个需求潜力巨大的市场。而其中，亚太地区的贡献仅为 6%。回到中国，供应链和采购 BPO 占比只有 8%。在供应链服务领域，BPO 仍只停留在 3PL（3rd Party Logistics）、LLP（Lead Logistics Partner），或顶多 4PL（4th Party Logistics）的物流业务外包层面。

二、客户挑战与诉求

作为中国制造业典型代表的 C 客户，在全国拥有 7 处保税工厂。除了外包部分国内、国际运输和供应商管理库存（Vendor Managed Inventory，VMI）仓储业务外，仍自营着厂内物流、关务、客户管理库存（Customer Managed Inventory，CMI）仓储等作业。相关人力将近 500 名，年度直接人力成本超过 5 000 万元。这是一笔不小的固定投入。业务量上升，人力成本会随之上升，但业务量下降，人力成本却并无多大变化，而且对于人员、设备、场地管理的边际成本也居高不下。

由于一直处于自营的状态，C 客户很多供应链管理模式和作业方法沿用已久，缺乏创新。入厂供应链、生产供应链、交付供应链、售后供应链等网络纷繁复杂，系统化程度低、流程冗繁，不但拖累了作业效率，偶尔的差错风险也给生产制造带来巨大的损失隐患。目前，C客户还面临着库内作业自动化、供应链管理系统升级改造的需求，这也将是一笔不小的投资。

JUSDA是富士康科技集团唯一授权的供应链管理平台服务公司，具备国家AAAAA级综合型物流企业资质、AEO企业高级认证、世界货运联盟等多项主要企业资质，是从制造直达消费者的全球专业供应链管理平台服务先行者。

JUSDA的核心竞争优势是其面向工业制造型企业及3C制造商的端到端精益供应链管理服务实力，为客户提供端到端的全程供应链管理服务，为客户打通制造、供给、商贸的关键环节，连接从供应商、制造商、品牌商、经销商到客户的闭环供应链生态圈。

因此，C客户找到了JUSDA，希望JUSDA能够为其解决这一痛点。

三、JUSDA BPO解决方案

JUSDA以具有竞争力的增值和创新的供应链服务，以及平台化的运营模式整合供应链生态圈资源，创新不同区域特色的产业集群服务体系，构建工业4.0科技时代下以数据技术（Data Technology，DT）大数据运营为基础的智慧供应链实时协同平台。

基于成熟的天网、地网、垂直骨干网的布局，JUSDA为生产制造企业打造的BPO“供应链业务统包解决方案”完美契合了C客户的需求。相对于3PL关注过程流的运营服务，和4PL关注物流资源整合的服务，JUSDA凭借服务制造业的丰富经验，通过BPO的供应链统包解决方案将供应链条上的角色和过程融为一体，以科技手段和信息技术，打造大数据驱动的C2M2C智能化供应链。JUSDA将自己定位为企业的战略合作伙伴，其BPO统包供应链方案旨在简化复杂的供应链，相较于4PL概念更大，具体体现在以下几个方面：（1）更全面：不但链接过程，更链接产业链条上的不同角色；（2）更透明：六流合一，数据更完整，同时端到端整合，可视化程度更高；（3）更智能：供应链大数据＋行业知识，打造智能供应链。

JUSDA综合利用大数据分析、云平台建设、物联网信息系统集成应用为一体的综合信息网络，自主研发信息系统平台，为客户提供可视化、可共享、可集成、可监控的全网综合信息分析与处理，全面支持内部和外部客户的供应链管理和运营服务，实现端到端的全智能化系统平台协同运作。依托平台化定位、全球化布局、一体化实力和科技化驱动，JUSDA围绕核心企业，链接上游供应商、下游客户，以及产业链上不同合作伙伴，打造客户制造业的供应链生态圈，借助供应链大数据，预测、预警、预判，实时协同，打造高效的智慧化供应链服务体系。为了简化复杂的供应链，JUSDA单一窗口对接C客户，为其提供供应链统包管理、六流合一、精益优化的BPO服务。

四、JUSDA统包方案推动

根据C客户的诉求，我们重新梳理了其C2M2C的供应链全景，并根据自身精益管理的经验和实力，提出了组织融合、系统整合、流程聚合的优化方向。（1）组织融合：秉持“专业的事让专业的人干”，运用JUSDA既有的服务网络和组织，将C客户重复的职能岗位进行合并，使得C客户减少用工数量，也将固定的人力成本转变为淡旺季可变可控的变动成本，优化企业管理。(2) 系统整合：使用JUSDA成熟完善的智慧物流管理系统，并与C客户ERP对接，尤其是其并不完善的仓储管理系统和关务操作系统，全方位地采集人流、物流、过程流（三实）与讯流、金流、技术流（三虚）六流合一的运营和业务数据，实现实时可视。(3) 流程聚合：将现有作业流程进行精益优化和聚合再造，减少不同组织之间的重复作业和往复交接环节，提升运营效率，降低作业成本，提高服务质量。

具体业务层面：(1) 关务：导入JUSDA一站式关务系统平台，并与海关系统对接。通过系统基础数据的维护，最大限度地减少纸质单证流转，系统化取代人力作业，提高作业效率和准确率。此外，借助JUSDA全球化网络布局和区域化深耕，还为其提供贸易合规政策咨询和规划服务。(2) 物流：有效契合产销协同，并提前锁定运力资源，利用JUSDA规模化采购，降低运力成本。同时，利用JUSDA控制塔，规划全球采购、交付和服务运输网络，根据订单需求，选择性价比最优的运输方式，并通过路由规划、配载规划等持续优化运作成本。(3) 仓储：整合供应商仓库、顾客仓库、线边仓等，通过系统管控物权及原物料、成品、服务备件等库存和订单。同时，将线边仓作业前置，直接送料上线，集中管理，集中作业，提升仓库和设备利用率，减少交接和重复作业，提升员工作业效率。另外，围绕仓储管理，向上延伸供应商管理，提供采购执行、订单管理、Min/Max库存管控、结算管理等服务。(4) 系统：在实施智慧物流管理系统的基础上，逐步上线JUSDA实时供应链协同平台（Supply Chain Collaboration Platform，SCCP），对接供应商、生产制造、终端客户数据，打通制造链和分销链条中的信息孤岛，产生以C客户为核心的工业大数据，为推进工业互联网奠定基础。

为了保障BPO项目的有效推进，我们在原本“调研、承接、上线、优化”四部曲的基础之上，将BPO服务升级至战略合作。为了保障客户BPO战略的行之有效，JUSDA还提供“组织划转”和“合资公司”的解决方案。(1) 组织划转：依据企业供应链BPO的战略规划，JUSDA在BPO服务基础上，可以承接企业供应链/物流管理团队的适当组织划转。JUSDA专业管理供应链物流相关的人和业务，规模化提升个人贡献和效率；同时，让企业的固定成本变为随业务量起伏的变动成本，更加可控。(2) 合资公司：依据企业供应链发展战略，JUSDA可以和企业成立合资公司，承接并保障供应链/物流BPO的有序推进，以此有效保障长期有序的战略合作和持续精益优化，规避BPO风险，并且可以叠加外部业务，将企业供应链/物流相关成本中心转型为利润中心。

在C客户的方案中，我们推介了组织划转方案。JUSDA使用C客户既有团队进行过度承接，输出管理人力，并逐步进行组织融合和人力优化。最终，C客户将原本供应链管理的冗余人力分流到生产制造，不但保障了其生产人力供给，还提供了组织人员汰换的机遇。

为了简化对账、结算流程，JUSDA BPO同样一改传统分服务段计费、分服务主体计费、分服务/承运商计费、分服务内容计费、分报价格式计费等按流量计费的模式，转变为“固定管理费用＋优化利润分享”的结果导向计费模式，提高了供应链管理服务成本的透明度，更提高了对账结算的效率，一扫之前隐藏成本高、结算流程长的问题。

五、JUSDA MDS解决方案

在供应链关务、仓储、运输业务统包的基础上，只能初步满足C客户增效、降本的短期目标。为了契合其集团工业互联网的建设需要，JUSDA除了推介实时供应链协同平台，还为其量身定制物联网自动化集成方案，帮助企业从标准化、数字化向全球化、平台化发展，并建立可持续优化的战略发展机制。

JUSDA拥有自己的智链实验室，专注设备的研发和硬件＋软件的自动化集成，以前沿科技提升供应链管理效率，从而打造智慧供应链。科技实力本身就是JUSDA打造BPO服务的基础。以“实时供应链协同平台”为前台、“智能化＋六流可视化”为中台、“数字化＋自动化”为后台，JUSDA以生产制造企业的视角为主轴，打造了“制造业数字化供应链解决方案”，即MDS（Manufacturing Digital Supply Chain Management）。JUSDA作为工业互联网中顶尖智能供应链平台，旨在以便捷的商业模式赋能全球企业。MDS更是精准定位，致力于为制造业，尤其是中小企业赋能。

MDS是一个完整的体系，也可以模块化输出。客户只需关注协同平台的前台呈现，便捷做出智能的商业决策。中台的运营管理和后台的操作执行，都由JUSDA统筹完成。

针对C客户的MDS方案规划：（1）后台（操作执行）：JUSDA根据C客户既有业务流程和服务资源，全盘承接仓储、关务、物流业务，渗透厂内制造物流，并通过系统实时和物联网设备规划，实现全流程数字化。（2）中台（运营管理）：JUSDA通过专案项目团队和控制塔统筹运营管理，单一窗口对接C客户，并延伸对接供应商、客户、承运商等；还通过网络优化、流程优化、库存优化等精益管理的持续优化理念，在智能可控的基础上，逐步规划并实施优化方案。（3）前台（协同决策）：通过六流数据的采集，JUSDA实时供应链协同平台不但为C客户各级管理层定制化看板和报表，还在数据协同的基础上，实现任务协同，实时解决并记录任何异常，实现全过程可追溯。

针对C客户业务情况，我们率先针对其原物料的采购执行环节上线了供应链协同平台。

上线前，该部分业务由采购、供货商、货代、运输、关务、仓库等多方角色参与，包含25个不同作业环节，存在着如下诸多挑战：人工操作环节较多，出错率高，工作效率低，人力成本高；邮件传输慢，有时甚至无法正常发送和接收邮件，需要多次电话跟催各环节状况，浪费时间，信息不够透明化，作业时间较长。

JUSDA协同平台实施上线后，通过订单采购执行、运力协同、关务协同、资源协同，流程节点压缩为7个，通过协同对接，在信息共享的基础上实现任务协同，并最大限度地实现无纸化、在线化作业，客户获取了巨大收益：跨系统对接，任务协同，信息共享，提高工作效率60％，实现办公室无纸化作业，降低管理成本30％，最大限度地在线化作业流程，操作稳定性提升70％，作业流程节点从25个优化到7个，节省了40％的人力，使沟通效率加快了50％，运力布局和网络节点可视化程度从0提升至全网可视，可查，可共享，可分析。在此基础上，JUSDA还特意为C客户管理层部署“战情室”，通过软件（供应链实时协同平台）＋硬件（电子屏）的结合，以及现场联合办公的模式，助力客户实时掌控供应链全貌，适时协同解决风险问题，高效体验六流合一的智慧供应链服务。

六、项目效益评估

凭借自身的优势，JUSDA 提出的 BPO 供应链统包解决方案可谓占尽天时地利，具体体现在以下几个方面：

（1）丰富经验：JUSDA 拥有长期服务于富士康、夏普等全球大型制造业的 BPO 供应链管理服务经验，可对标并赋能其他制造企业。

（2）专业人才：JUSDA 拥有来自生产制造、供应链管理等领域的全球专业服务团队，有完善的行业知识体系。

（3）资源整合：JUSDA 长期为制造企业提供一体化物流服务采购和管理服务，拥有完善的资源管理体系，甚至包括供应商管理（SRM）和客户关系管理（CRM）体系。

（4）科技实力：JUSDA 专业 MDS 服务平台，融数字化、自动化于一体，提供数据采集、集成与端到端可视化，打造智能化的供应链体系。

（5）全球网络：JUSDA 自有可共享的全球网络，结合 4PL＋3PL 的服务模式，为整合资源管理做有效补充和必要的应急。

（6）持续优化：JUSDA 拥有制造业精益管理基因，专门做减法，杜绝浪费。与此同时，全球领先的专业供应链与物流解决方案能力也有效地保障了持续优化的有效推进。

由此，让企业外包非核心业务，而聚焦其核心竞争力的发展，我们可以给客户供应链创造全方位的价值：

（1）增加营收：通过提升服务质量和客户满意度、加速产品上市时间、保障产品供给等，助力企业增加盈利能力。

（2）降低成本：通过规模化降低采购成本、优化流程、提升效率等，降低直接作业成本。

（3）减少运营资本投入：通过降低库存（要货有货，不要货零库存）、压缩 Order-to-Cash 周期、减少应收账款等，减少运营资本投入，提升企业现金流。

（4）减少固定资产投入：通过设备外包、资产转移、提高利用率，减少企业固定资产投入。

在 C 客户的案例中，除了图中所示的价值主张，JUSDA BPO 带来的量化价值体现在：供应链服务人力成本优化 70%，物流采购成本优化超过 20%，作业和沟通效率提升 50%，订单交付时效提升约 30%，作业准确率提升至接近 100%。

七、项目意义总结

国内制造业普遍存在以下问题：信息断层（信息不连贯、软硬件不连接），工作节点复杂，大量重复性作业，供需失衡，可视化低，协同度差。很多有责任感的企业都以提升社会供应链的服务效率、降低社会物流成本为己任，但实施起来却是难上加难。

JUSDA 是少数拥有制造业 C2M2C 全程供应链服务经验和能力的企业。经过验证，我们推出的 BPO 供应链统包解决方案，符合社会所需，满足企业所求，能较好地解决制造业供应链管理痛点。通过 C 客户的成功案例，JUSDA 也意识到中国制造企业转型升级的强烈意愿。但仍有诸多企业意识依旧传统，没有找对方法，或没有找对资源。B2B供应链服务市场相对封闭，我们还需要时间来引导并培养制造企业的管理理念和供应链及BPO的正确消费观。经过不断打磨，JUSDA BPO可以从研发、计划、采购、生产到交付、服务，全流程服务制造企业工业链和分销链。从企业管理的维度，我们更是从传统业务外包的运营、管理，上升至规划、战略，以全方位支持，真正成为制造企业的战略合作伙伴。

我们希望，在JUSDA以科技驱动的供应链管理服务平台上，真正能实现“链接产业全局，超越企业所期”，以简化的BPO统包供应链管理服务模式兼善天下，为千万中国制造企业赋能，将其供应链实力变成企业成功的强大驱动力，让中国从制造大国向制造强国全速迈进！

思考：

（1）通过案例学习，制造业典型代表的C客户供应链管理存在哪些问题？

（2）JUSDA BPO解决方案具体有哪些内容？这些解决方案帮助C客户解决了哪些问题？

案例二：中远海运科技有限公司：国际船舶代理集中管控系统（COMPASS）

一、研发公司简介

中远海运科技（北京）有限公司（原中远网络物流信息科技有限公司）是中国远洋海运集团有限公司所属的IT旗舰公司，从1996年成立以来一直从事国内外交通航运有关供应链和物流解决方案的咨询、规划，软件设计、研发及实施，产品代理及系统集成业务。

中远海运科技有限公司为交通运输、生产制造、第三方物流、零售、建筑、电子电器、金融、电信等行业提供了大量优秀的物流供应链解决方案。在多年的探索和实践中，中远海运科技有限公司打造了一支高水平的物流信息化和业务团队，拥有先进的信息化技术、前沿的物流模式、雄厚的科研实力，提供专业的物流供应链业务咨询，形成了丰富的物流供应链信息化产品生态链。

在多年的物流信息化实践中，中远海运科技有限公司以专业、先进的技术水平和开拓精神，致力于打造一流的物流供应链产品和服务，被誉为国家信息化试点工程、物流信息化动态监测定点联系企业、中关村开放实验室、中国物流学会产学研基地、中远集团物流技术分中心、中国交通运输协会快运分会会员单位、物联网技术与应用会员单位、北京市国际科技合作基地等。

二、案例项目应用背景与目标

伴随着全球经济一体化的快速发展，以及信息技术的日新月异、不断更新迭代，整个中国社会都处于互联网转型的浪潮中。虽然港航业是历史悠久的传统行业，但在“IMABCD”（即物联网、移动通信、人工智能、区块链、云计算、大数据等）等新兴信息技术不断涌现的背景下，港航信息化发展呈现新的趋势。国际船舶代理属于港航产业链上的核心业务环节，目前港口市场日益开放，港航企业纷纷进入市场，外部环境竞争日趋激烈，而国际船舶代理业务复杂度越来越高、客户个性化需求越来越多。反观中远海运物流有限公司国际船舶代理业务依然沿用传统操作模式，管理业务人员创新意识不足，难以应付创新发展新时代需求。本项目借助中国远洋海运集团有限公司新业务模式科技创新总体规划，以科技创新为重点，重建国际船舶代理业务新模式体系，发挥自身力量，突破自身瓶颈，提升企业服务水平，努力增强国际船舶代理市场竞争力。

（一）应用企业介绍

中远海运物流有限公司隶属于中国远洋海运集团有限公司，由中国远洋物流有限公司、中海集团物流有限公司和中海船务代理有限公司重组整合而成，于 2016 年 12 月 21 日正式挂牌运营。2017 年 9 月 18 日，中国外轮理货总公司整合并入中远海运物流有限公司。中远海运物流有限公司是居中国市场领先地位的国际化物流企业，在项目物流、工程物流、综合货运、仓储物流、船舶代理、供应链管理、理货检验等业务领域为国内外客户提供全程物流解决方案。

中远海运物流有限公司旗下由中国外轮代理有限公司（PENAVICO）和中海船务代理有限公司专门从事内外贸船舶代理业务，是中国“历史最久、规模最大、实力最强”的国际船务代理企业；下设 80 多家口岸外代、300 多个业务网点，网络覆盖国内所有开放口岸，并且在欧洲、美洲、东南亚等地设有 10 余家海外分支机构。公司秉承“以诚为先，谋求共同发展；以人为本，追求完美服务”的经营理念，认真履行为客户提供“全天候、全方位、全过程”的服务承诺，以更真诚卓越的服务，打造“最好的国际船舶代理人”，与国内外客户携手并肩，共创美好未来。

（二）案例建设应用背景

中远海运物流有限公司作为中国最早、最大的从事船舶代理业务的公司之一，在全国多家对外服务口岸从事世界各国船公司进入中国的船舶代理业务。

中远海运物流有限公司国际船舶代理信息化系统建设起步较早，最初的国际船舶代理信息化系统建设以满足各公司自有的业务操作为主要目的，形成了以各地业务特色为主的独立业务系统共 20 多个，特别是其中较大的几个下属区域公司还在使用基于 IBM DB2/400 的作业系统，部分公司使用基于 SQL Server/PC 的作业系统，还有一部分较小的公司仍然停留在使用传统的人工操作模式。分散、独立的业务系统极大地阻碍了公司全球业务发展的步伐。分散的管理体系和模式难以组成优质资源以发挥中远海运物流公司全球战略发展目标，我们发现存在的问题有如下几个方面：

系统规划方面：缺乏统一的 IT 规划和信息规划，造成企业信息资源和技术资源无法实现有效利用，信息整合难度提升；各口岸操作流程和系统应用不同，无法支持系统内的数据交换、共享，存在信息孤岛，消息衔接不畅通；各口岸系统规划设计相互独立，数据标准不一致。

系统功能方面：应用系统只满足当地口岸业务操作和部分管理需求；缺少总部/区域管理功能支持，对内无法及时提供可靠的业务决策信息支持，有效控制业务风险；没有统一的跨区域、跨口岸的对外客户服务，对外无法为客户提供全程的、综合的信息服务，与未来国际船舶代理业务发展规划的有效落实不相匹配。

数据管理方面：基础代码不统一，造成业务数据统计和分析上存在困难；系统内数据交互性差，业务数据滞后并且难以整合；基础数据重复录入，不利于系统数据差错率的降低。

技术应用方面：不同口岸公司 IT 部门掌握编程技术、开发模式及系统应用环境各不相同，普遍存在 IT 部门产出不足；传统技术架构无法更好地支撑日趋复杂、个性化的业务模式及不断壮大的业务规模，且不具备较快的响应速度；系统不支持灵活组合、灵活配置，不能减少重复开发、有效缩短开发周期，从而降低建设成本。

（三）项目建设目标

本案例名称是国际船舶代理集中管控系统（COMPASS）（简称“国际船舶代理系统”）。它以中远海运物流信息化总体规划为指导纲领，以业务管控需求和业务运作需求为建设依据，搭建了上下贯通、相互协同、资源共享与整合的一体化平台，满足了中远海运物流公司在国际船舶代理信息化战略层面、业务管理层面、业务运作层面、系统建设层面不同的需求。

在信息化战略层面，以中远海运物流信息化总体规划为指导纲领，建设成果满足规划文件中提出的国际船舶代理信息化板块目标和要求，从而支撑公司总体信息化发展战略。

在业务管理层面，系统引入了服务产品理念，提升了国际船舶代理业务管控能力和运作效率，有效支撑了中国外轮代理公司国际船舶代理品牌发展，可为客户提供更方便、快捷、多样化的服务，提升中远海运物流在国际船舶代理业务市场中的服务能力。系统支持集中营销、KPI 考核、集中采购等管理功能，并加强总部、区域管理职能，为决策分析提供数据支持、强化风险管控。

在业务运作层面，系统梳理出四层服务产品业务架构体系，支撑国际船舶代理班轮和非班轮业务的信息化操作。覆盖范围包括市场销售、船舶计划调度与航次作业管理、进口单证、出口单证、箱管、驻港现场作业、国际中转、商务结算等业务流程，实现国际船舶代理业务流程标准化、操作无纸化、资源数字化、监控可视化、过程智能化。

在系统建设层面，系统采用行业最前沿的微服务技术架构，以快速响应、快速扩展为原则，搭建集约化、标准化国际船舶代理系统，既满足全公司集中管控，又兼容各区域口岸业务发展差异。主要包括系统管理、基础管理、在线客服平台、移动服务平台、决策分析平台及业务管理内容。

本项目按照“统一标准、统一平台、系统集成、资源整合、信息共享”的基本要求，全力实现“全面感知、全面覆盖、全程控制、全面提升”总体目标。

三、解决方案

（一）问题与挑战

1. 统一业务体系解决业务数据差异，为大数据应用奠基

国际船舶代理系统使用群体非常广，服务于全球数百家船公司，其中班轮船公司 100 多家、非班轮船公司 200 多家，业务涉及范围遍布全国各口岸，各地船公司、海关、海事局、码头、堆场等相关政策与业务规则不尽相同，前期各口岸公司国际船舶代理业

务流程、操作模式、管理方式方面均存在较大的差异。项目组在经过充分现场调研后，将调研数据输入中远海运物流大数据平台，针对国际船舶代理业务特点统计分析形成新的业务模型，将新业务模型征求全国各口岸不同业务模块具体操作人员意见，经过大数据平台反复多次的数据模型清洗和筛选，再经过多轮总部全国各业务代表认真论证，最终在北京对国际船舶代理班轮、非班轮的整体新业务研发建设需求进行了项目确认。

2. 公司组织结构调整重建

国际船舶代理系统作为集中式大型应用系统，信息化建设将以公司创新发展战略与整体定位为指导，推行内部业务流程与管理的标准化，保持市场竞争优势。因而，对于各口岸公司来说，不管是管理层还是实际业务操作者，在一定程度上均需要重新调整组织结构，组织学习培训新的业务模式、管理标准与规范，加大了管理者和业务人员对新业务体系的理解，针对部分传统业务操作的口岸公司，重新做了组织结构调整与重建，确保了整体业务的一致性和完整性。

（二）重点与难点分析

1. 统一搭建微服务架构

由于早期的国际船舶代理系统缺乏统一的规划设计，分别以满足口岸公司各自基本业务操作为主要目的，全公司国际船舶代理系统多达 20 多套，不同类型的作业系统导致各公司国际船舶代理系统独立、分散。

因而，本项目坚持统筹规划，从国际船舶代理行业发展趋势出发，以提高系统响应速度、缩短开发周期、降低建设成本、减少重复开发为原则，采用行业内最新的微服务技术搭建统一的技术架构，支持模块化、组件化开发，以满足船舶代理业务网点多、口岸差异化大、业务量大、电子数据交换量大、稳定性及时效性要求高等特征下的需求。

2. 统一规划业务流程

国际船舶代理早期主要由不同口岸各自管理，业务模式与海关、码头、堆场等相关方有着紧密联系，存在较大的差异化操作，如不同口岸公司在海关新舱单的使用、航线下舱位关系管理维度、客户发票开具要求、在线支付、单证格式等方面体现出的差异化问题。因而，综合分析各口岸公司国际船舶代理业务，判断并评估影响主流程的关键因素，从总部集中管控的角度出发，对船舶代理业务主流程进行梳理、统一规划，各口岸公司采用同一套业务流程。

3. 梳理服务产品体系

国际船舶代理系统作为一个大型集中式系统，面对的业务具有业务复杂度高、业务范围广、参与方众多、业务环节长等特征与挑战，难免出现业务操作点、业务管控点、计费的设计遗漏。这就要求基于不同口岸、不同业务板块、不同信息化水平、不同服务标准下的现状进行考虑，抽象出总体架构，梳理出专业化、标准化的服务产品体系。本项目的服务产品体系包含四个部分：服务产品目录、服务产品、服务类型和工作指令。

（三）核心内容构建

基于对国际船舶代理业务架构体系的业务流程，围绕服务产品、客户合同、异常监控、业务功能等核心构建内容描述如下：

1. 服务产品设计

服务产品设计采用四层的结构，分别为服务产品目录、服务产品、服务类型、工作指令。

服务产品目录：服务产品目录是对服务产品的收集与归类，可作为一个模板，供客户根据实际业务需求，挑选服务产品。

服务产品：企业基于市场/客户明确的价值诉求，对自身可标准化运作和定价的服务进行梳理组合，将所有的服务交互承载在产品上，形成一套完整的可面向客户的产品。产品存在全生命周期的版本管理，推动服务的完善与退出，还具有量化考核。

服务类型：根据自身服务边界与客户业务需求进行匹配，针对不同服务类型形成标准化的服务作业规范和服务定价，指导实操人员的作业流程以及销售对客户的询价报价，避免销售空对空报价，提升销售工作效率。

工作指令：用于明确什么时间做什么事情，指导制定操作人员在业务执行过程中必须执行的单个操作，基于设置的各时间节点进行任务派发和信息推送，对状态进行管理，监控作业完成情况，确保作业在截止时间前完成。

2. 客户合同设计

客户合同用于约定与客户之间的服务内容，需根据客户需求配置服务、制定价格，详细记录业务承诺的服务、定价、结算方式、条款等信息。客户合同的重点设计内容如下：

合同版本与审批流程管理：合同具有完整的生命周期，面向同一客户的相同需求，只存在单一发布的有效版本，版本管理时需对协议的有效版本进行管理与发布；销售提交的合同引入审批流的管理，辅助协议最终版本的发布。

合同支持产品的选择：引用服务产品的结构，识别出服务产品目录中符合客户实际业务需求的服务产品后进行相应定制。

合同支持服务的灵活配置：产品中服务的设置是大而全，覆盖绝大部分的场景需求，而合同对产品的引用可针对需要的服务灵活配置。

合同支持基于服务的定价个性化：产品的标准定价主要是提供销售报价时参考，而对业务体量大、议价能力较强的客户而言，合同支持价格维护的个性化。

合同支持服务作业流程的个性化：服务产品仅制定了标准的作业流程，而协议中针对客户的不同需求，定义服务对应的个性化操作流程，以最大限度地提升客户体验。

3. 异常监控设计

国际船舶代理系统对于作业过程中的异常监控，引入物流控制塔体系的全程可视、异常可控、服务可量化考核的理念，结合物流管理流程和应用工具，集成外围设备，实现监控订单履行状态、实时追踪货物信息等功能，为企业提供端到端的可视化全程物流服务。

异常事件节点定义与计划：定义时限类、服务类等异常事件类型，为不同类型异常事件配置不同监控维度，异常事件的定义由总部制定规则，各具体执行公司配置执行参数。

节点实际执行状态收集：支持业务人员日常业务操作更新，通过与第三方系统的集成、外勤人员作业反馈等形式，更新事件节点的执行状态，完成业务人员日常业务操作更新。

异常处理流程配置：事件节点的实际执行信息超出预设阈值范围的作业，自动触发异常事件，处理流程可灵活配置，如异常事件的类型判断、节点选择、处理角色的设置、级别设定等。

异常考核：支持基于异常事件的触发频率、异常处理时效等数据，对供应商、客服、业务操作员等角色建立相关的考核指标，建立标准化异常考核体系。

4. 业务功能设计

国际船舶代理系统的业务功能建设作为国际船舶代理班轮业务和非班轮业务的信息化支撑，覆盖范围包括市场销售、船舶计划调度与航次作业管理、进口单证、出口单证、集装箱业务、使费结算、运费结算、箱管费结算、移动应用等业务。以下为核心功能的描述：

业务配置：配置好基础信息后，方可开展业务操作。主要涵盖合作伙伴、船舶规范、航线、船期表等功能。

计划调度：由航次经理根据船舶代理协议，按照客户要求、公司制度和口岸政策要求完成委办事项，将船舶动态反馈给客户，费用信息给商务结算员，船舶货量信息上报公司。主要涵盖功能：船舶计划管理、船舶调度管理、在港操作等。

班轮出口单证：处理客户委托、分配舱位、接受订舱，在出港口岸完成舱单制作、海关申报（船）、运费结算和签发提单等业务。主要涵盖功能：订舱管理、舱单管理、理货清单、船图管理、危险品申报、提单确认、提单签发等。

班轮进口单证：为船公司提供船舶抵港后进行船舶申报、收取运费、换单放货等服务。主要涵盖功能：预处理舱单、原始舱单管理、船图管理、危险品船申报、危险品货申报、换单等。

集装箱管理：按照集装箱营运人的委托，对进出其所辖区域的集装箱进行动态信息跟踪、进出口集装箱发放和回收、超期费收取、箱体检验与修理、集装箱平衡调度管理以及集装箱费用成本审核等管理工作。主要涵盖功能：出口舱单、进口舱单、出口放箱、进口放箱、退关、动态管理、空箱调运计划等。

使费结算：接受委托方（船舶经营人）的委托，代理船舶在港期间作业事宜，按照船舶代理协议，与供应商结算使费、代理费和杂费等。主要涵盖功能：代理费登记、杂费登记、使费登记、使费稽核、制作账单、发票、收款核销、供应商发票、付款核销、凭证等。

运费结算：进出口业务中与各合作伙伴之间的往来账结算，包括海运费、包干费、佣金等。主要涵盖功能：费用登记、稽核、发票、收款核销、供应商发票、付款核销、凭证等。

箱管费结算：即箱管代理费，指箱代根据箱管费费率规则生成箱管代理费账单明细，向箱经营人收取集装箱管理费用，一般按箱量进行计算。主要功能：费用登记、稽核、发票、收款核销、供应商发票、付款核销、凭证等。

5. 微服务产品拆分

服务产品：管理不同业务单元的服务产品、基于服务类型的标准化报价、基于指令的标准化作业；管理面向客户的客户合同，作为应付费用的计费和结算基础；管理面向供应商的应付合同，作为应付费用的计费和结算基础。

物流控制塔：基于内外部系统指令状态和实际执行数据的同步回传，监控业务执行情况与异常事件的自动捕获和预警。

出口单证：管理国际船舶代理的出口单证业务，支持进口船期的维护、订舱和舱单业务的 EDI 收发、单证制作等功能。

进口单证：管理国际船舶代理的进口单证业务，支持进口船期的维护、舱单业务的 EDI 收发、换单业务管理以及单证制作等功能。

中转单证：管理国际船舶代理国际中转业务，支持中转舱单的 EDI 收发和维护、开航放行的管理等功能。

统一认证中心：提供统一用户认证验证用户合法性。

基础数据系统：管理合作伙伴、船舶规范、商财配置、基础信息的主数据维护。

6. 应用架构设计

国际船舶代理系统的应用架构设计，能流畅高效地支持船舶代理业务中船管、箱管、产品合同、出口单证、进口单证、中转委托、结算管理等业务，配置独立的 Oracle 数据库，保证数据处理与业务运作互相独立、互不干扰，显著提高系统响应速度，强化各业务板块协同能力，具备高度的灵活性。应用架构设计主要由用户层、系统接入层、核心应用层、内部系统层的业务场景构成，诠释了同海关、堆场、码头等外部系统，以及国际船舶代理业务系统、财务系统等内部项目的接口模式。

用户层：主要阐述系统上线后的操作用户，包括中远海运物流国际船舶代理公司单证操作、销售、商务结算、客服等业务板块的系统用户；货代公司、船公司等协议客户；海关、码头、海事等供应商。

系统接入层：主要支持国际船舶代理系统用户、客户、供应商等不同角色用户相关的系统对接。

核心应用层：主要集中业务系统的核心应用功能。该层支持业务功能的实现，将处理结果信息通过交换平台传递给其他系统，包括船管、箱管、产品合同、出口单证、进口单证、中转委托、结算管理、基础数据、物流控制塔等。

内部系统层：主要包括同物流中台有数据接口关系的系统，用来获取并反馈相关数据信息，如财务系统等。

四、项目成果

（一）为发展固本强基

面对国际船舶代理业务深受市场放开的政策调整、港口竞争加剧和客户需求提升等多重变化因素困扰的局面，我们在国际船舶代理系统开发过程中引入全新的服务产品业务架构体系、微服务技术架构体系，确保以高科技技术手段提升中远海运物流公司国际船舶代理业务在国际市场的竞争能力，保障传统业务向科技公司转型后的利润贡献，为公司的国际船舶代理业务创新发展转型提供强力支撑。

（二）集约化、标准化转型

中远海运物流公司旗下有150多家公司做国际船舶代理业务，针对前期全国各公司有点无网和以网点为单位的“游击队”作战方式所浪费的宝贵资源，本项目通过“集约化”改革使全国所有公司连点成网，最大化地实现优化资源配置，发挥规模效应和网络效应。项目建立的一站式响应和服务机制，统一服务标准，全面提升服务水平，全力落实“三化”，推动班轮业务向集约化、标准化转型。

（三）微服务架构体系创新

国际船舶代理系统为了实现对新业务架构体系的支持，使用目前行业最先进的微服务技术架构体系，是公司第一个微服务尝试项目，并取得了成功。微服务技术架构除了具备较强的适应能力，能够对规划内业务随着其市场快速发展提供支持外，还具备优秀的可扩展性，拥有业务成长的纵向扩展能力，集成其他业务的横向扩展能力，能完美支持未来业务发展呈现的复杂化、多业态化，快速满足需求。

（四）服务模式创新

国际船舶代理系统的成功上线将突破传统服务模式，使得船舶代理的整体服务水平、竞争能力得到有效的提升。本次项目服务创新点主要有：满足海关要求的国际中转业务独立、箱货关系清晰、按时发送舱单的要求；支持总代理、船员遣返、船舶备件动态实时跟踪等船东延伸服务；实现商务结算统一化，将原先的多种使费结算模式统一、简化，一方面适应财务共享结算中心要求，另一方面使商务结算操作更简便、高效、精确；支持统一在线客服、统一在线支付的客户在线作业；移动App的使用，使得外勤人员无须再奔走于现场与公司之间即可完成各项本职工作等。

五、项目展望

国际船舶代理系统是中远海运物流公司首个微服务技术尝试，并且取得了成功。系统不仅为全国各港口公司提供了全新的服务理念与模式，助推传统悠久的船舶代理行业向现代化发展转型，而且对于未来互联网环境下探索港航产业链向数字化供应链转变也颇具指导意义。

国际船舶代理系统目前已在上海区域正式投入使用，后续将按照整体推广计划在青岛、宁波、大连等全国各口岸进行推广实施，拟将中国外代、中远海船务的所有班轮、非班轮国际船舶代理业务纳入其中，完成内部流程和管理的标准化、集约化、一体化，实现中远海运物流公司“做最强的物流服务商，做最好的船务代理人”的经营目标。

思考：

（1）你觉得中远海运科技有限公司的国际船舶代理集中管控系统建设的前提是什么？

（2）中远海运物流公司的国际船舶代理集中管控系统解决了哪些问题？

参考文献

[1] 周庆，易鸣，向升瑜．给客户一个理由：华为销售谈判与沟通技巧．北京：中国人民大学出版社，2019.
[2] 黄卫伟．以客户为中心：华为公司业务管理纲要．北京：中信出版社，2016.
[3]（美）拉姆·查兰（Ram Charan）．客户说：如何真正为客户创造价值．杨懿梅，萧峰，译．北京：机械工业出版社，2016.
[4] 杜帅．客户管理必备制度与表格范例．北京：中国友谊出版公司，2018.
[5]（美）佩吉·卡劳（Peggy Carlaw），瓦苏达·凯瑟琳·戴明（Vasudha Kathleen Deming）．客户服务培训游戏．北京：电子工业出版社，2017.
[6] 刘少丹．客户服务部精细化管理手册．北京：人民邮电出版社，2018.
[7] 常莉．物流客户服务．北京：中国财政经济出版社，2015.
[8] 石小平．物流客户服务．3 版．北京：人民交通出版社，2015.
[9] 赖菲．物流客户开发与服务．上海：上海财经大学出版社，2014.
[10] 王淑娟，吴蔚，万立军．物流客户关系管理与服务．北京：清华大学出版社，2011.
[11] 宣玲玲．物流服务与营销．北京：电子工业出版社，2014.
[12] 陈静俊，楼晓东．客户服务与管理．北京：中国人民大学出版社，2012.
[13] 中国就业培训技术指导中心．客户服务管理师（国家职业资格三级）．北京：中国劳动社会保障出版社，2011.
[14] 中国就业培训技术指导中心．客户服务管理师（基础知识）．北京：中国劳动社会保障出版社，2011.
[15] 曾益坤．物流客户服务．北京：电子工业出版社，2011.
[16] 杨穗萍．物流营销实务．2 版．北京：中国财富出版社，2013.
[17] 杨眉．现代商务礼仪．5 版．辽宁：东北财经大学出版社，2016.
[18] 陈建明．对“顾客忠诚”的界定与思考．科技资讯，2009（6）：233－234.
[19] 广东众行管理顾问有限公司．导师手册．2008.
[20] Erich Thies，刘立新．当代德国职业教育研究．上海：上海外语教育出版社，2018.
[21] 苗晓丹．创新背景下的德国职业教育体系及质量研究．北京：光明日报出版社，2017.
[22]（德）沃尔夫冈·谢弗（Wlofgang Schaefer），（德）J. P. 库尔文（J. P. Kuehlwein）．品牌思维：世界一线品牌的 7 大不败奥秘．李逊楠，译．苏州：古吴轩出版社，2017.
[23] 吕红．澳大利亚职业教育课程质量保障研究．北京：外语教学与研究出版社，2011.
[24] 徐晓红．澳大利亚大学教师发展研究——基于学术职业的视角．上海：上海大学

出版社，2016.
[25] 史宪文. 现代企划原理、案例、技术. 北京：清华大学出版社，2011.
[26] [苏] Ю. K. 巴班斯基. 教学教育过程最优化. 吴文侃，译. 北京：教育科学出版社，2006.
[27] (美) 威廉·维尔斯马，斯蒂芬·G. 于尔斯. 教育研究方法导论. 袁振国，译. 北京：教育科学出版社，2010.

图书在版编目（CIP）数据

物流客户服务 / 庞德义主编．-- 2 版．-- 北京：
中国人民大学出版社，2021. 2
21 世纪高职高专规划教材．物流管理系列
ISBN 978-7-300-28990-8

Ⅰ.①物… Ⅱ.①庞… Ⅲ.①物资企业－客户－销售
服务－高等职业教育－教材 Ⅳ.①F253

中国版本图书馆 CIP 数据核字（2021）第 022599 号

21 世纪高职高专规划教材·物流管理系列
物流客户服务（第 2 版）
主 编 庞德义
Wuliu Kehu Fuwu

出版发行	中国人民大学出版社		
社　址	北京中关村大街 31 号	**邮政编码**	100080
电　话	010－62511242（总编室）		010－62511770（质管部）
	010－82501766（邮购部）		010－62514148（门市部）
	010－62515195（发行公司）		010－62515275（盗版举报）
网　址	http://www.crup.com.cn		
经　销	新华书店		
印　刷	北京密兴印刷有限公司	**版　次**	2016 年 2 月第 1 版
开　本	787 mm×1092 mm 1/16		2021 年 2 月第 2 版
印　张	13.5 插页 1	**印　次**	2023 年 5 月第 3 次印刷
字　数	295 000	**定　价**	35.00 元